宗教法人実務書式集

宗教法人実務研究会　編

発行　民事法研究会

は し が き

　本書は、日本で初めての宗教法人向けの総合書式集です。

　宗教法人は当然のことながら法人であり、法律の枠組みの中で、各種法令を順守して存在していかなければなりません。そして、宗教法人は、一般の会社法人・社団法人・財団法人等と比較しても多種多様なステークホルダー（所轄庁・包括宗教団体・信者・宗教法人に勤務する聖職者や職員・地域住民等）がおり、宗教法人に内在する公益性に照らすと、通常の法人と比較してより強いコンプライアンスが要求されます。

　法律で要求される各種手続を履践することや法律で要求される各種規定を具備しておくことは、宗教法人に求められる最低限度のコンプライアンスといえるでしょう。法律で要求される各種手続を履践したり、各種規定を具備するためには、書式が不可欠です。また、法的トラブルが起きたときに、その対処に必要な書式をあらかじめ備えておけば、いざというときに戸惑わなくてすみます。ところが、宗教法人法の書式については、所轄庁がホームページ等で公開しておりますが、その他の法分野の宗教法人向けの書式については、十分な整備がなされていないのが実情です。

　筆者らは、宗教法人関係の事件を多数取り扱っていく中で、このような現状に大変な憂慮をもち、本書を刊行する運びとなりました。

　本書は、最初に宗教法人における書式の意義について概説をしたうえで、宗教法人法・墓埋法・日常業務に関する法・労働関係法・情報法・税法の各分野について必要な書式を紹介しています。本書を読めば、宗教法人が履践しなければならない手続やあらかじめ備えておかなければならない書式等について容易に把握できるでしょう。本書が、日本の宗教法人のコンプライアンス向上の一助になれば、筆者らとしてはこのうえない喜びを感じます。

　最後に、本書の刊行に際し、民事法研究会の田口信義社長、松下寿美子氏、瀬川雄士氏には、本書の内容から装丁に至るまで細々と心を砕いていただきました。この場を借りて厚く御礼を申し上げます。

　　2019年4月

　　　　　　　　　　　　　　　　　　　　　　宗教法人実務研究会

目　次

『宗教法人実務書式集』
目　次

第1章　総　論

Ⅰ　宗教法人における書式整備の必要性 ······················ *1*

　1　書式とは ··· *1*

　2　裁判例からみる宗教法人における書式具備の必要性 ······· *2*

　　(1)　墓地使用規則の定めがないことを理由に無典礼の埋葬が
　　　認められた事例（宇都宮地判平成24・2・15判タ1369号
　　　208頁） ··· *2*

　　(2)　日蓮宗管長が寺院の適正な管理を行わないことを理由に
　　　勝手に住職を解免することはできないとした事例（東京地
　　　判昭和57・8・9判タ480号104頁） ····················· *4*

　　(3)　就業規則による定年制の未実施を理由として再雇用が認
　　　められなかった事例（京都地判平成10・1・22判タ983号
　　　233頁） ··· *5*

Ⅱ　宗教法人関連各法の概説と書式 ··························· *7*

　1　はじめに ··· *7*

　2　宗教法人法 ··· *7*

　　(1)　宗教法人法の特徴 ··································· *8*

　　(2)　宗教法人の設立手続 ································· *10*

　　(3)　宗教法人が作成・備え付けるべき書類 ··············· *12*

　　(4)　財産処分の手続 ····································· *13*

　　(5)　宗教法人の事業 ····································· *16*

　　(6)　宗教法人法に関する書式の重要性 ··················· *16*

　3　墓埋法 ··· *17*

　4　日常業務の法 ··· *19*

　　(1)　借地借家法 ··· *19*

　　(2)　消費者法 ··· *20*

目 次

　5　労働法概説……………………………………………………………21
　　⑴　労働法とは………………………………………………………21
　　⑵　労働基準法のしくみ……………………………………………22
　　⑶　労働条件に関する労働基準法の規定…………………………22
　6　個人情報保護法・マイナンバー法………………………………27
　　⑴　個人情報保護法…………………………………………………27
　　⑵　マイナンバー法…………………………………………………31
　7　税　法………………………………………………………………34
　　⑴　はじめに…………………………………………………………34
　　⑵　法人税……………………………………………………………35
　　⑶　所得税……………………………………………………………36
　　⑷　固定資産税・都市計画税………………………………………37

第2章　宗教法人法関連書式

はじめに……………………………………………………………………39
Ⅰ　宗教法人規則変更認証………………………………………………39
　〈図2-1〉　規則変更認証手続の流れ例（単立法人の場合）…………40
　【書式2-1】　規則変更認証申請書例……………………………………41
　【書式2-2】　宗教法人規則変更理由書例………………………………42
　【書式2-3】　規則変更事項：責任役員を増員する場合の例…………43
　【書式2-4】　責任役員の会議事録例……………………………………44
　【書式2-5】　総代の同意書例……………………………………………46
　【書式2-6】　責任役員であることを証する書類例……………………46
　【書式2-7】　過去1年程度の宗教活動一覧表例………………………47
　【書式2-8】　規則変更認証書及び変更規則の謄本交付申請
　　　　　　　書例……………………………………………………………48
　【書式2-9】　宗教法人変更登記申請書例………………………………49
　【書式2-10】　登記完了届例………………………………………………50

3

目 次

Ⅱ　備付け書類等の提出と書式…………………………………………50

　【書式2-11】　「宗教法人○○」の規則例（作成の注意点）…………51

　【書式2-12】　代表役員名簿例……………………………………62

　【書式2-13】　責任役員名簿例……………………………………63

　【書式2-14】　財産目録例…………………………………………64

　【書式2-15】　収支計算書例………………………………………65

　【書式2-16】　建物に関する書類例………………………………66

　【書式2-17】　規則謄本交付申請書例……………………………67

Ⅲ　公告を伴う手続………………………………………………………68

　〈図2-2〉　公告手続の流れ例……………………………………68

　【書式2-18】　公告例：会館建設の場合…………………………69

　【書式2-19】　公告証明書例………………………………………70

Ⅳ　非課税証明願いの手続………………………………………………70

　【書式2-20】　非課税証明願い例…………………………………71

Ⅴ　代表役員を選任する手続……………………………………………72

　〈図2-3〉　代表役員選任の流れ（死亡の場合）例……………73

　【書式2-21】　代表役員の選定書例………………………………73

　【書式2-22】　就任承諾書（代表役員）例………………………74

　【書式2-23】　就任承諾書（責任役員）例………………………75

　【書式2-24】　宗教法人変更登記申請書（代表役員死亡）例………75

　【書式2-25】　代表役員変更届例…………………………………76

Ⅵ　被包括関係を廃止しようとするときの手続………………………77

　〈図2-4〉　包括関係の廃止の流れの例…………………………77

　【書式2-26】　規則変更事項（包括関係廃止）記載例…………78

　【書式2-27】　公告例………………………………………………79

　【書式2-28】　公告証明書例………………………………………80

　【書式2-29】　包括宗教法人（団体）へ通知（内容証明郵便）例

　　　　　　　　………………………………………………………81

第3章　墓埋法関連書式

Ⅰ　境内地墓地を管理する例 ……………………………………………… 83

　1　墓地管理使用規定その他運営に使用する書式例 ………………… 84

　〈図3-1〉　墓地管理使用規定その他運営に使用する書式を

　　　　　　　定める流れ ……………………………………………… 84

　【書式3-1】　墓地管理使用規定例 ………………………………… 85

　【書式3-2】　墓地使用許可申請書例 ……………………………… 92

　【書式3-3】　墓地使用許可証例 …………………………………… 93

　【書式3-4】　檀徒誓約書例 ………………………………………… 93

　【書式3-5】　檀徒承継誓約書例 …………………………………… 94

　【書式3-6】　檀徒誓約確認書例 …………………………………… 95

　【書式3-7】　埋蔵受入申請書例 …………………………………… 96

　【書式3-8】　埋蔵受入証例 ………………………………………… 97

　2　墳墓の改葬許可 ……………………………………………………… 98

　〈図3-2〉　改葬許可申請の流れ …………………………………… 99

　【書式3-9】　埋蔵証明願い例 ……………………………………… 100

　【書式3-10】　埋蔵証明書例 ………………………………………… 101

　【書式3-11】　改葬許可証交付申請書例 …………………………… 102

　【書式3-12】　改葬許可証交付申請書（別紙一覧名簿）例 ……… 103

　3　無縁墳墓等の改葬の許可申請 …………………………………… 104

　〈図3-3〉　無縁墳墓等の改葬の許可申請の流れ例 ……………… 104

　【書式3-13】　無縁墳墓等改葬公告例 ……………………………… 106

第4章　日常業務関連書式

Ⅰ　特定商取引法 ………………………………………………………… 108

　1　規制される取引類型 ……………………………………………… 108

　2　取締ルール ………………………………………………………… 109

目 次

　　3　民事ルール……………………………………………………………… 110
　　〔表〕　特定商取引法の規制の概要……………………………… 111
　　4　通信販売の規制……………………………………………………… 112
　　【書式4-1】　特定商取引法に基づく表記……………………… 114
Ⅱ　リーストラブル…………………………………………………………… 115
　　【書式4-2】　クーリングオフ……………………………………… 117
Ⅲ　土地賃貸借契約…………………………………………………………… 118
　　1　はじめに………………………………………………………………… 118
　　2　契約書…………………………………………………………………… 118
　　【書式4-3】　住宅賃貸借契約書…………………………………… 119
　　〈図4-1〉　契　印……………………………………………………… 126
　　〈図4-2〉　割　印……………………………………………………… 126
　　〈図4-3〉　訂正印……………………………………………………… 127
　　〈図4-4〉　捨　印……………………………………………………… 127
　　〈図4-5〉　消　印……………………………………………………… 127
　　【書式4-4】　土地賃貸借契約……………………………………… 127
　　3　借　地…………………………………………………………………… 130
　　(1)　借地とは……………………………………………………………… 130
　　(2)　地　代……………………………………………………………… 131
　　(3)　借地権の存続期間………………………………………………… 133
　　(4)　更新時における対応……………………………………………… 133
　　【書式4-5】　期間満了後の土地使用継続に対する異議…………… 134
　　(5)　更新のない借地権………………………………………………… 137
　　(6)　借地契約の終了事由……………………………………………… 138
　　【書式4-6】　地代不払の場合の解除通知………………………… 138
　　(7)　借地条件の変更等………………………………………………… 140
Ⅳ　借地上の建物に対する抵当権設定と地主の承諾……………………… 142
　　1　抵当権の設定………………………………………………………… 142
　　2　地主の承諾が求められる理由……………………………………… 142
　　(1)　譲渡承諾料の支払いの潜脱……………………………………… 143

目 次

　(2)　借地権設定契約の解除の阻止‥‥‥‥‥‥‥‥‥‥‥‥‥‥‥‥ *143*

　3　地主として注意すべき点‥‥‥‥‥‥‥‥‥‥‥‥‥‥‥‥‥‥ *144*

Ⅴ　借地人の名義変更‥‥‥‥‥‥‥‥‥‥‥‥‥‥‥‥‥‥‥‥‥‥ *144*

　1　変更の方法‥‥‥‥‥‥‥‥‥‥‥‥‥‥‥‥‥‥‥‥‥‥‥‥ *144*

　2　変更の理由‥‥‥‥‥‥‥‥‥‥‥‥‥‥‥‥‥‥‥‥‥‥‥‥ *145*

　3　地主の対応‥‥‥‥‥‥‥‥‥‥‥‥‥‥‥‥‥‥‥‥‥‥‥‥ *145*

　【書式4-7】　タックスアンサーのホームページ‥‥‥‥‥‥‥‥ *147*

第5章　労働関係法に関する書式

Ⅰ　労働契約に関する書式‥‥‥‥‥‥‥‥‥‥‥‥‥‥‥‥‥‥‥‥ *148*

　1　労働契約の締結‥‥‥‥‥‥‥‥‥‥‥‥‥‥‥‥‥‥‥‥‥‥ *148*

　2　労働契約の内容‥‥‥‥‥‥‥‥‥‥‥‥‥‥‥‥‥‥‥‥‥‥ *148*

　(1)　契約期間‥‥‥‥‥‥‥‥‥‥‥‥‥‥‥‥‥‥‥‥‥‥‥‥ *149*

　(2)　所定外労働の有無‥‥‥‥‥‥‥‥‥‥‥‥‥‥‥‥‥‥‥ *149*

　(3)　定　年‥‥‥‥‥‥‥‥‥‥‥‥‥‥‥‥‥‥‥‥‥‥‥‥‥ *149*

　(4)　有期労働契約（期間を定めて締結された労働契約）‥‥‥‥ *149*

　【書式5-1】　労働契約書例（一般：常用）‥‥‥‥‥‥‥‥‥‥ *150*

　【書式5-2】　労働契約書例（労働条件を明示する場合）‥‥‥‥ *151*

　【書式5-3】　労働契約書例（有期雇用の場合）‥‥‥‥‥‥‥‥ *153*

　【書式5-4】　労働条件通知書例（一般：常用）‥‥‥‥‥‥‥‥ *154*

　3　定年退職後の高年齢者継続雇用制度‥‥‥‥‥‥‥‥‥‥‥‥ *156*

　【書式5-5】　継続雇用申請書例‥‥‥‥‥‥‥‥‥‥‥‥‥‥‥ *156*

　【書式5-6】　継続雇用申請書受理通知例‥‥‥‥‥‥‥‥‥‥‥ *156*

　4　有期労働契約の期間の定めのない労働契約への転換‥‥‥‥‥ *157*

　【書式5-7】　無期労働契約転換申込書例‥‥‥‥‥‥‥‥‥‥‥ *157*

　【書式5-8】　無期労働契約転換申込受理通知書例‥‥‥‥‥‥‥ *158*

　5　高度専門職・継続雇用の高齢者の無期転換申込権が発生し

　ない特例（有期雇用特別措置法）‥‥‥‥‥‥‥‥‥‥‥‥‥‥ *158*

　【書式5-9】　第二種計画認定・変更申請書例‥‥‥‥‥‥‥‥‥ *159*

目　次

　　6　労働契約の終了……………………………………………… 160

　　⑴　合意解約………………………………………………… 160

　　⑵　雇止めの予告…………………………………………… 160

　　⑶　雇止めの理由の明示…………………………………… 161

　　⑷　解　雇…………………………………………………… 161

　　【書式5 -10】　退職合意書例…………………………… 162

　　【書式5 -11】　解雇予告通知書例……………………… 163

　　【書式5 -12】　雇止め予告通知書例…………………… 163

　　【書式5 -13】　退職証明書例…………………………… 164

　　【書式5 -14】　解雇理由証明書例……………………… 165

　　【書式5 -15】　雇止め理由についての通知書例……… 165

Ⅱ　労働条件に関する書式……………………………………… 166

　1　就業規則…………………………………………………… 166

　　⑴　絶対的必要記載事項…………………………………… 167

　　⑵　相対的必要記載事項…………………………………… 167

　　⑶　その他の付随規程……………………………………… 168

　　【書式5 -16】　宗教法人就業規則例…………………… 168

　　【書式5 -17】　育児・介護休業等に関する規程例…… 192

　　【書式5 -18】　賃金規程例……………………………… 203

　　【書式5 -19】　退職金規程例①（独自の財源による場合）…… 207

　　【書式5 -20】　退職金規程例②（中小企業退職金共済制度を

　　　　　　　　　併用する場合）………………………… 208

　　【書式5 -21】　継続雇用規程例………………………… 211

　　【書式5 -22】　パートタイム職員就業規則例………… 213

　　⑷　就業規則の作成・変更の際の意見聴取……………… 221

　　【書式5 -23】　就業規則届記載例……………………… 222

　　【書式5 -24】　職員代表者の意見書例………………… 223

　　【書式5 -25】　就業規則変更届記載例………………… 224

　2　労使協定書………………………………………………… 225

　　【書式5 -26】　賃金控除に関する労使協定書例……… 225

目　次

【書式5-27】　賃金の預金口座振込に関する労使協定書例 …………… *226*

【書式5-28】　時間外労働及び休日労働に関する労使協定書例 ……… *227*

【書式5-29】　1年単位の変形労働時間制に関する労使協定書
　　　　　　　（区分期間なし）例 ……………………………………… *230*

【書式5-30】　育児・介護休業等に関する労使協定書例 …………… *231*

【書式5-31】　時間単位年休に関する労使協定書例 ………………… *233*

3　内部届出書類等 ………………………………………………………… *234*

⑴　就業規則の定めにより必要な書式 ……………………………… *234*

【書式5-32】　特定個人情報等の取扱いに関する同意書例 ………… *234*

【書式5-33】　身元保証書例 …………………………………………… *236*

【書式5-34】　賃金の口座振込に関する同意書例 …………………… *237*

【書式5-35】　試用期間満了・本使用決定通知書例 ………………… *238*

【書式5-36】　転勤・異動・出向命令書例 …………………………… *239*

【書式5-37】　届出事項異動届例 ……………………………………… *239*

【書式5-38】　欠勤・遅刻・早退・外出許可申請書・届出書例 ……… *240*

【書式5-39】　業務命令書例 …………………………………………… *241*

【書式5-40】　所定外労働・休日出勤命令・許可申請書例 ………… *241*

【書式5-41】　代休取得届例 …………………………………………… *242*

【書式5-42】　年次有給休暇取得届例 ………………………………… *243*

【書式5-43】　特別休暇取得届例 ……………………………………… *244*

【書式5-44】　母性保護に関する休暇請求書例 ……………………… *245*

【書式5-45】　休職に関する確認書例 ………………………………… *246*

【書式5-46】　復職申出書例 …………………………………………… *247*

【書式5-47】　復職に関する確認書例 ………………………………… *247*

【書式5-48】　休職期間満了通知書例 ………………………………… *248*

【書式5-49】　休職者近況報告書例 …………………………………… *249*

【書式5-50】　懲戒事由該当警告書例 ………………………………… *250*

【書式5-51】　懲戒処分通知書例 ……………………………………… *251*

⑵　育児・介護休業等に関する規程の定めにより必要な書式 ……… *252*

【書式5-52】　育児休業申出書例 ……………………………………… *252*

9

目 次

【書式5-53】〔育児・介護〕休業取扱通知書例··························· 253

【書式5-54】〔育児休業・育児のための所定外労働制限・
育児のための時間外労働制限・育児のための深
夜業制限・育児短時間勤務〕対象児出生届例············ 255

【書式5-55】〔育児・介護〕休業申出撤回届例····················· 256

【書式5-56】〔育児・介護〕休業期間変更申出書例················· 256

【書式5-57】介護休業申出書例······························· 257

【書式5-58】〔子の看護休暇・介護休暇〕申出書例··············· 258

【書式5-59】〔育児・介護〕のための所定外労働免除申出書例····· 259

【書式5-60】〔育児・介護〕のための時間外労働制限申出書例····· 260

【書式5-61】〔育児・介護〕のための深夜業制限申出書例·········· 262

【書式5-62】育児短時間勤務申出書例························· 263

【書式5-63】介護短時間勤務申出書例························· 264

【書式5-64】〔育児・介護〕短時間勤務取扱通知書例··············· 265

Ⅲ　使用者が備え付けなければならない書類································· 266

　1　労働者名簿··· 266

　2　賃金台帳··· 267

　3　出勤簿··· 267

　4　記録の保存··· 267

　【書式5-65】労働者名簿例····························· 268

　【書式5-66】賃金台帳例····························· 269

第6章　情報関連書式

Ⅰ　個人情報保護法に関する書式································· 270

　1　個人情報保護法の適用判断································· 270

　2　個人情報保護法の段階的規制································· 271

　〈図6-1〉　段階的規制の全体像································· 272

　3　個人情報保護法に関する書式································· 272

　（1）　利用目的の公表（個情法18条1項）················· 273

【書式6-1】　個人情報保護指針（プライバシーポリシー)例⋯⋯⋯ *273*

　(2)　安全管理措置（個情法20条)⋯⋯⋯⋯⋯⋯⋯⋯⋯⋯⋯⋯⋯⋯⋯ *274*

【書式6-2】　個人情報取扱規程例 ⋯⋯⋯⋯⋯⋯⋯⋯⋯⋯⋯⋯⋯⋯⋯ *275*

　(3)　従業者の監督（個情法21条)⋯⋯⋯⋯⋯⋯⋯⋯⋯⋯⋯⋯⋯⋯⋯ *283*

　(4)　委託先の監督（個情法22条)⋯⋯⋯⋯⋯⋯⋯⋯⋯⋯⋯⋯⋯⋯⋯ *284*

【書式6-3】　委任契約書例 ⋯⋯⋯⋯⋯⋯⋯⋯⋯⋯⋯⋯⋯⋯⋯⋯⋯⋯ *284*

　(5)　個人データの第三者提供（個情法23条)⋯⋯⋯⋯⋯⋯⋯⋯⋯⋯ *286*

〈図6-2〉　個人データに関する確認・記録義務⋯⋯⋯⋯⋯⋯⋯⋯⋯ *288*

【書式6-4】　記録書例（個人データ提供者側）――同意に基
　　　　　　づく場合 ⋯⋯⋯⋯⋯⋯⋯⋯⋯⋯⋯⋯⋯⋯⋯⋯⋯⋯⋯⋯⋯ *289*

【書式6-5】　記録書例（個人データ受領者側)⋯⋯⋯⋯⋯⋯⋯⋯⋯⋯ *289*

　(6)　保有個人データの開示・訂正等・利用停止等（個情法28条
　　　以下) ⋯⋯⋯⋯⋯⋯⋯⋯⋯⋯⋯⋯⋯⋯⋯⋯⋯⋯⋯⋯⋯⋯⋯⋯⋯ *290*

【書式6-6】　保有個人データの開示等請求書例 ⋯⋯⋯⋯⋯⋯⋯⋯⋯ *290*

Ⅱ　マイナンバーに関する書式⋯⋯⋯⋯⋯⋯⋯⋯⋯⋯⋯⋯⋯⋯⋯⋯ *292*

　1　個人番号と法人番号⋯⋯⋯⋯⋯⋯⋯⋯⋯⋯⋯⋯⋯⋯⋯⋯⋯⋯⋯⋯ *292*

　2　個人番号の利用分野⋯⋯⋯⋯⋯⋯⋯⋯⋯⋯⋯⋯⋯⋯⋯⋯⋯⋯⋯⋯ *293*

　3　取得・利用・提供のルール⋯⋯⋯⋯⋯⋯⋯⋯⋯⋯⋯⋯⋯⋯⋯⋯⋯ *293*

　4　保管・廃棄のルール⋯⋯⋯⋯⋯⋯⋯⋯⋯⋯⋯⋯⋯⋯⋯⋯⋯⋯⋯⋯ *293*

　5　委託のルール⋯⋯⋯⋯⋯⋯⋯⋯⋯⋯⋯⋯⋯⋯⋯⋯⋯⋯⋯⋯⋯⋯⋯ *294*

　6　安全管理措置のルール⋯⋯⋯⋯⋯⋯⋯⋯⋯⋯⋯⋯⋯⋯⋯⋯⋯⋯⋯ *295*

　7　書　　式 ⋯⋯⋯⋯⋯⋯⋯⋯⋯⋯⋯⋯⋯⋯⋯⋯⋯⋯⋯⋯⋯⋯⋯⋯⋯ *295*

【書式6-7】　マイナンバー（個人番号）提供依頼書例 ⋯⋯⋯⋯⋯ *296*

【書式6-8】　特定個人情報の適正な取扱いに関する基本方針例⋯ *297*

【書式6-9】　特定個人情報等取扱業務マニュアル例 ⋯⋯⋯⋯⋯⋯ *297*

Ⅲ　情報公開法に関する書式⋯⋯⋯⋯⋯⋯⋯⋯⋯⋯⋯⋯⋯⋯⋯⋯⋯ *300*

　1　情報公開法制の概要⋯⋯⋯⋯⋯⋯⋯⋯⋯⋯⋯⋯⋯⋯⋯⋯⋯⋯⋯⋯ *300*

　2　国等の保有文書の開示⋯⋯⋯⋯⋯⋯⋯⋯⋯⋯⋯⋯⋯⋯⋯⋯⋯⋯⋯ *301*

　(1)　行政機関情報公開法の概説⋯⋯⋯⋯⋯⋯⋯⋯⋯⋯⋯⋯⋯⋯⋯⋯ *301*

〈図6-3〉　開示請求の流れ⋯⋯⋯⋯⋯⋯⋯⋯⋯⋯⋯⋯⋯⋯⋯⋯⋯⋯ *302*

目　次

 3　開示請求の際に用いる書式･･･ *302*

 【書式 6-10】　行政文書開示請求書例 ････････････････････････････････ *303*

 4　情報公開制度を通じた寺院情報の流出阻止･･･････････････････････ *304*

 ⑴　宗教法人の備付書類･･ *304*

 ⑵　備付書類の情報公開制度による開示を防止するための手続･･･ *305*

 【書式 6-11】　意見書 ･･･ *306*

第7章　税法に関する書式

Ⅰ　税制と書式･･ *308*

Ⅱ　源泉徴収制度･･ *308*

Ⅲ　源泉徴収制度の意味･･･ *309*

Ⅳ　期中の源泉徴収事務･･ *310*

 1　はじめて給与を支給することとなったとき･････････････････････ *310*

 【書式 7-1】　給与支払事務所等の開設・移転・廃止届出書･･･････ *311*

 2　毎月の源泉所得税額の算出･････････････････････････････････････ *312*

 【書式 7-2】　給与所得者の扶養控除等（異動）申告書･･････････ *314*

 3　源泉所得税の納付時期･･ *317*

 【書式 7-3】　源泉所得税の納期の特例の承認に関する申請書･･･ *319*

Ⅴ　年末調整･･ *320*

 1　年末調整を始める前に･･･ *320*

 2　配偶者控除等申告書･･ *321*

 【書式 7-4】　給与所得者の配偶者控除等申告書 ･･････････････････ *322*

 3　「源泉徴収簿」での年末調整計算･････････････････････････････ *323*

 【書式 7-5】　給与所得・退職所得に対する源泉徴収簿 ･････････ *325*

 4　法定調書の作成･･･ *326*

Ⅵ　源泉所得税の納付･･ *327*

 【書式 7-6】　給与所得・退職所得等の所得税徴収高計算書･･･････ *328*

執筆者一覧･･ *330*

凡 例

【法　令】

個情法、個人情報保護法	個人情報の保護に関する法律
最賃	最低賃金法
宗法	宗教法人法
特定商取引	特定商取引に関する法律
番号法、マイナンバー法	行政手続における特定の個人を識別するための番号の利用等に関する法律
墓埋法	墓地、埋葬等に関する法律
労基	労働基準法
労契	労働契約法

【判例集・法律雑誌】

民集	最高裁判所民事判例集
判タ	判例タイムズ

第1章 総 論

I 宗教法人における書式整備の必要性

1 書式とは

　書式とは、証書・願書・届出書などの決まった書き方のことをいいます。

　書式をまとめたものとして各種書式集がいろいろと出版されています。たとえば、挨拶状の文例集、訴状や答弁書、準備書面、控訴状等がまとめられた民事訴訟関係書式集、会社の運営に必要な書式をまとめた会社法務関係書式集などが出版されています。法人（団体）の運営や各種手続に必要な書式をまとめた書式集があれば、必要な手続の際にすぐに書式を使え、また、書式集にざっと目を通しておけば、法人（団体）の運営にとってどのような手続が必要となってくるのかがざっと頭に入ります。

　必要な書式を整えていけば、法人（団体）としての形が自然と整えられていきます。たとえば、株式会社でいえば、定款で会社の根本規則を定め、それに基づいて、株主総会や取締役会を開き、その決定事項を議事録として形に残します。労働契約書や就業規則を整えることは、人事労務管理の第一歩ですし、高度情報化社会の現代において、個人情報保護やマイナンバーに関する各種規定の整備は必須です。法人とは、法人は一定の目的をもつ個人の集団（社団）や一定の目的のために拠出された財産（財団）のことをいいます。法人は、その構成員である自然人とは別に、独自に権利義務の主体となります。書式に基づき運営し、必要な手続ごとに書式を作成していくことで、法人は、その構成員である自然人とは別に独自に活動している存在であることが明らかになります。つまり、法人にとっての書式は、法人を法人たらしめるために必要不可欠なものです。また、定款等の根本規則や就業規則・個人情報保護規程に則って法人を運営していけば、大きな不祥事が発生することはなく、書式に基づく法人運営は、コンプライアンス（法令遵守）の第一歩となるものです。

第1章 総 論

　宗教法人法務の分野において必要な書式としては、寺院規則・所轄庁への届出各種書類・墓地規則・就業規則・各種通知書類（地代請求書・墓地使用料請求書・解除通知書等）・個人情報保護規程等があります。ただ、宗教法人法務に関する書式集がほとんど出版されていない現状では、必要な書式を取り揃えていない宗教法人も多いことでしょう。ただ、必要な書式を揃えない、書式があっても見直さない、活用しないという状態は、宗教法人のコンプライアンス上、大きなリスクとなります。次のⅡでは、実際の裁判例をもとに、書式を揃えない、書式に不備がある、書式を活用しないときのリスクについて解説します。

2　裁判例からみる宗教法人における書式具備の必要性

　ここでは、宗教法人が必要な書式を揃えていなかったことから実際にトラブルとなったケースを紹介します。

(1)　墓地使用規則の定めがないことを理由に無典礼の埋葬が認められた事例（宇都宮地判平成24・2・15判夕1369号208頁）

　事案の概要は、以下のとおりです。

　訴外Aは、大正14年頃、浄土真宗本願寺派に属する被告との間で、寺院墓地内の墓地区画（以下、「本件墓地」といいます）の墓地使用権の設定契約を締結し、Aの子やその妻などが本件墓地に埋葬されてきましたが、昭和46年3月、創価学会員である原告が本件墓地の使用権を承継取得しました。

　原告の妻Bが、平成21年4月に死亡したため、原告は、同月、被告に対し、Bの遺骨の埋蔵を求めましたが、被告は、原告に対し、浄土真宗本願寺派の典礼に従わない限り、遺骨の埋蔵を拒絶すると通告しました。そこで、原告は、無典礼の方式によるBの遺骨を本件墓地に埋蔵することができる権利を有するとし、被告に対し、Bの遺骨の埋蔵の妨害禁止を求めました。これに対し、被告は、Aとの間の墓地使用権の設定契約では、被告の宗派の方式によって典礼を行うという合意があり、その合意は、本件墓地使用権を承継した原告にも及ぶものであるなどと主張しました。

　これについて、裁判所は、「上記認定事実によれば、本件墓地は寺院墓地であり、その墓のほとんどは被告の宗派である浄土真宗本願寺派の典礼に従

2

い使用されてきたことが認められ、原告の妻Bの祖先であるAが被告との間で本件墓地使用権の設定を合意するに当たっても、被告の定める典礼の方式に従い墓地を使用するとの黙示の合意が成立したものと認めるのが相当である。

　しかしながら、本件墓地使用権を承継した者が異なる宗派となった場合にまで上記の黙示の合意の拘束力が及ぶかどうかについて、これを定めた墓地使用規則はなく、また、その場合にも被告の典礼の方式に従うとの慣行があったことを認めることもできない。かえって、乙山住職が被告の住職となる前は、いくつかの異宗派の者が、その宗派の定める典礼の方式により本件墓地内に墓石を設置し、遺骨を埋蔵していても、被告が寺として異議を述べた事情は認められない。そして、原告も、浄土真宗本願寺派とは異なる題目の墓石を設置し、法名の授与を受けずに遺骨を埋蔵していたものである。

　以上によれば、上記の黙示の解釈として、本件墓地使用権を承継した者が異なる宗派となった場合に、その者に対し被告の属する浄土真宗本願寺派の典礼の方式に従うことを求める効力があるとするのは困難であり、その者が浄土真宗本願寺派とは異なる宗派の典礼の方式を行うことを被告が拒絶できるにすぎないと解するのが相当である」と判示しました。

　すなわち、被告寺院には、墓地使用者は被告寺院の典礼権に従う旨の墓地使用規則がないことを主な理由として、裁判所は、無典礼の方式による埋葬を認めることとなりました。寺院としては、寺院墓地に異宗徒の墓があるばかりか、当該墓に典礼権も及ぼせないとなるならば、信教の自由が踏みにじられるような思いでしょう。ただ、あくまで地裁判決とはいえ、裁判所がかかる判断を示している以上、それを前提に実務的な対策を進める必要があります。もし、寺院墓地に「墓地使用者は、当寺の典礼に従って埋葬を行う」旨の条項がなかった場合、宇都宮地裁判決のように無典礼の方式による埋葬が認められてしまったり、最悪の場合、異教の方式による埋葬が行われてしまうことになりかねません。寺院墓地に墓地使用規則を設けていない寺院は多いと思いますが、これをきっかけに墓地使用規則の制定を検討したほうがよいでしょう。墓地使用規則を設けている寺院は、これをきっかけに条項を見直したほうがよいでしょう。

第1章　総　論

(2)　日蓮宗管長が寺院の適正な管理を行わないことを理由に勝手に住職を解免することはできないとした事例（東京地判昭和57・8・9判タ480号104頁）

　日蓮宗管長が、被包括宗教法人（寺院）の住職に対して、住職に就任後、1回も寺院に足を踏み入れたことがなく、堂宇は荒廃に任せ檀徒の協力を得られず現状のままでは正常の運営はおぼつかないとの理由を付して解免しました。解免された住職は、宗制に定める手続の内容と解免の効力について争いました。

　本件について、裁判所は、「昭和33年4月28日施行され、翌昭和34年当時効力を有していた日蓮宗宗憲は、住職及びその代務者を承認又は任免することを管長の職務権限と定め、別に懲戒についての規定を設け、日蓮宗の宗制を遵守し寺院及び教会を護持するために懲戒を行い、懲戒処分は、審査会の決定に基づいて宗務総長が行うこととし、懲戒の種類として、住職の罷免を定めているうえ、懲戒事由及び各懲戒事由について適用すべき懲戒処分の上限を具体的に定めており、さらに、審査会は、非行について審査し、決定及び判定し又は裁決する旨定めている。そして、宗憲、日蓮宗規則及び日蓮宗規程を検討しても、一旦任命され、あるいは承認された住職について、懲戒の手続によらず、その意思に基づかないで住職を免ずることができるものとする特段の定めは見当たらない。

　宗憲、規則及び規程における以上の各規定に照らすと、日蓮宗においては、本人の意思に基づかないで住職を免ずるについては、懲戒による場合に限定し、その事由、手続についても厳格に成文をもって定めているのであって、懲戒の手続によらずに、管長が、住職としての適格性等を判断し、裁量をもって住職を免ずる、いわゆる分限的処分は、認めていないものと解するのが相当である」と判示しました。

　包括宗教団体は、被包括宗教法人に対して、規則に設けられた相互規定（宗教法人法（以下、「宗法」といいます）12条1項12号）によって、代表役員の選解任等について影響力を及ぼすことができますが、それは、規則に明文の規定があって初めて影響力を行使することができます。規則は、宗教法人の根本規則です。規則に規定がない事項に基づいて宗教法人を運営することは

Ⅰ　宗教法人における書式整備の必要性

できません。今一度規則を見直して、宗教法人運営においてできることとできないことを把握し、宗教法人の実情に合わせて改正の必要がある場合は、改正を検討しましょう。

(3)　就業規則による定年制の未実施を理由として再雇用が認められなかった事例（京都地判平成10・1・22判タ983号233頁）

京都の名刹寺院における労働紛争です。

本件は原告から被告寺院に対し、被告寺院の職員の地位にあることの確認と給与の支払いを求めた訴訟であり、原告は定年後も職員の地位を有することの根拠として、被告寺院においては定年退職後、特段の欠格事由のない限り再雇用する旨の労使慣行が確立しており、原告は嘱託として再雇用を求める旨の申込みをしていたもので、これに対し被告は承諾の意思表示をしたという点をあげました。

判決は、被告寺院における就業規則の改定経過、退職者の再雇用の状況等について事実認定し、被告寺院においては旧就業規則の定年制は実施されず、満65歳を超えても従前どおり雇用されてきたが、組合および一般職員に対する説明会を開催したうえ、平成5年10月から新就業規則を施行して定年制を実施したこと、原告が退職したのは平成7年9月であって、いまだ労使慣行が成立するほどの長期間が経過しておらず、他に再雇用契約が成立したとの主張立証はないとして原告の請求を棄却しました。

判決文の中で、「職員の定年は旧就業規則で満65歳と規定されていたが、旧就業規則は社会保険に加入するため急きょ作成されたものであり、職員にも周知されず、そこに規定されている右定年制も実施されなかったため、職員は満65歳をこえても従前どおり雇用されてきたこと（新就業規則施行前は職員が希望する限り（特段の事由がない場合は）雇用する旨の労働慣行が存在していたこと）、そこで被告は、労働組合による旧就業規則の閲覧要求の機会にその改正作業にかかり、その中で定年制を明記し、これを今後実施していくことを前提に条項を検討し、組合及び一般職員にわけて数回にわたり説明会を開催し、意見を求めたうえ、最終的に異論が出なかったため、平成5年10月1日から新就業規則を施行し、定年制を実施したことが認められる」との事実認定がなされています。

5

第1章　総　論

　この事実認定からわかることは、被告寺院は、①従前就業規則を作っていなかったこと（判決によれば昭和62年6月1日になってはじめて就業規則が作られたとのこと）、②就業規則に基づく人事労務管理が行われていなかったことがわかります。

　就業規則とは、働くうえでのルールや労働条件を使用者（会社側）が定めたものです。たとえば、「労働時間は9時〜18時」、「賃金は月30万円」、「以下に当てはまる場合、解雇する」という形で就業規則は定められています。就業規則に規定がないと、従業員を懲戒処分にかけることもできません。

　就業規則は、常時10人以上の労働者を雇用している会社は必ず作成し、労働基準監督署長に届け出なければいけません（労働基準法（以下、「労基」といいます）89条）。名刹寺院は、判決文によると被告寺院には、職員が10名以上いますので、労基違反を犯していたことになります。労基89条違反は、30万円以下の罰金です（同法120条）。この点から、被告寺院は、コンプライアンス（法令遵守）に違反し、公益法人である宗教法人としての社会的責任を果たしてきていなかったものといえます。

　また、就業規則がないとワークルールが定まらず、従業員に対する懲戒処分もできなくなりますので、使用者は、人事労務管理上、大きな不利益を被ることになります。就業規則の制定は、使用者にとって、単なる労働基準法上の義務のみならず、適正な人事労務管理にとって必要不可欠なものです。

　ただ、就業規則の規定とは異なる取り扱いをしていた場合、就業規則の規定よりも実際上の取り扱いのほうが優先されます（当該取り扱いが労使慣行となり、就業規則の規定よりも優先されることになります）。被告寺院が、旧就業規則の定年制をきちんと守っていれば、そもそも、原告から訴訟を提起されることはなかったものと思われます。

　被告寺院は、結果的に勝訴したものの、本判決は、書式整備の必要性および書式規定のルールをきちんと守ることの重要性について多くの示唆を与えてくれます。

6

Ⅱ　宗教法人関連各法の概説と書式

1　はじめに

　宗教法人を運営するにあたって必要となってくる法律として、宗教法人法以外にも、墓地、埋葬等に関する法律（以下、「墓埋法」といいます）、民法、借地借家法、著作権法、個人情報保護法、労働関係法、税法等といったものがあり、多岐にわたります。本書は書式集であり、それぞれの法律について解説するのは本書の目的ではありませんが、書式の内容を理解し、使いこなすためには、宗教法人関連各法の概要について把握しておく必要があります。そこで、本項では、宗教法人関連各法について主要な書式に言及しながら概説していきます。なお、宗教法人関連各法の詳しい解説については、横浜関内法律事務所編『寺院法務の実務と書式──基礎知識から運営・管理・税務まで──』（民事法研究会）を参照ください。

2　宗教法人法

　宗教法人法とは、宗教団体が、礼拝の施設その他の財産を所有し、これを維持運用し、その他その目的達成のための業務および事業を運営することに資するため、宗教団体に法律上の能力を与えることを目的として制定された法律です（宗法1条1項）。

　宗教団体とは、宗教の教義を広め、儀式行事を行い、および信者を教化育成することを主たる目的とする団体であって、礼拝の施設を備える神社、寺院、教会、修道院その他これらに類する団体およびこれらを包括する団体をいいます（宗法2条）。この宗教団体は、そのままでは権利能力を有さず、権利義務の主体となることができません。つまり、宗教団体として不動産その他の財産を所有することはできず、また、取引の主体となることはできません。

　これに対して、宗教団体が宗教法人となれば、自らの名で不動産その他の財産を所有し、また、取引の主体となることができるようになりますので、宗教活動を行いやすくなります。他方、宗教団体が宗教法人となると、宗教

第1章　総　論

法人法の適用を受け、財産目録や収支計算書その他の書類・帳簿の作成が義務づけられるとともに、一定の書類の所轄庁への提出義務や備え付け義務、利害関係人に対して閲覧させる義務等を負うこととなります。

このように、宗教団体が宗教法人となった場合、さまざまな書類・帳簿の作成・備え付け・提出の義務等を負うことになりますので、これらの義務に適切に応えるために書式を整備することが必要となります。また、これらの書式を整備することは、宗教法人の適正な管理運営のためにも重要です。

以下で、宗教法人法の特徴、宗教法人の設立手続、宗教法人法に定められている書類等について概説していきます。

(1)　宗教法人法の特徴

宗教法人法は3つの特徴があり、それは①認証制度、②責任役員制度、③公告制度です。

(A)　認証制度

宗教法人法において、宗教法人の設立、規則の変更、合併、解散を行う場合には、所轄庁の認証を得ることが求められています。

認証とは、宗教法人法の定める要件が具備されていることを確認する行為のことです。たとえば、宗教法人の設立の場面では、宗教法人法の定める宗教団体に該当すること、宗教法人規則や設立のための手続が法令に適合していること等が審査されることになります。

認証の申請にあたって必要な書類は各行為ごとに異なりますので、注意が必要です。

(B)　責任役員制度

(a)　責任役員・代表役員

宗教法人には、必ず3人以上の責任役員をおき、そのうち1人を代表役員とする必要があります（宗法18条1項）。

責任役員は、宗教法人の事務に関する意思決定機関（同条4項）です。責任役員会における議事内容については、そのつど、議事録を作成する必要があります。

代表役員は、宗教法人を代表し、宗教法人の事務を総理する者であり（同条3項）、責任役員により決定された事務を執行する機関です。代表役員が

8

独断で宗教法人の事務を決定することはできません。

なお、責任役員が決定し代表役員が執行する「宗教法人の事務」とは、あくまでも世俗的事項に関する事務であり、純粋な宗教上の事項は含まれません。

(b) 代務者

責任役員・代表役員が死亡などの理由によって欠けた場合や、病気等の理由で長期間その職務を行うことができないような場合には、それぞれその職務を代行する機関をおく必要があります。この機関のことを「代務者」といいます（宗法20条）。

(c) 仮代表役員・仮責任役員

代表役員と宗教法人との利益が相反する場合（つまり、一方の利益になると同時に他方の不利益になる可能性がある場合）には、代表役員は当該事項について代表権を有しません。利益が相反する場合の典型例としては、代表役員がその宗教法人から不動産を取得する場合や、代表役員がその宗教法人に対して利息付きで金銭を貸し付ける場合などです。このような場合には、当該事項に関する事務を執行するためには仮代表役員を選任する必要があります（宗法21条1項・3項）。

責任役員と宗教法人との利益が相反する場合には、当該責任役員はその事項について議決権を有しません。この場合において、議決権を有する責任役員の員数が責任役員の定数の過半数に満たないこととなったときは、その過半数に達するまでの員数以上の仮責任役員を選任する必要があります（同条2項）。

(d) その他の機関

上記のほかにも、各宗教法人の規則で定めることにより、総代、檀信徒総会等の議決機関または諮問機関や、監査機関などをおくこともできます。

(C) 公告制度

公告制度とは、財産処分、合併、解散、被包括関係の設定廃止等の宗教法人における重要な事項を行うにあたり、信者その他の利害関係人にその旨を周知するための手続です。宗教法人は財産処分、合併、解散、被包括関係の設定廃止等の行為を行うにあたり、その行為の要旨を示して公告する必要が

第1章 総 論

あります。

　これらの事項は檀信徒その他の利害関係人にとっても大きな影響を及ぼすものです。そのため、檀信徒等の利害関係人に対して予め当該事項を周知させ、檀信徒等の利害関係人と責任役員・代表役員等の宗教法人の機関との間の意思疎通を促すことが公告制度の趣旨です。

　公告の方法については宗教法人規則において定めることになります。

(2)　宗教法人の設立手続

　宗教団体が宗教法人となるためには宗教法人法所定の手続を経る必要があります。そこで、この宗教法人設立の手続を概観していきます。

(A)　宗教法人規則の作成

　まず、宗教法人を設立する場合には、目的・名称・事務所の所在地等の宗法12条1項所定の事項を記載した規則を作成しなければなりません。

　宗教法人規則とは、その宗教法人の運営に関する基本的なルールを定めた根本規程であり、会社における定款のようなものです。

　なお、この宗教法人規則は、宗教法人法に定める手続を経て事後的に変更することもできます。

(B)　設立発起人会の決議

　規則を作成した後は、設立発起人会を開催し、宗教法人の設立を行うこと、そのための手続を進める権限を代表役員就任予定者に与えること、作成した宗教法人規則案の内容の承認、設立時の責任役員・代表役員の選任、その他宗教法人の設立手続に必要な事項を決議する必要があります。そして、この設立発起人会の議事録を作成する必要があります。

(C)　包括宗教団体の承認

　設立しようとする宗教法人が、いずれかの包括宗教団体に所属する場合には、その包括宗教団体承認等の手続が必要になります。その具体的な手続内容や必要な書類等は各包括宗教団体ごとに異なりますので注意が必要です。

　包括被包括関係について、詳しくは『寺院法務の実務と書式』（民事法研究会・2018年）の49頁以下を参照してください。

(D)　設立公告

　宗教法人を設立するには、作成した宗教法人規則について所轄庁の認証を

受けなければなりませんが、その認証申請の少なくとも1カ月前に、信者その他の利害関係人に対して、規則の案の要旨を示して宗教法人を設立しようとする旨を公告しなければなりません。

(E) 認証申請

以上の手続を経たうえで、作成した宗教法人規則について所轄庁の認証を受けなければなりません。

なお、宗教法人となることができるのは宗法2条に定める要件を満たす宗教団体だけです（同法4条）。そのため、規則の認証を受けるにあたっては、同法2条に定める宗教団体であるといえるかを実質的に審査するために、宗教団体の概要を記載した書類や宗教活動に関する書類、過去3年間の活動実績に関する書類などの宗教団体であることを証する書類の提出が求められます。

そして、宗教法人設立のための規則の認証申請に基づき、所轄庁が認証審査を行います。

(F) 設立の登記

所轄庁の規則の認証を得たあと、その宗教法人の主たる事務所の所在地において設立の登記をすることによって、宗教法人が成立します。そして、設立の登記をしたあと、速やかにその旨を所轄庁に届け出る必要があります。

以上のような宗教法人設立の流れをまとめると、以下の図のようになります。

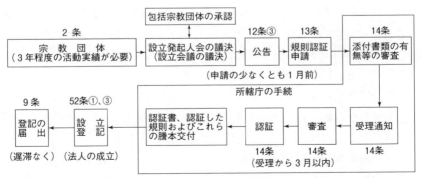

文化庁ウェブサイトより引用
〈http://www.bunka.go.jp/seisaku/shukyohojin/tetsuzuki.html〉

11

第1章　総　論

(3)　宗教法人が作成・備え付けるべき書類

宗法25条は宗教法人が作成し、事務所に常に備え付けるべき書類・帳簿を定めています（同条1項・2項）。その書類・帳簿は以下の通りです。

① 　規則およびその認証書

　　規則およびその認証書

　　宗教法人運営の根本規程である規則は、所轄庁の認証によりその効力を生じますので、規則とその認証書はワンセットであるといえます。

② 　役員名簿

　　責任役員・代表役員その他の宗教法人の運営に関与する機関の構成員の名簿であり、役職名・氏名・生年月日・住所・就退任日等を記載します。

③ 　財産目録および収支計算書並びに貸借対照表

　　財産目録とは、毎会計年度末における宗教法人のすべての資産と負債を一覧表にしたものであり、設立時および毎会計年度終了後3カ月以内に作成しなければなりません。宗教法人の保有する資産は、一般に、本尊等の宗教法人にとってかけがえのない宝物や宗教活動に欠くことができない重要な什物である「特別財産」、宗教活動を行ううえで必要な財政基盤となる境内地・境内建物などの不動産や確実な有価証券である「基本財産」、特別財産・基本財産以外の財産である「普通財産」に区別されることが多く、財産目録もこの区別に従って記載することが一般的です。

　　収支計算書は、一会計年度におけるすべての収入と支出の明細を記載するものです。収益事業を行っていない宗教法人であって、一会計年度の収入が8000万円以内の宗教法人については、当分の間、この収支計算書の作成義務が免除されています。

　　貸借対照表は、毎会計年度末における宗教法人の資産、負債の明細を記載した書類です。貸借対照表の作成は義務づけられていませんが、作成した場合には事務所に備え付けなければなりません。

④ 　境内建物（財産目録に記載されているものを除く）に関する書類

　　宗教法人が所有する境内建物については、通常、基本財産として財産目録に記載されることになります。それ以外に、賃貸借契約や使用貸借

契約などに基づいて使用している境内建物がある場合には、財産目録とは別途、当該境内建物に関する書類を作成し、当該境内建物の名称や所在地、面積等を記載する必要があります。

⑤　責任役員その他規則で定める機関の議事に関する書類および事務処理簿

　　責任役員会などの機関における議事録を作成する必要があります。

　　事務処理簿とは、宗教法人の事業・財務などに関する事務処理の日誌であり、事務処理の日付やその内容を記載する必要があります。

⑥　事業に関する書類

　　宗教法人は、本来の宗教活動のほか、公益事業や収益事業などを行うことができます（宗法6条）。宗教法人がこれらの事業を行う場合には、各事業の種類ごとに、事業の内容、事業の状況、収支などの経営の実情を記載した書類を作成する必要があります。

なお、③のうち、貸借対照表の作成は義務づけられていませんが、作成している場合には事務所に備え付けることが義務づけられています。これらの書類の書式については、本書39頁以下をご参照ください（貸借対照表については『寺院法務の実務と書式』18頁を参照して下さい）。

そして、上記の書類のうち、②、③、④、⑥の書類については、所轄庁に提出しなければなりません。

(4)　財産処分の手続

宗教法人がその財産を処分する場合には、一定の手続を経る必要があります。ここでは、宗教法人における財産処分の手続等について説明します。

(A)　宗教法人法23条による規律

(a)　宗法23条の対象行為

宗法23条により、以下の各財産処分を行う場合には一定の手続を踏むことが求められています。

①　不動産または財産目録に掲げる宝物を処分し、または担保に供すること。

②　借入（当該会計年度内の収入で償還する一時の借入を除く）または保証をすること。

第1章　総　論

③　主要な境内建物の新築、改築、増築、移築、除却または著しい模様替をすること。

④　境内地の著しい模様替をすること。

⑤　主要な境内建物の用途もしくは境内地の用途を変更し、またはこれらを当該宗教法人が宗法2条に規定する目的以外の目的のために供すること。

　(b)　手　続

宗法23条において、宗教法人が一定の財産を処分する場合に行うべき手続を規定しています。それは、①規則で定める手続と、②公告です。

①　規則に定める手続

　　基本財産、宝物その他の財産の設定、管理および処分に関する事項は規則の記載事項となっており（宗法12条1項8号）、同法23条1号から5号までの財産処分を行うにあたっては、規則に定める手続を経る必要があります。

　　特別財産や基本財産など、宗教法人の重要な財産を処分する場合には、規則において、責任役員会の決議要件を加重していたり、責任役員会決議の他に総代会の同意が必要とされている場合が多いと思われるため注意が必要です。

②　公告手続

　　規則で定めた手続を経た後、宗教法人はそれぞれの行為の少くとも1カ月前に、信者その他の利害関係人に対し、その行為の要旨を示してその旨を公告しなければなりません。

　(c)　手続に違反した場合の効果

上記(b)の手続を怠った場合には、以下のような効果があります。

①　10万円以下の過料

　　宗法23条の規定に違反した場合には、10万円以下の過料に処せられる可能性があります（同法88条）。

②　財産処分行為の無効

　　宗法23条の規定に違反してなされた財産処分は、その相手方または第三者が当該違反の事実について悪意（知っていた場合）または知らな

14

かったことに重過失がある場合を除き、無効となります（同法24条）。

③　包括宗教法人による懲戒処分

宗法23条の規定に違反した財産処分を行った場合、当該財産処分を行った代表役員等は、包括宗教法人（宗派）から懲戒処分を受ける可能性があります。

④　損害賠償義務（民法415条、709条）

代表役員および責任役員は、常に法令、規則および当該宗教法人を包括する宗教団体が当該宗教法人と協議して定めた規程がある場合にはその規程に従い、当該宗教法人の業務および事業の適切な運営に努めるべき義務を負っています（宗法18条5項、民法644条）。

そのため、宗法23条の規定に違反した財産処分により、当該宗教法人や取引の相手方に対して損害を与えた場合には、当該宗教法人や相手方に生じた損害を賠償すべき義務を負う可能性があります。

(B)　宗教法人法23条以外の財産処分

上記の通り、代表役員および責任役員は、法令、規則等を遵守して、当該宗教法人の業務および事業の適切な運営に努めるべき義務を負っています（同法18条5項）。したがって、同法23条各号以外の財産処分を行う場合にも、代表役員および責任役員は規則に定められた手続を経なければなりません。

規則に定める手続に違反した財産処分により、宗教法人等に損害を与えた場合には、代表役員および責任役員はその損害を賠償すべき義務を負う可能性があります。

(C)　財産処分と利益相反

前記(1)の(B)(c)で述べた通り、代表役員や責任役員と宗教法人との間で取引を行う場合には、当該代表役員や責任役員と宗教法人との利益が相反する可能性があります。

そのため、宗教法人が代表役員や責任役員との間で、宗法23条各号に列挙された財産処分やその他の財産処分行為あるいは取引を行う場合には、当該代表役員・責任役員と宗教法人との間で利益が相反する場合であるとして、当該代表役員においては当該行為について議決権も代表権もなく、当該責任役員においては当該行為について議決権が認められないこととなります。

第1章　総　論

したがって、その場合には仮代表役員・仮責任役員の選任が必要となりますので、この点にも注意が必要です。

(5)　宗教法人の事業

宗教法人は公益事業を行うことができます（宗法6条1項）。また、宗教法人はその目的に反しない限り、公益事業以外の事業を行うことができます（同条2項）。

公益事業以外の事業により収益が生じた場合には、その収益を当該宗教法人、当該宗教法人を包括する宗教団体または当該宗教法人が援助する宗教法人もしくは公益事業のために使用しなければなりません。

事業を行うにあたり、当該事業が公益事業であれ公益事業以外の事業であれ、規則において実際に行おうとする当該事業の種類を具体的に特定できるよう定めるとともに、管理運営に関する事項を定める必要があります。また、行う事業が公益事業以外の事業であれば、収益の処分の方法についても規則に定める必要があります（宗法12条7号）。そのため、宗教法人が新たに事業を開始する場合には、規則変更の手続が必要となります。

その規則変更の前提として、責任役員会の決議や総代会の同意など、宗教法人内部において必要な手続を経る必要があります。

また、宗教法人が行う事業の種類は登記事項となっており（宗法52条2項1号）、事業に関する規則変更の認証を受けた場合には、2週間以内に、その主たる事務所の所在地において変更の登記をしなければなりません（同法53条）。

そして、変更の登記を行った場合には、速やかに登記事項証明書を添えて所轄庁に届け出なければなりません。

(6)　宗教法人法に関する書式の重要性

以上でみてきたように、宗教法人法は、宗教法人に対して、その規則に定めるべき事項や宗教法人が一定の行為を行う場合に必要な手続、宗教法人が作成し備え付けるべき書類・帳簿等を定めています。

そして、宗教法人が一定の行為を行うにあたっては、必要な宗教法人内部の手続を経たうえで、所轄庁の認証を得ることが求められているところ、その認証申請にあたっては責任役員会議事録や公告に関する書類などを作成し

て添付する必要があります。

　このように、宗教法人の運営にあたってはさまざまな書類・帳簿の作成が必要になりますので、その書式を整備することが寺院運営のうえで重要になってきます。その書式については第2章をご参考ください。

3　墓埋法

　墓埋法は、墓地、納骨堂または火葬場の管理および埋葬等が、国民の宗教的感情に適合し、かつ公衆衛生その他公共の福祉の見地から支障なく行われることを目的とした法律です。

　墓埋法は4章構成で、条文数は全部で28条となっています。

　「第1章　総則」は、第1条および第2条によって構成されています。第1条は、墓埋法の目的（①国民の宗教的感情に適合すること、②公衆衛生その他公共の福祉の見地から支障を生じないこと）について規定しています。第2条は、墓埋法を解釈するにあたって基本となる7つの用語（埋葬、火葬、改葬、墳墓、墓地、納骨堂、火葬場）の定義について明らかにしています。

　「第2章　埋葬、火葬及び改葬」は、第3条ないし第9条によって構成されています。第3条は、死の判定を受けた者の蘇生する可能性が全くないことを確認するため、24時間以内の埋葬または火葬を禁止しています。第4条は、墓地外の埋葬または火葬場外の火葬を禁止しています。第5条および第8条は、埋葬または火葬を行おうとする者は、死亡または死産地の市町村長の、また改葬を行おうとする者は、死体または焼骨の現に存する地の市町村長の許可を受けなければならず、市町村長は、埋葬許可証、改葬許可証、火葬許可証を交付しなければならないことを規定しています。第9条は、死体の埋葬または火葬を行う者がないときまたは判明しないときは、死亡地の市町村長がこれを行わなければならないことを規定しています。なお、分骨（焼骨の一部を他の墳墓または納骨堂に移す行為）の手続については、墓埋法ではなく、墓埋法施行規則5条に規定されています。宗教法人が墓地を経営しているならば、受入証明書、分骨証明書、改葬許可申請書等の書式をあらかじめ用意しておき、墓地使用者の埋葬・改葬・分骨等の要請に速やかに応えられるようにしなければなりません。

第1章 総 論

　「第3章　墓地、納骨堂及び火葬場」は、第10条ないし第15条によって構成されています。第10条は、墓地、納骨堂または火葬場を経営しようとする者は、都道府県知事の許可を受けなければならない（変更・廃止の場合も同様）ことを規定しています。第12条は、墓地、納骨堂または火葬場の経営者は、管理者をおき、管理者の本籍、住所および氏名を、墓地、納骨堂または火葬場所在地の市町村長に届け出なければならないとしています。第13条は、墓地、納骨堂または火葬場の管理者は、埋葬、埋蔵、収蔵または火葬の求めを受けたときは、正当の理由がなければこれを拒んではならないと管理者の応諾義務を定めています。第14条は、許可証のない埋蔵・収蔵または火葬を禁止しています。第15条は、墓地、納骨堂および火葬場の管理者に対し当該施設の図面並びに墓籍、納骨簿および火葬簿の備え付けを義務づけるとともに、関係者に対する閲覧の拒否を禁止しています。第16条は、墓地または納骨堂の管理者は、埋葬許可証、火葬許可証または改葬許可証を受理した日から、5年間これらを保存しなければならないとしています。第17条は、墓地または火葬場の管理者は、毎月5日までに、その前月中の埋葬または火葬の状況を、墓地または火葬場所在地の市町村長に報告しなければならないとしています。なお、焼骨の収蔵については、衛生上の問題があまりないため特に報告の義務はありません。この規定は、土葬の場合のみ適用されると考えてください。第18条は、墓地、納骨堂または火葬場の管理および埋葬等が適正に行われるよう監督するために、都道府県知事等が、必要があると認めるときは、当該職員に、火葬場に立入検査をさせ、または墓地等の管理者から必要な報告を求めることができる旨を定めています。第19条は、墓地、納骨堂または火葬場の管理等が、公衆衛生その他公共の福祉の見地からみて不適当であると認められる場合に、都道府県知事等が、墓地等の施設の整備改善もしくはその使用の制限等を明示、さらには経営の許可を取り消すことができる旨を定めています。都道府県知事等は、経営許可取消権限を背景に墓地等の経営者に対して多大な監督権限を有しています。都道府県知事等の監督権限に対していつでも対応できるように、必要な図面や墓籍、帳簿類、各種許可証を保管し、墓地や納骨堂の現状や出来事を書面ベースで説明できるようにしておくことが肝要です。

「第4章　罰則」は、墓埋法の各規定を最終的に担保するものとしての罰則を定めています。罰則は、次のようになっています。

①　6カ月以下の懲役または2万円以下の罰金
　・無許可で墓地、納骨堂または火葬場の経営をしたこと（10条）
　・施設の整備改善等に関する命令に違反したこと（19条）
②　2万円以下の罰金または拘留もしくは科料
　・24時間以内の埋葬または火葬の禁止に違反したこと（3条）
　・墓地外の埋葬または火葬の禁止に違反したこと（4条）
　・埋葬、火葬または改葬の許可を受けずにそれらを行ったこと（5条1項）
　・管理者の届出を怠ったこと（12条）
　・管理者の義務に違反したこと（13条ないし17条）
　・都道府県知事等の立入検査の拒否等を行ったこと（18条）

　以上をまとめると、①墓地等を経営するにあたっては許可が必要であること、②埋葬・火葬・改葬には市町村長の許可が必要であること、③墓地の管理者は埋葬依頼には正当の理由がなければ拒めないこと、④墓地、納骨堂または火葬場の管理者は、省令の定めるところにより、図面、帳簿または書類等を備えなければならないこと、⑤都道府県知事等は監督権限があり、監督権限に従わないと墓地経営許可の取消し等の不利益処分を受ける可能性があるということを墓地等を運営にするあたって最低限把握しておく必要があります。

4　日常業務の法

(1)　借地借家法

　宗教法人を運営するにあたって必要となる法律として真っ先にあげられるのが、借地借家法です。

　土地や建物を貸している宗教法人が多くありますが、借地借家法の基本的な仕組みについて知っておかないと後々大きなトラブルの元となります。その概略については、横浜関内法律事務所編『寺院法務の実務と書式——基礎知識から運営・管理・税務まで——』（民事法研究会）に記述されております

19

第1章　総　論

ので、本項では、どうしても知っておいていただきたい点についてのみ言及いたします。

まず知っておいていただきたいことは、貸主は、借主に簡単に立ち退きを求めることはできないということです。仮に、賃貸借期間が定められていたとしても、立退きを求める正当事由が具備されていなければ、借主がそのままその土地や建物から立ち退かなければ、借主は、地代・賃料を支払い続ける限りその場に居続けることができます。借地借家法では、借主の立場は極めて強いのだということをまず念頭においていただくようお願いいたします。

借主の立場が、極めて強いからこそ、貸主に有利な条件は、書面化し、借主と合意をしなければ借主に対して主張できません。たとえば、更新料や増改築禁止特約等は、契約書の条項に記載がなければ、借主に対して主張することができないのです。だからこそ、宗教法人としては、人に土地や建物を貸すにあたって、標準的な賃貸借契約書式を把握しておき、貸主として通常主張してしかるべき権利を主張できるように心構えを持っておく必要があります。

また、賃貸借契約締結後も、借主に対して権利主張をするときは、必ず書面によってなさなければなりません。いざという時に備えて、解除通知書や賃料増額通知書、期間満了後の土地使用継続に対する異議通知書等の書面はあらかじめ把握していなければなりません。

(2)　消費者法

宗教法人は、法人の業務の場というのみならず、役職員（住職等）や役職員の家族（寺族等）の生活の場という側面も有しております。

一般的な家庭よりも宗教家の家庭の方が裕福だと思われる傾向があるようで（実際は、そのようなことはありませんが）、宗教法人関係者からは、悪質な訪問販売の被害にあったなどという声がしばしば聞かれます。

宗教法人の役職員や役職員の家族が、悪質な訪問販売にあうなどの消費者被害を受けたときは、消費者契約法や特定商取引法に基づいて対応することになります。消費者契約法とは、消費者と事業者との交渉力の格差を是正しようと、消費者と事業者の間のすべての消費者契約に適用される法律で、①

事業者の不当な勧誘（不実告知・過量契約・断定的判断の提供・不利益事実の不告知・不退去・退去妨害）によって契約をしたときは、消費者にその契約の「取消し」を可能ならしめ、②消費者の権利を不当に害する契約条項（事業者の損害賠償責任を免除する条項・消費者の解除権を放棄させる条項・消費者が支払う損害賠償の額を予定する条項等・消費者の利益を一方的に害する条項）は「無効」とするものです。特定商取引法とは、事業者による違法・悪質な勧誘行為等を防止し、消費者の利益を守ることを目的とする法律です。具体的には、訪問販売や通信販売等の消費者トラブルを生じやすい取引類型を対象に、事業者が守るべきルールとクーリングオフ等の消費者を守るルール等を定めています。たとえば、悪質な訪問販売にあったときは、クーリングオフ（特定商取引9条）・過量販売契約の申込みの撤回または契約の解除（特定商取引9条の2）・契約の申込みまたはその承諾の意思表示の取消し（特定商取引9条の3）といった法が認めた消費者の権利を駆使して対応していくことになります。これらの権利を行使するにあたっては、書面によることが原則となりますので、いざというときに備えてあらかじめ権利行使のための書式を用意しておかなければなりません。

　宗教法人は、インターネットを通じて御祈願を募ったり、お守り等を頒布していることがあります。この場合、特定商取引法の規制対象となる「通信販売」となりますので、特定商取引法が定める広告規制を守らなければなりません。特定商取引法11条は、通信販売を行うにあたって掲げるべき広告の表示について規定しています。もし、御祈願を募ったりお守り等を頒布するときに、法が定める広告の表示がなされていないと、コンプライアンス違反の問題となりかねませんのでご注意ください。

5　労働法概説

(1)　労働法とは

　労働法といっても、「労働法」という名称の法律があるわけではありません。

　労働者と使用者との関係を規律する法律には労働基準法や労働契約法、労働組合法、労働安全衛生法、最低賃金法などさまざまな法律があり、これら

第1章　総　論

をまとめて労働法と呼んでいるのです。

　ただし、ここでは、労働法の中でも特に労務管理において最も基本的な事
項を定める労働基準法を中心に簡単に紹介します。

(2)　労働基準法のしくみ

　労働者と使用者との間の関係は、合意、すなわち労働者と使用者との契約
に基づくものです。この契約を労働契約（民法上は雇用契約といいます）とい
います（労働契約法（以下、「労契」という）6条、民法623条）。労働契約は、
労働者が使用者に対して労働力を提供することを約束し、使用者がこれに対
する報酬を支払うことを約束する契約です。そして、具体的な労働条件は労
働者と使用者との合意で定めることが基本ですが、労働基準法は、労働条件
等が労働者にとって不利なものとならないよう、労働契約における労働条件
の最低基準を定めています。

　仮に、この最低基準を満たさない労働条件を労働者と使用者との間で合意
により定めたとしても、その条件は無効となり、労働基準法などに定められ
た最低基準と同様の定めをしたものとされます（労基13条）。また、労働基
準法などの違反に対しては、労働基準監督署による行政監督がなされるほ
か、罰則（刑罰）も定められています。この罰則は、たとえば法人の代表者
が労働基準法に違反した場合には、法人の代表者のみならず、事業主である
法人に対しても科されることになります（同法121条。両罰規定）。

(3)　労働条件に関する労働基準法の規定

(A)　賃金（4原則・最低賃金・賃金規程（就業規則）等の整備の必要性）

労基24条は、賃金の支払方法に関する以下の4つの原則を定めています。

① 　通貨払いの原則

　　　賃金は通貨により支払わなければならず、現物支給によることはでき
　ません。

② 　直接払いの原則

　　　賃金は労働者本人に対して直接支払わなければならず、その親権者な
　どに対して支払うことはできません。

③ 　全額払いの原則

　　　賃金は原則としてその全額を支払わなければならず、積立金などのも

名目で天引きすることはできません。ただし、所得税の源泉徴収のように法令で認められている場合や、労働者の過半数代表者との労使協定がある場合などは、例外として賃金の一部を控除して支払うことができます。

④　毎月1回以上一定期日払いの原則

賃金は毎月1回以上、一定の期日を定めて支払わなければなりません。

賃金の算定方法やその額は、使用者と労働者との合意により決めることが原則です。

しかしながら、労働者保護のために最低賃金法は賃金の最低額を定め、最低賃金額以上の賃金を支払わなければならないことを定めています（最低賃金法4条1項）。

最低賃金額は基本的に都道府県ごとの地域別に定められており、具体的な金額は各都道府県労働局のウェブサイトで確認できます。

(B)　**労働時間・休憩・休日**

(a)　労働時間に関する定め

労働時間とは、労働者が客観的にみて使用者の指揮命令下におかれている時間をいい、実際に何らかの作業をしているか否かは問いません。

労基32条は、労働時間の長さについて、1日の労働時間は8時間以下、1週間の労働時間は40時間以下（法定労働時間）と定めています。

(b)　休憩に関する定め

労基34条1項は休憩について、使用者は、1日の労働時間が6時間を超え8時間以内の場合には少なくとも45分、8時間を超える場合には少なくとも1時間の休憩時間を、労働時間の途中に与えなければならないと定めています。この休憩時間は、原則として事業場のすべての労働者に一斉に与えなければなりません。

(c)　休日に関する定め

労基35条1項は休日について、使用者は労働者に対して、毎週少なくとも1回の休日（法定休日）を与えなければならないと定めています。ただし、4週間を通じて4日以上の休日を与える場合には、この週休1日の原則は適

第1章　総　論

用されません（労基35条2項，労基施行規則12条の2第2項）。

　　(d)　労働時間・休憩・休日に関する規制の適用除外

　労基41条は、①農業・畜産・水産業に従事する労働者、②管理監督者および機密事務取扱者、③監視・断続的労働者については、上記の労働時間・休憩・休日に関する規定を適用しないと定めています。

　「管理監督者」とは、労働時間規制を超えて活動することが求められるような重要な職責を負っており、また、実際の勤務態様も労働時間規制がなじまないという立場にある労働者のことをいいます。管理監督者に該当するかは、経営に関する重要な事項の決定権や人事権などの権限の有無、職務内容、出退勤の時間管理の有無、給与などの具体的・客観的事実を考慮して判断されます。

　　(e)　時間外労働・休日労働

　上記の通り、原則として、使用者は法定労働時間を超えて、または休日に労働させることはできません。

　しかし、災害などによる臨時の必要がある場合（労基33条）のほか、あらかじめ労働者の過半数で組織する労働組合または労働者の過半数を代表する者との間で労使協定を締結し、当該労使協定を所轄の労働基準監督署に届け出ている場合（同法36条）には、法定労働時間を超えて、あるいは休日に労働させることができます。この同法36条に定める労使協定のことを一般に「36（サブロク）協定」といいます。

　　(f)　時間外労働・休日労働等の場合の割増賃金

　使用者が労働者に時間外労働をさせた場合や、法定休日に労働させた場合、深夜に労働させた場合には割増賃金を支払わなければならず、その場合の割増率は以下のように定められています（労基37条）。

①法定労働時間（1日8時間、週40時間）を超えて労働させた場合	25％以上
②法定休日に労働させた場合	35％以上
③午後10時から午前5時までの深夜の時間帯に労働させた場合	25％以上

　なお、①と③が重複した場合、および、②と③が重複した場合には、それぞれの割増率が合算され、前者の場合には50％以上、後者の場合には60％以

24

Ⅱ　宗教法人関連各法の概説と書式

上の割合で計算した割増賃金を支払わなければなりません。

　(C)　**年次有給休暇**

　年次有給休暇とは、使用者から賃金が支払われる休暇のことをいいます。

　使用者は、雇入れ後 6 カ月間継続勤務し、その間における全労働日の 8 割以上出勤した労働者に対して、10日間の年次有給休暇を与えなければなりません（労基39条 1 項）。その後、勤続年数が増えていくにつれて、労働者に付与しなければならない年次有給休暇の日数が最大20日まで増えていき、各年において、前年の全労働日の 8 割以上出勤することを要件として、当該労働者に年次有給休暇が発生します。

　労働者が消化していない年次有給休暇は、 2 年の消滅時効にかかります（労基115条）。したがって、年休は 1 年に限り繰り越しができることとなります（昭和22年12月15日基発第501号）。

　(D)　**解　　雇**

　解雇とは、使用者の一方的な意思表示により、労働契約を解約することをいいます。

　使用者が労働者を解雇する場合には、原則として、少なくとも30日前に解雇予告をしなければなりません（労基20条 1 項）。この予告日数は、 1 日分の平均賃金を支払った日数分だけ短縮することができます（同法20条 2 項）。

　例外として、①天災事変その他やむを得ない事由のために事業の継続が不可能となった場合、または、②労働者の責に帰すべき事由に基づいて解雇する場合においては、予告なく即時解雇することができます（労基20条 1 項ただし書）。ただし、この即時解雇を行う場合には、労働基準監督署の除外認定を受ける必要があります（同法20条 3 項）。

　解雇は、①客観的に合理的な理由を欠き、②社会通念上相当性を欠く場合には、解雇権の濫用として、その解雇は無効となります（労契16条）。解雇理由は就業規則の必要的記載事項となっています（労基89条 3 項）。

　労働者の非違行為に対する制裁である懲戒処分として労働者を解雇する場合には、その懲戒事由と懲戒処分の内容を就業規則などで明確に定めておく必要があります。

　なお、懲戒処分を行うにあたっては、労働者に対して懲戒事由を告知し、

25

第1章　総　論

弁明の機会を与える等の適正手続を踏まなければならず、そのような手続を欠いた場合には、当該懲戒処分が無効となる場合があります。

さらに、労働者の非違行為が懲戒事由に該当するとしても、その非違行為の程度に比して、選択された懲戒処分が不当に重いような場合には、当該懲戒処分は社会通念上相当性を欠き、懲戒権の濫用であり無効となります。

(E)　就業規則

就業規則とは、共通の労働条件や職場において守られるべきルールについて、使用者が定めた規則をいいます。賃金に関しては賃金規程、退職金については退職金規程、というように分けられていることもありますが、いずれも法律上は就業規則です。就業規則を整備することで、労働条件や職場規律を集団的・統一的に定めることができます。

この就業規則ですが、常時10人以上の労働者（パート・アルバイト含む）を使用する事業場においては、所定の事項を記載した就業規則を作成することが義務付けられています（労基89条）。この就業規則においては、①始業・終業の時刻、休憩時間、休日、休暇、交替制勤務の場合の交替制に関する事項、②賃金の決定、計算・支払の方法、賃金の締め切り・支払の時期、昇給に関する事項、③退職・解雇事由に関する事項については必ず記載しなければなりません（絶対的記載事項）。

上記4で触れた懲戒処分については、絶対的記載事項ではありませんが、懲戒制度を設ける場合には懲戒事由、懲戒処分の手続、処分の内容などを記載する必要があります。

使用者は、就業規則の作成または変更をする場合、必ず労働者を代表する者の意見を聞かなければなりません（労基90条1項）。労働者を代表する者とは、①事業場に労働者の過半数で組織する労働組合がある場合にはその労働組合、②そのような労働組合がない場合には労働者の過半数を代表する者をいいます（労基施行規則6条の2）。

そして、使用者は就業規則を作成・変更した場合には、作成・変更した就業規則を、所轄の労働基準監督署に届け出なければなりません（労基89条）。この届出の際に、過半数代表者から聴取した意見を記した書面を添付しなければなりません。

さらに、使用者は就業規則を職場のみやすい場所に掲示する、備え付ける、労働者に交付するなど、法令で定められた方法により、労働者に周知させなければなりません（労基106条）。

　就業規則には、就業規則で定めた基準に達しない労働条件を定めた労働契約は、その部分につき無効とし（最低基準効）、無効となった部分ついては就業規則に定める基準が適用される（直律的効力）、という効力があります（労契12条）。

　したがって、労働者を雇い入れる際に、就業規則で定めた労働条件よりも低い条件で合意したとしても、その部分は無効となり、就業規則で定めた労働条件が適用されることとなります。

6　個人情報保護法・マイナンバー法

(1)　個人情報保護法

(A)　個人情報保護法とは

　個人情報保護法（以下、「個情法」という。）の正式名称は、「個人情報の保護に関する法律」といい、個人の権利・利益の保護と個人情報の有用性とのバランスを図るための法律です。個情法1条は、その目的について、「高度情報通信社会の進展に伴い個人情報の利用が著しく拡大していることに鑑み、個人情報の適正な取扱いに関し、基本理念及び政府による基本方針の作成その他の個人情報の保護に関する施策の基本となる事項を定め、国及び地方公共団体の責務等を明らかにするとともに、個人情報を取り扱う事業者の遵守すべき義務等を定めることにより、個人情報の適正かつ効果的な活用が新たな産業の創出並びに活力ある経済社会及び豊かな国民生活の実現に資するものであることその他の個人情報の有用性に配慮しつつ、個人の権利利益を保護することを目的」とするとしています。

　個人情報保護法は、従前、小規模事業者（5000人分以下の個人情報を取り扱う事業者）は適用除外となっていましたが、法改正によってすべての個人情報を取り扱う事業者に適用されました。なお、宗教団体の場合、宗教活動およびこれに付随する活動の用に供する目的で個人情報が取り扱われる場合、個人情報保護法が適用除外となっています（同法76条1項4号）が、宗教法

第1章　総　論

人は、宗教活動およびこれに付随する活動のみならず、各種公益事業や収益事業を営んでいる場合も多く、個情法76条2項は、適用除外を受ける事業者に個人情報等の適正な取扱いを確保するために必要な措置を行うよう努力義務を課していますので、宗教法人といえども個人情報保護法に無頓着でいることはできません。

　個人情報とは、生存する個人情報に関する情報であって、氏名、生年月日、その他の記述等により特定の個人を識別することができるものをいいます（個情法2条）。

　個人情報保護法は、以下の5つの場合のルールを定めています。

①　個人情報を取得するときのルール

②　個人情報を利用するときのルール

③　個人情報を保管するときのルール

④　個人情報を他人に渡すときのルール

⑤　本人から個人情報の開示等を求められたときのルール

以下、各々ルールについて概観していきます。

　(B)　**個人情報を取得するときのルール**

　個人情報を取得するときの基本的なルールは、何に使うか目的を決めて、本人に伝えることが肝要です。すなわち、個人情報の取得を行うときは、①あらかじめ利用目的をできる限り特定する、②個人情報は適正な方法で取得する、③取得する際には利用目的の通知・公表等を行うことになります。以下、それぞれの条文を見てみましょう。

　(a)　利用目的の特定

　・15条1項　　個人情報保護取扱事業者は、個人情報を取り扱うに当たっては、その利用の目的（以下、「利用目的」という。）をできる限り特定しなければならない。

　・15条2項　　個人情報取扱事業者は、利用目的を変更する場合には、変更前の利用目的と関連性を有すると合理的に認められる範囲を超えて行ってはならない。

　(b)　適正な方法で取得する

　・17条1項　　個人情報取扱事業者は、偽りその他不正の手段により個

28

人情報を取得してはならない。

・17条2項　　あらかじめ本人の同意を得ないで、要配慮個人情報を取得してはならない。

(c)　利用目的の通知・公表等

・18条1項　　個人情報取扱事業者は、個人情報を取得した場合は、あらかじめその利用目的を公表している場合を除き、速やかに、その利用目的を、本人に通知し、又は公表しなければならない。

・18条2項　　個人情報取扱事業者は、前項の規定にかかわらず、本人との間で契約を締結することに伴って契約書その他の書面（電磁的記録を含む。以下この項において同じ。）に記載された当該本人の個人情報を取得する場合その他本人から直接書面に記載された当該本人の個人情報を取得する場合は、あらかじめ、本人に対し、その利用目的を明示しなければならない。

・18条3項　　個人情報取扱事業者は、利用目的を変更した場合は、変更された利用目的について、本人に通知し、又は公表しなければならない。

(C)　**個人情報を利用するときのルール**

　個人情報取扱事業者は、あらかじめ本人の同意を得ないで、利用目的の達成に必要な範囲を超えて、個人情報を取り扱ってはいけません（個情法16条1項）。たとえば、寺院の職員に応募してきた者の履歴書情報をもとに、布教誌等を送る場合は、目的外利用にあたるため、本人の同意を取る必要があります。ただし、個人情報保護法は、同意なしに個人情報の目的外利用ができる場合として、以下のようなものを掲げています（同条3項）。

①　法令に基づく場合

②　人の生命、身体または財産の保護のために必要がある場合であって、本人の同意を得ることが困難であるとき

③　公衆衛生の向上または児童の健全な育成の推進のために特に必要がある場合であって、本人の同意を得ることが困難であるとき

④　国の機関もしくは地方公共団体またはその委託を受けた者が法令の定める事務を遂行することに対して協力する必要がある場合であって、本

第1章　総　論

人の同意を得ることにより当該事務の遂行に支障を及ぼすおそれがある
とき

(D)　**個人情報を保管するときのルール**

取り扱う個人情報が、個人データ（個人情報のうち、紙媒体、電子媒体を問
わず、特定の個人情報を検索できるように体系的に構成したもの（個人情報デー
タベース等））に該当する場合、個人情報取扱事業者は、安全管理措置を実施
する（個情法20条）とともに、個人データを正確で最新の内容に保つことに
取り組む（同法19条）ほか、個人データの安全性を確保するために、従業者
や委託先の監督を必要かつ適切に行わなければなりません（同法21条、22
条）。

書式との関係でいえば、安全管理措置の実施が重要となります。すなわ
ち、個情法20条は、「個人情報取扱事業者は、その取り扱う個人データの漏
えい、滅失又はき損の防止その他の個人データの安全管理のために必要かつ
適切な措置を講じなければならない」と規定しています。安全管理措置に
は、組織的・人的・物理的・技術的の4つの側面があります。組織的安全管
理措置の観点からは、プライバシーポリシーや個人情報取扱規程の整備が重
要となります。人的安全管理措置の観点は、就業規則の整備や委託先との契
約書の整備等が重要となってきます。

(E)　**個人情報を他人に渡すときのルール**

あらかじめ本人の同意を得ないで、個人データを第三者に提供してはいけ
ません（個情法23条1項）。同意の取得にあたっては、本人が同意に係る判断
を行うために必要と考えられる合理的かつ適切な方法によらなければなりま
せん。ただし、以下の場合は、本人の同意は不要となります（適用除外）。

①　法令に基づく場合

②　人の生命、身体または財産の保護に必要であり、かつ、本人の同意を
　　得ることが困難である場合

③　公衆衛生・児童の健全育成に特に必要な場合

④　国の機関等への協力

第三者から個人データを受領する場合には、個人情報保護委員会規則に基
づき、受領者は提供者の氏名やデータの取得経緯等を確認、記録し、一定期

30

Ⅱ　宗教法人関連各法の概説と書式

間その内容を保存しなければなりません。第三者に個人データを提供する場合も、提供者は受領者の氏名等を記録し、一定期間保存をしなければなりません（個情法25条、26条）。

　(F)　**本人から個人情報の開示等を求められたときのルール**

　個人情報取扱事業者が、保有している個人データについて、本人から開示や訂正等を請求されたら対応しなければなりません。すなわち、個人情報保護法は、保有個人データの開示等について、以下のように規定しています。

①　利用目的の通知　　本人から請求があれば、保有個人データがどのような目的で利用されているのかについて、原則として本人に通知しなければなりません（個情法27条）。

②　開　　示　　本人からの請求に応じて、保有個人データを開示しなければなりません（同法28条）。

③　訂正等　　本人からの請求に応じて、内容が事実ではないときは、原則として利用目的の達成に必要な範囲内において調査し、保有個人データの訂正等を行わなければなりません（同法29条）。

④　利用停止等　　本人からの請求に応じて、①利用目的による制限、②適正な取得、③第三者提供の制限に違反していることが判明したときは、違反を是正するために必要な限度で、原則として、利用停止等を行わなければなりません（同法30条）。

　(2)　**マイナンバー法**

　(A)　**マイナンバーとは**

　マイナンバー法の正式名称は、「行政手続における特定の個人を識別するための番号の利用等に関する法律」といいます。

　マイナンバー法が規定するマイナンバーとは、日本国内の全住民に通知される１人ひとり異なる12桁の番号のことをいいます。マイナンバーとは、原則として変更されず、個人が一生涯にわたって同じ番号を使うことになります。マイナンバーの法律上の正式名称は、個人番号といい（同法２条５項）、個人番号をその内容に含む個人情報のことを特定個人情報といいます（同法２条８項）。マイナンバーは、国の行政機関や地方公共団体などにおいて、社会保障、税、災害対策の分野に限って利用されます。マイナンバーの利用

31

第1章 総 論

例としては、以下のようなものがあります。

① 社会保障関係の手続
  ・年金の資格取得や確認、給付
  ・雇用保険の資格取得や確認、給付
  ・ハローワークの事務
  ・医療保険の給付の請求
  ・福祉分野の給付、生活保護　など

② 税務関係の手続
  ・税務署に提出する確定申告書、届出書、法定調書などに記載
  ・都道府県・市町村に提出する申告書、給与支払報告書などに記載　など

③ 災害対策
  ・防災・災害対策に関する事務
  ・被災者生活再建支援金の給付
  ・被災者台帳の作成事務　など

マイナンバーを他人に知られると、プライバシーが侵害されたり、なりすましなど悪用されるおそれがあります。そこで、マイナンバー法は、マイナンバーの「取得」→「利用・提供・委託」→「保管・廃棄」といったプロセスごとに厳格なルールを定めているとともに、これらのプロセス全部で必要かつ適切な「安全管理措置」を取らなければならないとしています。マイナンバーのルールを端的に言えば、以下のようなものになります（個人情報保護委員会「事業者の皆さんマイナンバー（個人番号）を正しく取り扱っていますか」参照）。

① マイナンバーの取得・利用・提供は、法令で決められた場合だけ
② 法令で決められた場合以外では、「取れない」、「使えない」、「渡せない」
③ 必要がある場合だけ保管
④ 必要がなくなったら廃棄
⑤ 委託先を「しっかり監督」
⑥ 再委託は「許諾が必要」

32

⑦　漏えいなどを起こさないために書類やデータは「しっかり管理」

以下、「取得」→「利用・提供・委託」→「保管・廃棄」、それぞれのルールについて説明します。

(B)　マイナンバーの**取得**のルール

会社や寺院などの民間事業者では、マイナンバーを、原則として税務手続と社会保障手続のためにしか取得できません（マイナンバー法20条）。マイナンバーを取得するにあたっては、利用目的を明らかにしたうえで行わなければなりません（個情法18条1項・2項）。たとえば、「報酬、料金、および賞金の支払い調書作成事務のため」などと利用目的を特定して、本人に明示することが必要です。

従業員等よりマイナンバーを取得するときは、「なりすまし」防止のために本人確認を厳格に行わなければなりません（マイナンバー法16条）。

マイナンバーを取得する際は、利用目的や必要な本人確認書類を明記した依頼文を書式として予め用意しておいて利用するとよいでしょう。

(C)　マイナンバーの**利用・提供・委託**のルール

事業者がマイナンバーを利用できるのは、個人番号関係事務（社会保障手続および税務手続）に限られます（マイナンバー法9条）。

マイナンバーを提供できる相手は、法律上限定されています（マイナンバー法19条）。提供できる相手は、原則として、社会保障手続および税務手続を行う官公署、本人、委託先に限定されています。

個人番号利用事務等の全部または一部を委託する者は、当該委託に係る個人番号利用事務等において取り扱う特定個人情報の安全管理が図られるよう、当該委託を受けた者に対する必要かつ適切な監督を行わなければなりません（マイナンバー法11条）。

(D)　マイナンバーの**保管・廃棄**のルール

特定個人情報（マイナンバーを含む個人情報）は、社会保障および税に関する手続書類の作成事務（個人番号関係事務）を行う必要がある場合に限り、保管し続けることができます（マイナンバー法20条）。

社会保障および税に関する手続書類の作成事務を処理する必要がなくなった場合で、所管法令において定められている保存期間を経過した場合には、

第 1 章　総　論

マイナンバーをできるだけ速やかに廃棄または削除しなければなりません（個情法19条）。

(E)　マイナンバーと安全管理措置

　個人番号関係事務実施者（法令・条例の規定により、個人番号利用事務に関して行われる他人のマイナンバーを利用して行う事務（給与所得の源泉徴収票や報酬等の支払調書を作成するなど）を実施する者のことをいいます）は、マイナンバーの漏えい、滅失または毀損の防止その他のマイナンバーの適切な管理のために必要な措置を講じなければなりません（マイナンバー法12条）。また、個人番号関係事務実施者は、従業者に特定個人情報等を取り扱わせるにあたっては、特定個人情報等の安全管理が図られるよう、当該従業者に対する必要かつ適切な監督を行わなければなりません（個情法21条）。これらの必要な措置・必要かつ適切な監督を総称して、安全管理措置といいます。安全管理措置の具体的内容については、個人情報保護委員会ガイドラインで以下のように示されています。基本的には、個人情報保護法の安全管理措置とパラレルに考えていいでしょう。書式との関連では、基本方針の策定や各種規程の整備が重要となってきます。

① 基本方針の策定

② 取扱規程等の策定

③ 組織的安全管理措置

④ 人的安全管理措置

⑤ 物理的安全管理措置

⑥ 技術的安全管理措置

7　税　法

(1)　はじめに

　宗教法人が、その運営にあたって、最低限の知識を得ておかなければならない税目としては、以下のようなものがあります。

① 法人税

② 所得税

③ 消費税

④　固定資産税、都市計画税

⑤　登録免許税、不動産取得税・印紙税

　宗教法人の税務について簡潔に知識を得たいのであれば、国税庁が毎年発行している「宗教法人の税務—源泉所得税・法人税・地方法人税・消費税—」というパンフレットが大変参考になりますので、是非ご一読ください。また、『寺院法務の実務と書式』（民事法研究会）では、各税目について必要最小限の解説がなされていますので、こちらも参照してください。

　ここでは、前記の中でも特に実務上重要な税目である法人税、所得税、固定資産税・都市計画税について、実務上最も留意しなければならない点に絞って解説します。

　⑵　**法人税**

　法人税法4条1項は、法人税法の納税義務者について規定しており、「内国法人は、この法律により、法人税を納める義務がある。ただし、公益法人等又は人格のない社団等については、収益事業を行う場合……に限る」と定めています。

　宗教法人の活動としては、①宗教の教義を広め、儀式行事を行い、および信者を教化育成する活動（宗教活動。宗教法人法2条）、②公益事業（同法6条1項）、③公益事業以外の事業（収益事業。同条2項）の3つがありますが、宗教法人の活動のうち、法人税が課せられるのは、収益事業のみです。

　それでは、法人税が課せられる収益事業とはどのようなものをいうのでしょうか。収益事業については、法人税法2条13号に「販売業、製造業その他政令で定める事業で、継続して事業場を設けて行われるものをいう」と定義されています。そして、法人税法施行令5条では、①物品販売業、②不動産販売業、③金銭貸付業、④物品貸付業、⑤不動産貸付業、⑥製造業、⑦通信業、⑧運送業、⑨倉庫業、⑩請負業、⑪印刷業、⑫出版業、⑬写真業、⑭席貸業、⑮旅館業、⑯料理店業その他の飲食店業、⑰周旋業、⑱代理業、⑲仲立業、⑳問屋業、㉑鉱業、㉒土石採取業、㉓浴場業、㉔理容業、㉕美容業、㉖興行業、㉗遊技所業、㉘遊覧所業、㉙医療保健業、㉚技芸教授業、㉛駐車場業、㉜信用保証業、㉝無体財産権提供業、㉞労働者派遣業の34の事業が収益事業に該当するとしています。

35

第1章 総 論

　宗教法人における事業が収益事業にあたるか否かは、課税されるかどうか
と直結する問題であり、極めて重要です。そして、当該事業が、収益事業で
ある場合、当該事業の経理は、収益事業以外の事業の経理と区分する必要が
あります。前述の国税庁発行のパンフレット「宗教法人の税務」には、宗教
法人の行う事業が収益事業に該当するかどうかについて、お守り、おみくじ
等の販売、墳墓地の貸付け、境内地等の席貸し、宿泊施設の経営、所蔵品等
の展示、茶道、生花等の教授、駐車場の経営、結婚式場の経営を例に具体的
に解説していますので、参照してください。

　宗教法人が新たに収益事業を開始し、または現に収益事業を行っている場
合に税務署に対して届出をし、または申請をするものとしては、次のような
ものがあります。

① 　収益事業の開始届出
② 　青色申告の承認申請
③ 　棚卸資産の評価方法の届出

(3)　所得税

　所得税とは、個人がその年の1月1日から12月31日の1年間に得た所得に
対して課税される税金のことをいいます。宗教法人は税金が優遇されている
ことから、僧侶も税金を支払っていないのではないかと誤解する人がいます
が、寺院から受け取る給料等僧侶の個人の所得となるものは、当然のことな
がら、すべて所得税が課税されます（所得税法4条1項）。

　日本の税制では、納税者自身がその所得金額とこれに対する税額を計算
し、これを自主的に申告して納付する、申告納税制度が建前となっています
（国税通則法16条）が、特定の所得の場合、源泉徴収制度が採用されていま
す。源泉徴収制度とは、給与や利子、配当、報酬などの所得を支払う者が、
その所得を支払う際に所定の方法により所得税額を計算し、支払金額からそ
の所得税額を差し引いて国に納付する制度です（所得税法第4編）。

　したがって、宗教法人においても、その代表役員（住職、宮司等）や職員
等に給与や退職手当を支払う場合、あるいは税理士等の報酬・料金、講演料
等を支払う場合には、源泉徴収義務者として、その支払いの際に、所定の所
得税および復興特別所得税を源泉徴収して納付する必要があります。

Ⅱ　宗教法人関連各法の概説と書式

　源泉徴収の対象となる給与には、金銭で支給されるもののほか、経済的利益の供与や物の支給も含まれます。たとえば、宗教法人が、代表役員や職員等に対して食事などを現物で支給している場合、食事の価格相当額の給与の支払いがあったものとして源泉徴収を行わなければなりません。宗教法人関係者（住職、宮司、牧師等）にまつわる経済的利益のうち、現物給与制が問題となり得る経済的利益について、『寺院法務の実務と書式』、「宗教法人の税務」ともに具体例をあげて解説していますので、参照してください。

　宗教法人は、代表者が法人の施設に居住していることが多いことから、法人の収支と代表者個人の収支を混同することが通常の法人の場合よりも多くなりがちです。したがって、適正な税務処理を行うためには、常日頃から、宗教法人の収支と住職等個人の収支を明確に区分しておくことが必要です。国税庁「宗教法人の税務」は、経理・会計をなすにあたって、以下の事項に常に注意を払っておくべきだとしています。

① 宗教活動に伴う収入や宗教法人の資産から生ずる収入は、すべて宗教法人の収入となる

② 宗教活動に伴う支出や宗教法人の資産の維持、管理に要する支出は、すべて宗教法人の支出となる

③ 財産については、宗教法人のものと住職等個人のものとを明確に区分しておく

(4)　固定資産税・都市計画税

　固定資産税は、毎年1月1日（賦課期日）現在の土地、家屋および償却資産（以下、これらを「固定資産」といいます）の所有者に対し、その固定資産の価格をもとに算定される税額をその固定資産の所在する市町村が課税する地方税です（地方税法342条、343条）。都市計画税は、都市計画事業または土地区画整理事業に要する費用に充てるため市街化区域内に所在する土地および家屋について、その所有者に対して課せられる地方税です（同法702条）。

　固定資産税、都市計画税について、地方税法348条2項3号は、「宗教法人が専らその本来の用に供する宗教法人法第3条に規定する境内建物及び境内地」を、同項4号は「墓地」を非課税としています。

　地方税法348条2項4号に関して、「墓地」とは、墓埋法上の経営許可を受

37

第1章　総　論

けた墓地のことをいうとされています。同項3号に関して、宗教法人が所有
などし、もっぱらその本来の用に供する境内建物および境内地等の固定資産
については、それらの固定資産が所在する各都道府県知事に証明してもら
い、この証明書とともに各市町村長に対し非課税申告書を提出することで、
その固定資産が非課税として取り扱われていることを確認してもらうことが
できます（昭和37年12月15日天理教奈良教区長あて調査局宗務課回答）。

　固定資産税、都市計画税の課税・非課税をめぐっては、種々の裁判例が出
されていますので、興味のある方は、『寺院法務の実務と書式』の固定資産
税、都市計画税の解説（322頁以下）を参照してください。

I　宗教法人規則変更認証

第2章　宗教法人法関連書式

はじめに

　宗教法人の手続に関する書式は、その宗教法人が、包括宗教法人（宗法2条2号の規定に該当する宗教団体のうち法人格を有する団体。以下、単に「包括宗教法人」といいます）か、単位宗教法人（宗法2条1号の規定に該当する宗教団体のうち法人格を有する団体。以下、単に「単位宗教法人」といいます）かで大きく異なってきます。また、単位宗教法人でも、被包括宗教法人（包括宗教法人と包括関係を結んだ宗教法人。以下、単に「被包括宗教法人」といいます）と、単立宗教法人（被包括宗教法人以外の単位宗教法人。以下、単に「単立宗教法人」といいます）では、関係する包括宗教法人の有無により手続が異なってきます。

　被包括宗教法人の多くは、包括宗教法人（団体含む。以下同様です）から、包括関係のルールブック（宗憲、宗規、規程集など呼称はさまざま）とともに書式が整備されている場合もあり、通常は包括宗教法人の規定する書式に従うべきでしょう。

　本章は、単位宗教法人のうち、「F．被包括関係を廃止しようとするときの手続」の項目以外は単立宗教法人を主な対象として書式例を掲載しています。包括関係を結んでいる被包括宗教法人では、包括宗教法人にかかわる手続、書式等がある場合が多く、本章に関する書式も整備されている場合もありますので、そちらを主として補助的にご活用ください。

　なお、手続は、宗教法人の事務を総理する代表役員（宗法18条3項）が行うことを前提として記載しています。代表役員以外の者が手続を行うときは、委任状が必要な場合があります。

I　宗教法人規則変更認証

　宗教法人の規則を変更する際の手続の流れと必要な書類の項目を、単立法人を例に、下図の「規則変更認証手続の流れ」にまとめました。

39

第2章　宗教法人法関連書式

〈図2-1〉　規則変更認証手続の流れ例（単立法人の場合）

```
┌─────────────────────────────────────────────┐
│         │ 1.　現在の規則を確認 │                │
│          変更案およびその理由を考案              │
│                    ↓                         │
│       │ 2.　法人内部の事前了解（規則の定めによる）│  │
│                    ↓                         │
│        │ 3.　法人の手続（規則の定めによる）│       │
│      ・新旧対照表（変更事項）（【書式2-3】）の作成     │
│      ・責任役員の議決（議事録作成）など             │
│                    ↓                         │
│            │ 4.　公告（必要な場合）│             │
│          掲示期間は規則の定め＋2日以上             │
│             ・公告（【書式2-18】）                │
│                    ↓                         │
│           │ 5.　公告証明書作成 │               │
│            ・公告証明書（【書式2-19】）            │
│       （信者・利害関係者から署名押印をもらう）        │
│                    ↓                         │
│          │ 6.　所轄庁へ申請手続 │              │
│   提出書類例（東京都の例および文化庁の例を参考として補足しました）│
│ ・規則変更認証申請書（【書式2-1】）                 │
│ ・宗教法人規則変更理由書（【書式2-2】）              │
│ ・規則変更事項（新旧対照表）（【書式2-3】）           │
│ ・責任役員の会議事録の写し（原本証明付）（【書式2-4】）  │
│ ・総代会の同意書の写し（原本証明付）（【書式2-5】）     │
│ ・包括宗教法人（団体）の承諾書の写し（原本証明付）      │
│ ・責任役員であることの証明書（【書式2-6】）          │
│ ・（総代であることの証明書が必要な場合あり）          │
│ ・新規則の全文（溶け込み版とも呼ばれる）            │
│ ・公告証明書（公告掲示の写真を添付）（【書式2-19】）    │
│ ・法人登記履歴事項全部証明書（いわゆる法人登記簿謄本）  │
│ ・法人印鑑証明書                               │
│    この他、                                  │
│ ・過去1年程度の宗教活動一覧表（【書式2-7】）         │
│ ・同活動の写真等                              │
└─────────────────────────────────────────────┘
```

Ⅰ　宗教法人規則変更認証

・その他の書類
　　など必要。その他の書類は、所轄庁の指示による。
・宗教法人規則変更認証書及び変更規則の謄本交付申請書（【書式2-8】）
（東京都などは、登記に使用する認証書および規則の謄本については、別に手数料800円を納付し、申請するという扱い）

↓

8．認証書交付を受ける

↓

9．法人登記手続（登記の必要な場合）
・宗教法人変更登記申請書（【書式2-9】）

↓

10．登記完了後、所轄庁へ登記完了届
所轄庁に登記したことを届け出る（登記のある手続のみ）
・登記完了届（登記事項変更届）（【書式2-10】）
・法人登記履歴事項全部証明書（法人登記簿謄本）

※　上記の図は、単立宗教法人の例です。包括宗教法人（団体）と包括関係を結んでいる法人は、包括宗教法人（団体）の承認等が必要ですので、あらかじめ包括宗教法人（団体）の担当者へ相談してください。

※　規則変更しようとする宗教法人は、実際の手続に入る前に所轄庁の事前相談を受けることをおすすめします。

【書式2-1】　規則変更認証申請書例

　　　　　　　　　　　　　　　　　　　　　年　　　　月　　　　日

都道府県知事　殿

　　　　　　　　　　　　　　　　　　　　　　（注1）
　　　　　　　　　包括宗教団体　「〇　〇　〇」（注2）
　　　　　　　　　事務所所在地　〇〇市〇〇町〇丁目〇〇番〇号
　　　　　　　　　フリガナ　　　（　〇〇〇〇〇〇　　　　）
　　　　　　　　　宗 教 法 人　「　〇　　〇　　〇　」
　　　　　　　　　代 表 役 員　〇　〇　〇　〇　　法人印
　　　　　　　　　電 話 番 号　　　　　（　　　）

宗教法人規則変更認証申請書

宗教法人「〇〇〇」の規則を変更したいので、宗教法人法第27条の規定によ

41

第2章　宗教法人法関連書式

り、変更しようとする事項を示す書類に下記関係書類を添えて、規則変更の認証
を申請します。

記

1　規則変更理由書
2　規則変更事項
3　責任役員会議事録〈写し〉（注3）
4　総代会の同意書〈写し〉
5　包括法人の同意書〈写し〉
6　責任役員であることを証する書類
7　新規則の全文
8　その他の資料
（注4）

（注1）　申請人の表示に、法人番号等や認証番号の記載を要する所轄庁もあります。
（注2）　単立宗教法人の場合、包括宗教団体は、記載する必要はありません。
（注3）　〈写し〉には「原本に相違ありません」等の代表役員の原本証明を記載します。
（注4）　当該宗教法人の規則の内容、変更する内容により添付書類が異なりますので、あ
　　　　らかじめ所轄庁に確認してください。

【書式2-2】　宗教法人規則変更理由書例

宗教法人「　○　○　○　」規則変更理由書

（例1）　事務所移転の事例
　　　　このたび県道○○号線の拡張により、境内地及び境内建物が買収される
　　　こととなり、移転先を検討していたところ、事務所及び礼拝の施設にふさ
　　　わしい境内地及び境内建物を取得することができたので、責任役員会の議
　　　決に基づき移転しようとするものである。

（例2）　責任役員を増員する事例
　　　　当宗教法人は、教義を広め、教化育成の布教活動が、信者の増加に結実
　　　したため、責任役員を増員して多くの意見を取り入れ円滑な運営を図る必
　　　要がある。そのため現規則に責任役員3名とあるを2名増員し、5名にし
　　　ようとするものである。

42

I　宗教法人規則変更認証

（例3）　事業経営の事例

　　　　この法人の目的達成に資するため、宗教法人法第6条の規定により、公益事業以外の事業として駐車場を経営しようとするもので、それに必要な規則変更をしようとするものである。

【書式2-3】　規則変更事項：責任役員を増員する場合の例

| 宗教法人「○○○」規則変更事項（新旧対照表） ||
旧	新
（員数） 第○条　この法人には、<u>3人</u>（注1）の責任役員を置き、そのうち1人を代表役員とする。	（員数） 第○条　この法人には、<u>5人</u>（注1）の責任役員を置き、そのうち1人を代表役員とする。
	附　則　（注2） 1　この規則の変更は、文部科学大臣の認証書の交付を受けた日（　　　　年　　　　月　　　　日）から施行する。 （注3） 2　この規則の変更により増員する責任役員の任期は、従前就任し現にその任にある責任役員の残任期間とする。

（注1）　変更する字句に<u>下線</u>を引きます。
（注2）　附則は、文化庁の指導実例では、新旧対照表の欄外に記載します。
（注3）　認証書の交付を受けた年月日を宗教法人側で記入します。

43

第 2 章　宗教法人法関連書式

【書式 2 - 4】　責任役員の会議事録例

宗教法人「○○○」責任役員の会議事録

1　日　　時　○○年○月○日　午前10時から午前11時30分
2　場　　所　宗教法人「○○○」事務所　客殿
3　出席者　代表役員　法務　玄侑　　責任役員　神前　次男
　　　　　　責任役員　大佛　三男　（定数 3 名全員出席）
4　議　　題
　一、規則の変更について
　二、信者会館の建設について
5　議事の経過
　(1)　定刻になり、事務を総理する代表役員法務太郎は議長として着席し、出席
　　者の確認の後、開会を宣した。
　(2)　まず、議題一について、議長は、これまでの法人の取り組みが結実し信者
　　数が増加傾向にあることを述べ、信者の意見をより多く反映させた法人運営
　　を行うべく、「総代」の定数を現在の「3 名」から「5 名」に増員したい旨
　　の説明をした。審議の結果、別紙規則変更事項のとおり変更することを満場
　　一致で可決した。
　(3)　続いて、議題二について、議長は、上述のとおり信者数の増加傾向に伴
　　い、その利便を図ることと共に、当法人の基盤を堅固にするため、以下に記
　　す「信者会館」を、境内地内に建設したい旨を述べ、併せて図面等事業計画
　　書案を閲覧させた。
　　①　建物の概要
　　　　所　在　地　　○○区○○町○丁目○番地○
　　　　構　　　造　　鉄筋コンクリート造陸屋根 3 階建
　　　　延床面積　　230.35㎡（1 階　100.05㎡、2 階　100.05㎡、3 階
　　　　　　　　　　30.25㎡）
　　　　工事着工日　　○年○月○日（竣工予定　　○年○月）
　　②　資金計画
　　　　総工事予算は上限 1 億円下限7500万円で、普通会計の預貯金を充てる。
　　　　工事は入札を行い決定する。また、図面等事業計画書案を作成した○○建
　　　　築事務所一級建築士○○○○に監理及び工事監理を依頼する。この費用
　　　　は、総工事予算に含まれる。
　　③　この建物建設は、規則第○条第 3 号の「主要な境内建物の新築」に、ま
　　　　た、規則第○条第 4 号の「境内地の用途変更」に該当するので公告する。

44

　　　　　　　　　　　　　　　　　　　　　Ⅰ　宗教法人規則変更認証

　　以上の説明があり、審議の結果、満場一致で議案どおり可決した。
　(4)　最後に議長は、上記議題一、二を手続する役員を定めること及び議題一に
　　　ついて議決後に誤字脱字等が発見された場合「内容の変わらない範囲の字句
　　　の修正」も同役員に一任したいと述べ、規則第○条に「この法人を代表し、
　　　その事務を総理する」と定めのある代表役員を本件事務担当者にすることを
　　　提案し、満場一致で可決した。
　(5)　以上をもって、本日の議案の審議が終了したので、議長は、議場へ議決事
　　　項を確認し、閉会を宣し散会した。
6　議決事項
　(1)　規則を変更すること（総代の定数を３名から５名にすること）。
　(2)　信者会館を建設すること。
　　①　工事資金は、普通会計から特別会計に移行・設定し、その資金を用いる
　　　こと。
　　②　工事は、監理を○○建築事務所所属一級建築士○○○○に依頼し、工事
　　　業者は入札をして決定すること。
　　③　主要な境内建物の新築及び境内地の用途変更の公告を行うこと。
　(3)　代表役員は上記議決に関する担当者として事務を行うこと。

　　上記のとおり、出席者全員の賛成により議決し決定した。

　　○○年○月○日
　　　　　　　　　　　　　　　代表役員　法　務　玄　侑　　法人印
　　　　　　　　　　　　　　　責任役員　大　神　次　男　　印
　　　　　　　　　　　　　　　責任役員　大　佛　三　男　　印

┌──────────────────────────────────┐
│　　上記は原本と相違ないことを証明します。（注）　　　　　　　　　│
│　　平成　　　年　　　　月　　　　日　　　　　　　　　　　　　│
│　　　　宗教法人「　○　○　○　」　　　　　　　　　　　　　│
│　　　　代表役員　　○　○　○　○　　　　法人印　　　　　　│
└──────────────────────────────────┘

(注)　□□□□□の部分が、原本証明です。原本からコピーを作成し、コピーの文書にこのよ
　　　うな原本証明を記載し、法人印を押します。提出の必要のあるとき、このコピーの
　　　文書を「写し」として官公署等に提出します。

45

第 2 章　宗教法人法関連書式

【書式 2 - 5 】　総代の同意書例

同　意　書

　○○年○月○日の責任役員の会議による規則変更（責任役員増員）の議決に同
意します。（注 1 ）
「○　○　○」代表役員　○　○　○　○　殿
　　　○○年○月○日
　　　　　　　　総　代　○　○　○　○　　　　印
　　　　　　　　同　　　○　○　○　○　　　　印
　　　　　　　　同　　　○　○　○　○　　　　印

　　　上記は原本と相違ないことを証明します。（注 2 ）
　　　平成　　　年　　　月　　　日
　　　　　　　　宗教法人「　○　○　○　」
　　　　　　　　代表役員　　○　○　○　○　　　法人印

（注 1 ）　何に対して同意したのか、具体的な記載を求められる場合もあります。
（注 2 ）　　　　　の部分が、原本証明です。原本からコピーを作成し、コピーの文書にこの
　　　　　ような原本証明を記載し、法人印を押します。提出の必要のあるとき、このコピー
　　　　　の文書を「写し」として官公署に提出します。

【書式 2 - 6 】　責任役員であることを証する書類例

責任役員であることを証する書類

　　　責任役員　　○　○　○　○
　　　責任役員　　○　○　○　○

　上記は、○○年○○月○○日現在の責任役員であることを証明します。

　○○年○○月○○日

　　　　　　　　宗教法人「　○　○　○　」
　　　　　　　　代表役員　　○　○　○　○　　　法人印

I 宗教法人規則変更認証

※ 宗教法人の責任役員は、登記記載事項でないため、登記記載事項である代表役員が、
　申請時点の責任役員が誰なのかを証明する必要があります。これが、「責任役員である
　ことを証する書類」です。

【書式 2 - 7】 過去 1 年程度の宗教活動一覧表例

宗教法人「○○○」宗教活動一覧表

年	月	日	儀　式　行　事	場　　　所	参加員数（人）
○○	1	1	修正会	○○○本堂	100
	2	○	月次常会	〃	30
	3	○	春彼岸法要	〃	150
	4	○	花祭り	〃	50
	5	○	月次常会	〃	25
	6	○	月次常会	〃	20
	7	○	盂蘭盆会	〃	50
	8	○	盂蘭盆会兼施餓鬼会	〃	200
	9	○	秋彼岸法要	〃	50
	10	○	大法要会	〃	350
	11	○	月次常会	〃	30
	12	○	成道会	〃	65

※ この表には、原則「教義を広め、信者を教化育成する」に該当する活動を記載しま

第2章　宗教法人法関連書式

す。

※　例として、仏教寺院関係の行事を記載しました。

※　参加者数は、必ず記載します。

※　行事の証明として、行事の際の写真等を添付します。

【書式2-8】　規則変更認証書及び変更規則の謄本交付申請書例

年　　　月　　　日

東京都知事　殿

包括団体

宗教法人　「○○宗」（注1）

（法人名ふりがな）○○○○○○○○

宗教法人　「　○　○　○　」

所 在 地　○○区○○町○丁目○番○号

代表役員　○　○　○　○　　　法人印

認証番号　第○○○○号

法人番号　○○○○—○○—○○○○

電話番号　　（　　　　　）

宗教法人規則変更認証書及び変更規則の謄本交付申請書

このことについて、宗教法人法第63条に定める登記申請に必要ですから、当法人の標記謄本の交付を下記のとおり申請いたします。

記

1　請求する謄本及び通数

規則変更認証書の謄本　　1　通

変更規則の謄本　　　　　1　通（注2）

2　証明手数料

¥800円（@400×2通）

※　謄本等の発行に手数料を徴収する所轄庁もあります。

（東京都生活文化局ホームページ「法人の認定等　宗教法人」より引用）

（注1）　包括宗教団体（法人）のある場合に記載します。

（注2）　通常、規則変更申請をして認証されると、変更規則及び認証書の正本が交付されます。その他に登記申請等の必要のある場合に、謄本の交付を受ける際にこの申請を行い、所定の手数料がかかります。

48

Ⅰ　宗教法人規則変更認証

【書式2-9】　宗教法人変更登記申請書例

受付番号票貼付欄

宗教法人変更登記申請書

1．会社法人等番号　　　○○○—○○—○○○○○○
　　フリガナ　　　　　　○○○○○○
1．名　　称　　　　　　○　○　○
1．主たる事務所　　　　東京都○○区○○町○丁目○番○号
1．登記の事由　　　　　名称変更
1．認証書到達の年月日　　○○年○月○日
1．登記すべき事項　　　　○○年○月○日　　○○○○

1．添付書類　　　規則　　　　　　　　　　　　　　　1通
　　　　　　　　認証書　　　　　　　　　　　　　　1通
　　　　　　　　規則変更事項（新旧対照表）　　　　1通
　　　　　　　　責任役員会議事録　　　　　　　　　1通
　　　　　　　　総代の同意書　　　　　　　　　　　1通
　　　　　　　　…………　　　　　　　　　　　　　○通

上記のとおり登記の申請をします。

　　　　○○年○月○日

　　　　　　東京都○○区○○町○丁目○番○号
　　　　　　申請人　　　○　○　○
　　　　　　東京都○○区○○町○丁目○番○号
　　　　　　代表役員　　○　○　○　○　法人印
　　　　　　連絡先の電話番号　○○—○○—○○　□□
東京法務局　○○出張所　御中

※　登記申請については、所轄の法務局または司法書士へご相談ください。

49

第2章　宗教法人法関連書式

【書式2-10】　登記完了届例

○○年○○月○○日

　都道府県知事　　殿

包括宗教団体　「　　　　　　」
事務所所在地　○○市○○町○丁目○○番○号
フ リ ガ ナ　（　○○○○○○　　　）
宗 教 法 人　「　○　　○　　○　」
代 表 役 員　○　○　○　○　　　　法人印
電 話 番 号　　　　　（　　　）

変更の登記をした旨の届出

　当宗教法人は，宗教法人法第53条の規定による変更の登記をしましたので，同法第9条の規定に従い当該登記事項証明書を添えて，その旨お届けします。

以　　上

※　法人の変更登記が完了したら、変更届と登記事項証明書を遅滞なく所轄庁に届け出ます。

Ⅱ　備付け書類等の提出と書式

　宗法25条2項に「宗教法人の事務所には、常に次に掲げる書類及び帳簿を備えなければならない」という規定があり、以下の書類および帳簿を事務所（従たる事務所があれば、従たる事務所にも備付けが必要）に備え付けなければならないとされています。

①　規則（【書式2-11】）および認証書

②　役員名簿（代表役員【書式2-12】）および責任役員（【書式2-13】））

③　財産目録（【書式2-14】）および収支計算書（【書式2-15】）並びに貸借対照表を作成している場合には貸借対照表（略）

④　境内建物（財産目録に記載されているものを除く）に関する書類（【書式2-16】）

⑤　責任役員その他規則で定める機関の議事に関する書類（【書式2-4】）

II　備付け書類等の提出と書式

　　および事務処理簿
⑥　公益事業または公益以外の事業を行う場合には、その事業に関する書
　　類
　なお、規則（認証書）を紛失したときには、謄本申請書（【書式 2 -17】）が
必要となります。

【書式 2 -11】　「宗教法人〇〇」の規則例（作成の注意点）

本　文	注意点
第 1 章　総　則 （名称） 第 1 条　この寺院［神社・教会・教団等］は、宗教法 　　人法による宗教法人であって「〇〇〇〇」という。 （事務所の所在地） 第 2 条　この宗教法人（以下「法人」という。）事務 　　所は、東京都〇〇区〇〇一丁目〇番〇号に置く。 ［従たる事務所を置く場合］ 　　この宗教法人（以下「法人」という。）は、主 　たる事務所を東京都〇〇区〇〇一丁目〇番〇号に 　置き、従たる事務所を大阪府大阪市〇〇区〇〇三 　丁目〇番〇号に置く。 （目的） 第 3 条　この法人は、〇〇〇〇を本尊［主神等］と 　　し、宗祖〇〇の立宗派開教の教義に基づき、〇〇宗 　　〇〇派の教義を広め、儀式行事を行い、及び信者を 　　教化育成することを目的とし、その目的を達成する 　　ために必要な業務［及び事業］を行う。 　［包括宗教団体と包括関係にある場合］ 　（包括宗教団体） 第 4 条　この法人の包括宗教団体は、宗教法人 　　「〇〇宗［〇〇教・〇〇宗（非宗教法人）・神社 　　本庁等］」とする。 （公告の方法） 第 5 条　この法人の公告は［機関誌「〇〇」に掲載し 　　及び］事務所の掲示場に〇〇日間掲示して行う。	・事務所の所在地は、住居番号 　（住居表示地区以外では地番） 　までを記載する ・目的は、基本となる教義、経 　典などを示し明確にする ・事業を行う場合は、目的にそ 　の旨（［及び事業］の部分）を 　記載する ・包括宗教団体のない場合は、 　条文が繰り上がる

51

第2章　宗教法人法関連書式

第2章　責任役員その他の機関

第1節　代表役員及び責任役員

（員数［及び呼称］）

第6条　この法人には、○人の責任役員を置き、その
　　うち1人を代表役員とする。

　　　［代表役員等の呼称を定めた場合］

2　代表役員を「○○」といい、その他の責任役員を
　　「○○」という。

　　（資格及び選任）

第7条　代表役員は、責任役員の互選によって定め
　　る。

　　［代表役員に宗教上の主宰者を充てる場合］
　　　代表役員は、この寺院［神社・教会・教団等］
　　の住職［宮司・教会長・司祭・長老等］をもって
　　充てる。

2　代表役員以外の責任役員は、次の各号に掲げる者
　　のうち、総代定数の過半数の同意を得て代表役員が
　　選任する。
　　　　　一、この寺院の信者
　　　　　二、本寺、法類の住職
　　　　　三、○○宗の教師
　　　　　四、この寺院の寺族

（任期）

第8条　代表役員の任期は、○年とする。ただし、再
　　任を妨げない。

　　［代表役員に宗教上の主宰者を充てた場合］
　　　代表役員の任期は、この寺院［神社・教会・教
　　団等］の住職［主管者・宮司・教会長・司祭・長
　　老等］の在任期間中とする。

2　代表役員以外の責任役員の任期は、○年とする。
　　ただし、再任を妨げない。
3　補欠の代表役員及び責任役員の任期は、それぞれ
　　前任者の残任期間とする。
4　代表役員及び責任役員は、辞任又は任期満了後で
　　も後任者が就任する時までなおその職務を行うもの
　　とする。

（代表役員の職務権限）

第9条　代表役員は、この法人を代表し、その事務を

・責任役員は3人以上

・呼称を定めた場合は、規則に
　記載しなければならない

・代表役員の選任方法は、規則
　に記載がなければ、責任役員
　の互選によることとなる

・責任役員の資格・選任方法
　は、規則記載事項

・本寺、法類など、固有の資格
　者が出てくるときは、規則内
　にその者の定めを置く

・任期は、法律上の制限はない

・代表役員・責任役員の任期は
　規則記載事項

・代表役員の職務権限は規則記

総理する。

（責任役員会及びその職務権限）

第10条　責任役員は、責任役員会を組織し、次の各号に掲げるこの法人の事務を決定する。

一　予算の編成

二　決算（財産目録、収支計算書）の承認

三　歳計剰余金の処置

四　特別財産及び基本財産の設定及び変更

五　不動産及び重要な動産に係る取得、処分、担保の提供、その他重要な行為

六　主要な境内建物の新築、改築、移築、除却、増築、模様替え及び用途変更等

七　境内地の模様替え及び用途変更等

八　借入れ及び保証

九　規則の変更並びに細則の制定及び改廃

十　合併並びに解散及び残余財産の処分

十一　その他この規則に定める事項

十二　この法人の事務のうち、責任役員が必要と認める事項

2　責任役員会は、代表役員が招集する。ただし、責任役員の定数の過半数から招集を請求されたときは、代表役員は速やかに招集しなければならない。

3　責任役員会の議事は、この規則に別段の定めがある場合を除くほか、責任役員の定数の過半数で決する。

4　責任役員会における責任役員の議決権は、各々平等とする。

5　責任役員は、責任役員会の議事の議決を行う場合、他の者を代理人として議決権を行使することはできない。

6　会議には、議事録を作成しておくものとする。

第2節　代務者

（置くべき場合）

第11条　この法人は、以下の各号の一に該当するときは、代務者を置かなければならない。

一　代表役員又は責任役員が死亡、辞任その他の事由によって欠けた場合において、速やかにその後任者を選ぶことができないとき。

二　代表役員又は責任役員が、病気、長期旅行その他の事由によって3月以上その職務を行うことが

載事項

・宗教法人の事務は責任役員（会）が決定する

・責任役員（会）の議事録は備付書類になっているため、必ず作成する

・代表役員・責任役員が何らかの事情で欠けたときや、長期間事務を行うことができない場合は、代務者を置かなければならない（法20条1項）

第2章　宗教法人法関連書式

できないとき。

（資格及び選任）

第12条　代表役員の代務者は、前条第1号に該当する
　　　ときは、○○のうちから責任役員会において選任
　　　し、同条第2号に該当するときは○○のうちから、
　　　代表役員が選任する。

2　代表役員以外の責任役員の代務者は○○のうちか
　　ら責任役員会において選任する。

第13条　代務者は、その置くべき事由がやんだとき
　　　は、当然退任するものとする。

　　　　第3節　仮代表役員及び仮責任役員

（選定）

第14条　代表役員又はその代務者は、この法人と利益
　　　が相反する事項については、代表権を有しない。こ
　　　の場合においては、○○のうちから、責任役員会に
　　　おいて、仮代表役員を選定しなければならない。

・代表役員は、宗教法人と利益
　が相反する事項については代
　表権を有しないため、仮代表
　役員を選定しなければならな
　い（法21条1項）

2　責任役員又はその代務者は、その責任役員と特別
　　の利害関係がある事項については、議決権を有しな
　　い。この場合において、議決権を有する責任役員又
　　はその代務者の員数が責任役員会における当該事項
　　にかかる議決数に満たないこととなったときは、○
　　○のうちから、責任役員会においてその議決数に達
　　するまでの員数以上の仮責任役員を選定しなければ
　　ならない。

・責任役員は、特別の利害関係
　がある事項については議決権
　を有しないため、仮責任役員
　を選定しなければならない
　（法21条2項）

（職務権限）

第15条　仮代表役員または仮責任役員は、前条に規定
　　　する事項について当該代表役員もしくは責任役員ま
　　　たはその代務者に代わってその職務を行う。

　　　　第4節　解任等

（代表役員の解任）

第16条　代表役員が次の各号の一に該当するときは、
　　　総代定数の3分の2以上の同意及び責任役員定数の
　　　3分の2以上の議決により、当該代表役員（責任役
　　　員としての地位を含む。）を解任することができる。

・解任規定を定めた場合は、規
　則記載事項

　　　［包括宗教団体と包括関係にある場合］
　　　代表役員が次の各号の一に該当するときは、総
　　代定数の3分の2以上の同意及び責任役員定数の
　　3分の2以上の議決により、包括宗教法人「○○」
　　の○○［代表役員等］にこの旨を通知することが

・包括宗教団体のある場合、代
　表役員の任免権は、その包括
　宗教団体の長にある場合が多
　いので、直接には被包括宗教
　法人の構成員には任免権がな
　いため、このような記載とな

54

Ⅱ　備付け書類等の提出と書式

できる。｜　　　　　　　　　　　　　　　　　　　る例

　一　心身の故障のため、職務の遂行に支障があり、
　　これに堪えない場合
　二　職務上の義務に違反したことが明白な場合
　三　代表役員たるにふさわしくない行為があった場
　　合
（責任役員の解任）
第17条　代表役員以外の責任役員が前条各号の一に該
　　当するときは、総代定数の3分の2以上の同意及び
　　責任役員定数の3分の2以上の議決により、代表役
　　員は、当該責任役員を解任することができる。この
　　場合において、同条第3号中「代表役員」とあるの
　　は「責任役員」と読み替えるものとする。
（代務者の解任）
第18条　代表役員及び責任役員の代務者の解任につい
　　ては、前2条の規定をそれぞれ準用する。
　　　第5節　信　者
（信者の定義）
第19条　信者とは、この寺院の教義を信奉する者で、　・信者の範囲を明確にすること
　　住職［宮司・教会長・司祭・長老等］の承認を受　　で、役員や総代等の被選任者
　　け、信者名簿に登録された者をいう。　　　　　　　の範囲が決まり、公告の対象
　　（信者の義務）　　　　　　　　　　　　　　　　　者となるので重要である
第20条　信者は、この寺院の護持興隆に努めるものと
　　する。
　　　第6節　総代会
（総代）
第21条　この法人に、総代○人を置く。　　　　　　　・事務の決定機関は責任役員
2　総代は、信者のうち衆望の帰する者から、責任役　　（会）であるが、それ以外に
　　員会において選定され、代表役員が任命する。　　　任意に議決機関・諮問機関を
3　総代の任期は、○年とする。ただし、再任を妨げ　　任意に設置することができ
　　ない。　　　　　　　　　　　　　　　　　　　　　る。左記の総代（会）もこの
4　第8条第3項及び第4項の規定は、総代について　　一例。設置した場合は、規則
　　準用する。この場合において、同項中「代表役員及　　記載事項となる
　　び責任役員」とあるのは「総代」と読み替えるもの
　　とする。
5　総代は、この規則に定める事項を処理するほか、
　　代表役員に協力し、この法人の目的達成及び護持興
　　隆に努めるものとする。
（総代会）

55

第2章　宗教法人法関連書式

第22条　総代は、総代会を組織し、次の各号に掲げる
　　事項につき議決する。
　　一　予算の編成
　　二　決算（財産目録、収支計算書）の承認
　　三　歳計剰余金の処置
　　四　特別財産及び基本財産の設定及び変更
　　五　不動産又は財産目録に掲げる基本財産の処分、
　　　　担保の提供
　　六　借入れ（当該会計年度内の収入で償還する一時
　　　　の借入れを除く。）及び保証
　　七　規則の変更、合併又は解散
　　八　その他この規則に定める事項
　　九　この法人の目的達成、護持興隆に関する事項
2　総代会は、代表役員が招集する。ただし、総代の
　　定数の過半数から招集を請求されたときは、代表役
　　員は、速やかに招集しなければならない。
3　総代会の議決は、この規則に別段の定めがある場
　　合を除くほか、定数の過半数で決する。また、その
　　議決権は、各々平等とする。
4　総代が第16条各号の一に該当するときは、総代定
　　数の3分の2以上の議決及び責任役員定数の3分の
　　2以上の議決により、代表役員は、当該総代を解任
　　することができる。この場合において、同条第3号
　　中「代表役員」とあるのは「総代」と読み替えるも
　　のとする。
5　会議には、議事録を作成しておくものとする。
　　　第7節　監　事
第23条　この法人に、監事○人を置く。
2　監事は、○○のうちから、責任役員及び役員以外
　　の者について、総代会において選任する。
3　監事の任期は、○年とする。但し、再任を妨げな
　　い。
4　監事は任期終了後でも、後任者が就任する時ま
　　で、なおその職務を行うものとする。
5　監事には、責任役員（その親族その他特殊の関係
　　がある者を含む。）及び総代（その親族その他特殊
　　の関係がある者を含む。）並びにこの法人の職員が
　　含まれてはならない。
6　監事は、この規則に定める職務を行うほか、この
　　法人の財産状況及び業務執行を監査し、必要に応

・総代（会）の職務権限を明確
　にしておく

・監査機関は任意設置期間であ
　るが、設置した場合は規則記
　載事項

じ、責任役員会もしくは総代会、またはその両方に
報告するものとする。
7　監事が第16条各号の一に該当するときは、総代会
において定数の3分の2以上の同意により、当該監
事を解任することができる。この場合において、同
条第3号中「代表役員」とあるのは「監事」と読み
替えるものとする。

第3章　関係寺院［神社・教会・教団等］

第24条　この寺院の関係寺院は、次のとおりとする。
　　本寺　〇〇寺　〇〇県〇〇郡〇〇町〇〇番地
　　法類　〇〇院　〇〇県〇〇市〇二丁目〇番〇号

・被包括宗教法人では、関係す
る寺院（神社、教会等）があ
り、規則内に関連する事項が
記載される場合（この規則例
では7条2項2号）に限り規
定される。規則内にかかわる
事項がない場合は、記載しな
い

第4章　財　務

（資産の区分）
第25条　この法人の資産は、基本財産及び普通財産と
する。
2　特別財産は、宝物及び什物のうちから設定する。
3　基本財産は、次の各号に掲げる財産とする。
　一　境内地、境内建物、その他の財産のうちから基
本財産として設定するもの
　二　基本財産として指定された寄付財産
　三　基本財産に編入された財産
4　普通財産は、特別財産及び基本財産以外の財産と
する。

・財産の設定、管理に関する事
項は、規則記載事項

（特別財産または基本財産の設定及び変更）
第26条　特別財産または基本財産の設定または変更を
しようとするときは、総代会及び責任役員会の議決
を経なければならない。
（基本財産の管理）
第27条　基本財産たる現金は、普通財産と区別して適
切な銀行に預け、または確実な有価証券に替えるな
ど、代表役員が適正に管理しなければならない。
（財産の処分等）
第28条　以下に掲げる行為をしようとするときは、総
代会及び責任役員会の議決を経た後、その行為の少
なくとも1月前に、信者その他の利害関係人に対

・財産の処分に関する事項は規
則記載事項

第2章　宗教法人法関連書式

し、その行為の要旨を示してその旨を公告しなけれ
ばならない。ただし、第3号から第5号までに掲げ
る行為が、緊急の必要に基づくものである場合又は
軽微なものである場合及び第5号に掲げる行為が一
時の期間にかかるものである場合にあっては、公告
を行わないことができる。

一　不動産又は財産目録に掲げる宝物を処分し、又
　　は担保に供すること。

二　借入れ（当該会計年度内の収入で償還する一時
　　の借入れを除く。）又は保証すること。

三　主要な境内建物の新築、改築、増築、移築、除
　　却または著しい模様替えをすること。

四　境内地の著しい模様替えをすること。

五　主要な境内建物の用途若しくは境内地の用途を
　　変更し、又はこれらを神社の主たる目的以外の目
　　的のために供すること。

（経費の支弁）

第29条　この法人の経費は、普通財産をもって支弁す
　　る

（予算の編成）

第30条　予算は、毎会計年度開始1月前までに編成
　　し、総代会及び責任役員会の議決を経なければなら
　　ない。これを変更しようとするときも同様とする。

・予算、決算、会計等財務に関
　する事項は、規則記載事項

（予算の区分）

第31条　予算は、経常及び臨時収支の二部に区分し、
　　各々これらを科目に区分して、歳入の性質及び歳出
　　の目的を明示しなければならない。

（特別会計の設定）

第32条　特別の必要があるときは、総代会及び責任役
　　員会の議決を経て、特別会計を設けることができ
　　る。

（予備費）

第33条　予算の超過または予算外の支出にあてるた
　　め、予算中に予備費を設けることができる。

（予算の追加または更正）

第34条　予算の作成後、やむを得ない事由が生じたと
　　きは責任役員会の議決を経て、既定予算の追加また
　　は更正をすることができる。

（決算）

第35条　決算に当たっては、毎回会計年度終了後3ケ

月以内に、財産目録、収支計算書を作成し、監事の
監査を経た後、総代会及び責任役員会の議決を経な
ければならない。

（歳計剰余金の処置）

第36条　歳計に剰余を生じたとき、又は予算外の収入
　があったときは、翌年度の歳入に繰り入れるものと
　する。また、その一部若しくは全部を基本財産に編
　入しようとするときは、総代会及び責任役員会の議
　決を経なければならない。

（会計年度）

第37条　この法人の会計年度は、毎年○月１日に始ま
　り、翌年［その年の］○月○○日に終わるものとす
　る。

第 5 章　事　業

（公益事業）

第38条　この法人は、以下の事業を行う。
　　一　○○事業
　　二　○○事業
２　前項の事業は、別に定める「○○事業運営規程」
　に基づき、代表役員が管理運営する。
３　第１項の事業に関する会計は、一般会計から区分
　し、特別会計として経理しなければならない。

（公益事業以外の事業）

第39条　この法人は、以下の事業を行う。
　　一　○○事業
　　二　○○事業
２　前項の事業は、別に定める「○○事業運営規程」
　に基づき、代表役員が管理運営する。
３　第１項の事業に関する会計は、一般会計から区分
　し、特別会計として経理しなければならない。
４　第１項の事業から生じた収益は、この法人のため
　に使用しなければならない。

第 6 章　補　則

第40条　この法人の規則を変更しようとするときは、
　総代会及び責任役員会において各々定数の３分の２
　以上の議決を経て、所轄庁の認証を受けなければな
　らない。

・他の法令で事業主体となるこ
　とを制限されている場合を除
　き、公益事業（例：霊園事
　業、幼稚園事業など）を行う
　こと、また目的に反しない限
　り公益事業以外の事業（不動
　産賃貸業、駐車場業など）を
　行うことができる

・規則の変更の規定は、補則に
　記載する

第2章　宗教法人法関連書式

［包括宗教団体と包括関係にある場合］
　この法人の規則を変更しようとするときは、総代会及び責任役員会において各々定数の3分の2以上の議決を経た後、包括宗教法人「○○宗」の代表役員の承認を得てから、所轄庁の認証を受けなければならない。

2　規則の変更が第3条、第4条、本条及び次条に規定する事項にかかるときは、前項に掲げるもののほか、信者の3分の2以上の同意を得なければならない。

（合併または解散）
第41条　この法人が、合併又は解散しようとするときは、総代会及び責任役員会において各々定数の3分の2以上の議決を経て、所轄庁の認証を受けなければならない。

［包括宗教団体と包括関係にある場合］
　この法人が、合併又は解散しようとするときは、総代会及び責任役員会において各々定数の3分の2以上の同意及び議決を経た後、包括宗教法人「○○宗」の代表役員の承認を得てから、所轄庁の認証を受けなければならない。

（残余財産の帰属）
第42条　この法人の残余財産は、解散を決定する責任役員会において定数の3分の2以上の議決により選定した宗教法人その他の公益法人等に帰属する。

［包括宗教団体と包括関係にある場合］
（包括宗教団体）
第43条　宗教法人「○○教宗・○○宗（非宗教法人）・神社本庁等」の規則及び規程のうち、この法人に関係のある事項に関する規定は、この規則に定めるもののほか、この法人についても、その効力を有する。

（施行細則）
第44条　この規則の施行に関する細則は、責任役員会において定数の3分の2以上の議決を経て、代表役員が別に定める。

60

Ⅱ　備付け書類等の提出と書式

　　附　則
1　この規則は、東京都知事［道・府・県知事または
　文部科学大臣］の認証書の交付を受け、設立の登記
　をした日（○○年○○月○○日）から施行する。
2　この規則施行当初の代表役員及び責任役員者は、
　以下のとおりとする。
　　　　　代表役員　　法　務　一　男
　　　　　責任役員　　○　○　○　○
　　　　　責任役員　　○　○　○　○
　　　　　…………　　…………………

[書式2-12] 代表役員名簿例

第2章　宗教法人法関連書式

代表役員名簿

歴代	資格	ふりがな 氏　名	生年月日	住　所	就　任 就任年月日 退任年月日	退　任 登記年月日 登記年月日	所轄庁届出年月日 所轄庁届出年月日	備考
1	代表役員	ほうむ けんこう 法務　兼好	昭8.9.11.	○○区○○町○丁目○番地○	昭41.7.5. 平18.10.10.	昭41.7.15. 平18.10.12.	昭41.8.5. 平18.10.30.	死亡
2	代表役員	ほうむ げんゆう 法務　玄侑	昭40.6.21.	○○区○○町○丁目○番地○	平18.10.10.	平18.10.12.	平18.10.30.	住職
3								

【書式2-13】 責任役員名簿例

責任役員名簿

(任期10年・代表役員以外の定数2名)

資格	ふりがな 氏名	生年月日	住所	就任年月日	就任年月日	就任年月日	備考
責任役員	かんまえ かずお 神前 和夫	大8.2.2.	○○県○○郡○○町大字○○ 字○○ ○○番地○	昭41.7.5. 昭51.7.5.	昭51.7.5. 昭61.7.5.	昭61.7.5. 平8.7.5.	辞任
責任役員	かんまえ つぎお 神前 次男	昭25.11.7.	○○県○○市○○町 ○丁目○番○号	平8.7.5. 平18.7.5.	平18.7.5 平28.7.5.	平28.7.5.	
責任役員	○○○○ ○○○○	昭○.○.○.	○○県○○市○○町 ○丁目○番地○	昭41.7.5. 昭51.7.5.	昭51.7.5. 昭61.7.5.	昭61.7.5. 平8.7.5.	辞任
責任役員	おさらぎ みつお 大佛 三男	昭25.11.7.	○○県○○市○○町 ○丁目○番○号	平8.7.5. 平18.7.5.	平18.7.5 平28.7.5.	平28.7.5.	
	以下略						

※ 総代、干与者、評議員など、責任役員以外の議決機関等が規則上定められている場合は、「その他の役員等名簿」として、上記と同様に記載します。

第2章　宗教法人法関連書式

【書式2-14】　財産目録例

財　産　目　録
（　　年　　月　　日現在）

区　分・種　別	数　量	金　　額		備　　考
（資産の部）				
特別財産　1　宝　物 　（1）　本尊（脇仏含む。）	3			
2　什　物 　（1）　須彌壇外	一式			
特　別　財　産　計				
基本財産　1　土　地 　（1）　境内地	600㎡	100,000,000	100,000,000	
2　建　物 　（1）　境内建物			80,000,000	
本堂外	275㎡	80,000,000		
（2）　その他の建物				
3　有　価　証　券				
4　預　金			30,000,000	
基　本　財　産　計			210,000,000	
普通財産　1　土　地 　2　建　物				
3　什器備品				
4　車　両	1台		1,500,00	
5　図　書	100冊		100,000	
6　有価証券				
7　預　金			22,000,000	
（1）　普通預金		12,000,000		
（2）　定期預金		10,000,000		
9　現　金			250,000	
10　貸付金				
普　通　財　産　計			23,850,000	
資　産　合　計　(A)			233,850,000	
（負債の部）				
負債　1　借入金 　（1）　借入金				
2　預り金			120,000	
（1）　源泉所得税	1名分	75,000		
（2）　住民税	1名分	45,000		
負　債　合　計　(B)			120,000	
正味財産(C)=(A)-(B)			233,730,000	

※　特別財産、基本財産、普通財産及び負債の区別に従い記載します。

※　金額等の数値は、例として記載しています。

64

Ⅱ　備付け書類等の提出と書式

【書式2-15】　収支計算書例
（収入の部）

（自○○○○年4月1日　至○○○○年3月31日）

科　　目	予算額	決算額	差異	備考
1　宗教活動収入	6,500,000	7,837,650	△1,337,650	
宗教活動収入	2,000,000	1,958,650	41,350	
会員収入	3,000,000	3,096,000	△　96,000	
寄附金収入	1,000,000	2,283,000	△1,283,000	
補助金収入	500,000	500,000	0	
2　資産管理収入	7,500,000	8,464,525	△　964,525	
資産運用収入	500,000	486,525	13,475	
土地売却収入	7,000,000	7,978,000	△　978,000	
3　雑収入	0	12,762	△　12,762	
雑収入	0	12,762	△　12,762	
4　繰入金収入	400,000	500,000	△　100,000	
特別会計繰入金収入	400,000	500,000	△　100,000	
5　貸付金回収収入	100,000	100,000	0	
貸付金回収収入	100,000	100,000	0	
6　借入金収入	500,000	500,000	0	
借入金収入	500,000	500,000	0	
7　特別預金取崩収入	2,000,000	0	2,000,000	
基本財産預金取崩収入	1,000,000	0	1,000,000	
修繕積立預金取崩収入	1,000,000	0	1,000,000	
8　預り金収入	0	55,920	△　55,920	
預り金収入	0	55,920	△　55,920	
当年度収入合計(A)	17,000,000	17,470,857	△　470,857	
前年度末現金預金(B)	4,000,000	3,941,530	58,470	
収入合計(C)=(A)+(B)	21,000,000	21,412,387	△　412,387	

（支出の部）

（自○○○○年4月1日　至○○○○年3月31日）

科　　目	予算額	決算額	差異	備考
1　宗教活動支出	3,500,000	3,385,274	114,726	
(1)宗教活動費	2,500,000	2,448,559	51,441	

65

第2章　宗教法人法関連書式

儀式行事費	1,300,000	1,297,952	2,048	
教化布教費	1,000,000	962,377	37,623	
信者接待費	200,000	188,230	11,770	
(2)管理費（維持費）	1,000,000	936,715	63,285	
会議費	150,000	142,800	7,200	
事務費	450,000	435,935	14,065	
旅費交通費	120,000	105,630	14,370	
火災保険料	130,000	130,000	0	
公租公課	100,000	95,000	5,000	
雑費	50,000	27,350	22,650	
2　人件費	5,800,000	5,549,500	250,500	
(1)給料手当	5,200,000	5,037,000	163,000	
(2)福利厚生費	600,000	512,500	87,500	
3　繰上金支出	600,000	430,000	170,000	
(1)特別会計繰入金支出	600,000	430,000	170,000	
4　資産取得支出	6,500,000	6,495,300	4,700	
(1)建物取得支出	6,500,000	6,495,300	4,700	
5　借入金償還支出	270,000	270,000	0	
(1)借入金返済支出	250,000	250,000	0	
(2)支払利息支出	20,000	20,000	0	
6　特別預金支出	100,000	100,000	0	
(1)基本財産預金繰入	100,000	100,000	0	
7　預り金支出	30,000	25,150	4,850	
預り金支出	30,000	25,150	4,850	
8　予備費	200,000	0	200,000	
当年度支出合計　(D)	17,000,000	16,255,224	744,776	
当年度末現金預金　(E)	4,000,000	5,157,163	△1,157,163	
支出合計　(F)=(D)+(E)	21,000,000	21,412,387	△　412,387	

※　文化庁ホームページより引用

【書式2-16】　建物に関する書類例

境内建物に関する書類

Ⅱ　備付け書類等の提出と書式

（　　　年　　　月　　　日現在）

境内建物の名称	所　在　地	面　積	備　　考
○○○　外○棟	○県○市○町○―○	○○○㎡	用途（例：礼拝用） 賃貸借
○○○　外○棟	○県○市○町○―○	○○○㎡	用途（例：信者修行場） 使用貸借

※　この書類は、その法人が所有し財産目録に記載されているものを除き、利用している
　境内建物がある場合に記載し、備え付けて、所轄庁に提出します。すなわち、賃貸借
　（有償で借りている）または使用貸借（無償で借りている）境内建物があるなど、所有
　権のない境内建物がある場合の書類です。
※　境内建物の名称欄は、同一敷地内ごとにひと纏めにして、その主な境内建物の名称
　を、また、それ以外の境内建物は棟数で記載し、面積は合計の延面積を記載します。
　　備考欄には主な境内建物の用途及び貸借関係を記載します。

【書式2-17】　規則謄本交付申請書例

　　　　　　　　　　　　　　　　　　　　　　　　　　年　　　月　　　日

都道府県知事　　　殿

　　　　　　　　　　　包括宗教団体　　「　　　　　　」
　　　　　　　　　　　事務所所在地　　○○市○○町○丁目○○番○号
　　　　　　　　　　　フ　リ　ガ　ナ　（　○○○○○○　　　）
　　　　　　　　　　　宗　教　法　人　「　○　　○　　○　」
　　　　　　　　　　　代　表　役　員　　○○　　○○　法人印（注1）
　　　　　　　　　　　電　話　番　号　　　（　　　　　）

　　　　　　宗教法人規則・同認証書の謄本交付申請書

宗教法人「　○　○　○　」の規則・同認証書の謄本の交付をお願いします。

67

第 2 章　宗教法人法関連書式

〈申請理由〉（注 2 ）
　紛失のため
〈謄本交付申請をする書類〉（注 3 ）
　①　規則
　②　認証書

※　あらかじめ、所轄庁へ連絡して、必要な書類等をお問い合わせください。
（注 1 ）　法務局へ登録している印（法人印）を押印し、法務局で発行される印鑑証明書を添付します。
（注 2 ）　理由については、詳細に記載する必要があるかどうか、所轄庁へお問い合わせください。
（注 3 ）　規則の謄本のみか、認証書の謄本も必要か、状況に合わせて記載します。

Ⅲ　公告を伴う手続

　宗教法人には、これまでも出てきていますが公告という制度があります。これは、①設立（宗法12条 3 項）、②財産処分・担保提供（宗法23条 1 号）、③借入・保証（同条 2 号）、④境内建物の新築等（同条 3 号）、⑤境内地の著しい模様替え（同条 4 号）、⑥境内建物、境内地の用途変更（同条 5 号）、⑦包括関係の設定・廃止の規則変更（宗法26条 2 項）、その他合併・解散においてそれぞれ公告をしなければならないと法定されています。
　公告手続の流れと必要書式について、下図に示します。

〈図 2 - 2 〉　公告手続の流れ例

```
            ┌─────────────────┐
            │  1 ．公告の掲示  │
            └─────────────────┘
      規則による公告期間＋ 2 日　以上の掲示期間
                     ↓
        ┌───────────────────────────┐
        │  2 ．公告（確認）証明書の作成  │
        └───────────────────────────┘
          信者・利害関係者の署名押印
                     ↓
            ┌─────────────────┐
            │  3 ．据置期間  │
            └─────────────────┘
      設立、法23条の処分関係　 1 カ月間
  被包括関係の設定・廃止、法人の合併・解散　 2 カ月間
                     ↓
```

Ⅲ　公告を伴う手続

４．実際の行為（申請等）

・公告証明書写し（【書式 2 -19】）の提出（必要のあるとき）
　公告証明書のコピーを取り、
　そこに代表役員の原本証明

【書式 2 -18】　公告例：会館建設の場合

年　　　月　　　日

信者及び利害関係者　各位

宗教法人「○○○」
代表役員　○○○○

信者会館建築について

　信者の皆様の便益を図るため、当宗教法人所有地内に「信者会館」の建築を計画していますので、規則により公告します。

記

建築物の名称：　「○○○信者会館」
　敷地の地番：　○○区○○町○丁目○○番
建築物の概要
　　用　　途：　専ら宗教活動の用に供する境内建物
　　（信者様の行事、及び休憩所の用途を含む）
　　敷地面積：　○○○.○○㎡
　　構　　造：　鉄骨造陸屋根 2 階建
　　床面積：　 1 階　○○○.○○㎡　　 2 階　○○○.○○㎡
　　予　　定：　○○年○月落成予定

　　公告期間：　○○年○月 1 日から同年○月12日まで

以上

※　公告期間は、規則の公告期間 + 2 日以上となります。

69

第2章　宗教法人法関連書式

【書式2-19】　公告証明書例

公　告　証　明　書

　宗教法人法第23条第3号及び宗教法人「○○○」規則第○○条第○号の規定により、「信者会館」建築のため、下記の通り公告しました。

記

1．公告の方法
　　○○年○月1日から同年○月12日まで12日間事務所の掲示場に掲示した。
　（注）

2．公告文　　別紙の通り

　　○○年○月○○日

　　　　　　　　　　　　　　　　　　　　宗教法人「○○○」
　　　　　　　　　　　　　　　　　　　　代表役員　○　○　○　○　法人印

上記の事実を確認したことを証明します。
　　　　年　　　　月　　　　日
　　　　　　　　　　　　住所：
　　　　　　　　　　　　氏名：　　　　　　　　　　　　　　㊞
　　　　　　　　　　　　住所：
　　　　　　　　　　　　氏名：　　　　　　　　　　　　　　㊞
　　　　　　　　　　　　住所：
　　　　　　　　　　　　氏名：　　　　　　　　　　　　　　㊞

※　近年は、3名以上の信者・利害関係者の署名押印を求めるケースが多いようです。
（注）　その法人の規則に定める日数＋2日以上の公告期間が必要です。

Ⅳ　非課税証明願いの手続

　境内地、境内建物の不動産登記において、境内地、境内建物等の登録免許税非課税扱いのために、その所在地を管轄する所轄庁へ願い出ます。

　注意点は、その宗教法人の所轄庁ではなく、非課税証明の対象となる当該

IV 非課税証明願いの手続

境内地、境内建物等が所在する都道府県の宗教法人担当部署において手続を行うという点です。たとえば、文部科学大臣（担当部署は文化庁宗務課）が所轄庁であっても、非課税証明を受ける当該境内地、境内建物等が神奈川県内にあるならば、神奈川県の宗教法人担当部署となります。

なお、登録免許税の非課税の範囲は、以下の通りです。

① もっぱら自己またはその包括する宗教法人の本来の用に供する境内建物の所有権の取得登記または境内地の権利の取得登記（登録免許税法別表第3の12の項の第3欄第1号）

② 宗教法人の設置運営する学校（学校教育法1条（学校の範囲）に規定する幼稚園に限る）の校舎等の所有権の取得登記または当該校舎等の敷地、当該学校の運動場、実習用地その他の直接に保育もしくは教育の用に供する土地の権利の取得登記（登録免許税法別表第3の12の項の第3欄第2号）

非課税願いの添付書類・手数料等は、各都道府県で指定されているので、事前に該当する都道府県の宗教法人担当部署（都道府県によっては、規則認証部署と別の部署の場合があります）にご相談・確認ください。

【書式2-20】 非課税証明願い例

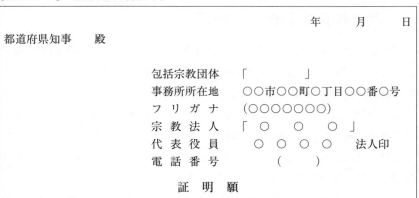

71

第2章　宗教法人法関連書式

当するものであることを証明願います。

記

物件の表示

　　　　　土地の所在　　　○○市○○○○町○丁目
　　　　　地　　　番　　　○○番○
　　　　　地　　　目　　　境内地
　　　　　地　　　積　　　○○○．○○㎡

　　　　　建物の所在　　　○○市○○○○町○丁目○○番地○
　　　　　家 屋 番 号　　　○○番○―○
　　　　　種　　　類　　　本堂・庫裏
　　　　　構　　　造　　　鉄筋コンクリート造　2階建
　　　　　床 面 積　　　1　階　　○○○．○○㎡
　　　　　　　　　　　　　2　階　　○○○．○○㎡

（用紙の下部には、都道府県知事の証明が入るため、
未記載部分を設ける）

V　代表役員を選任する手続

　宗教法人は、法人の役員に関する事項の登記について、代表役員のみを登記事項としています（宗法52条2項6号）。代表役員（代務者含む）を選定した場合は、「2週間以内に、その主たる事務所の所在地において、変更の登記をしなければならない」（宗法53条）ので、その手続が必要です。任期満了で再任であっても、重任の登記が必要です。

　また、登記をしたときは、遅滞なく、登記事項証明書を添えて、その旨を所轄庁に届け出なければならない（宗法9条）とされています。

　下記に、代表役員の選任の流れを代表役員が死亡した場合を例にとって図示します。

72

V　代表役員を選任する手続

〈図 2 - 3 〉　代表役員選任の流れ（死亡の場合）例

```
┌─────────────────────────────────┐
│     １．代表役員の死亡または辞任       │
│         本例は、死亡の場合            │
│              ↓                      │
│   ２．死亡した事実を証する書類の入手    │
│   死亡届、住民票の除票、法定相続情報一覧図など │
│              ↓                      │
│  ３．責任役員の互選により代表役員の決定  │
│      代表役員の選定書（【書式 2 -21】）    │
│   （代表役員）就任承諾書（【書式 2 -22】）などの作成 │
│              ↓                      │
│     ４．宗教法人変更登記申請           │
│   宗教法人変更登記申請書（【書式 2 -24】）  │
│              ↓                      │
│     ５．登記事項証明書入手            │
│              ↓                      │
│     ６．代表役員変更届               │
│ 代表役員変更届（【書式 2 -25】）、登記事項証明書を所轄庁へ届出 │
└─────────────────────────────────┘
```

※　代表役員の選定書（【書式 2 -21】）のほかに、規則の定めによりさまざまな代表役員の就任方法があります。宮司、住職等の聖職者の充て職に代表役員で就任する場合は、包括宗教団体の宗教上の主宰者の承認書や、単位宗教団体内の規程による任命書などを添付します。被包括宗教法人の場合は、所属包括宗教団体担当者と相談してください。

【書式 2 -21】　代表役員の選定書例

代表役員選定書

　代表役員が欠けたため、宗教法人「○○○」規則第○条により、代表役員以外の責任役員は、代表役員を以下の者に選定しました。

記

　　　　氏名　　　○　○　○　○

　上記決定を明確にするため，本選定書を作成し，責任役員全員が次に署名押印しました。

73

第 2 章　宗教法人法関連書式

```
        年      月      日

宗教法人 「　○　○　○　」

所　在　地　　東京都○○区○○町○丁目○番○号


        責任役員                                    ㊞


        責任役員                                    ㊞


        責任役員                                    ㊞
```

【書式 2 -22】　就任承諾書（代表役員）例

```
宗教法人 「　○　○　○　」　御中

                    就任承諾書

　私は、　　年　　月　　日に宗教法人「○○○」の代表役員に選定され
たので、その就任を承諾いたします。

        年      月      日


            住所


            氏名                                    ㊞


    ┌──────────────────────────────────┐
    │ 上記は原本と相違ないことを証明します。           │
    │        年      月      日                   │
    │      宗教法人「　○　○　○　」              │
    │      代表役員　　○　○　○　○　　　法人印      │
    └──────────────────────────────────┘
```

※　代表役員就任承諾書原本から提出用のコピーを取り、コピーに下段の原本証明を記載
　します。

74

V 代表役員を選任する手続

【書式 2 -23】 就任承諾書（責任役員）例

宗教法人 「 ○ ○ ○ 」 御中

就任承諾書

　私は、　　　年　　　月　　　日に宗教法人「○○○」の責任役員に選定されたので、その就任を承諾いたします。

　　　　　年　　　月　　　日

　　　　　　　　住所　＿＿＿＿＿＿＿＿＿＿＿＿＿＿＿＿＿＿＿＿＿＿＿＿＿

　　　　　　　　氏名　＿＿＿＿＿＿＿＿＿＿＿＿＿＿＿＿＿＿＿＿＿＿　㊞

　　　　上記は原本と相違ないことを証明します。
　　　　　　　年　　　月　　　日
　　　　　　宗教法人「　○　○　○　」
　　　　　　代表役員　　○　○　○　○　　　　法人印

※　責任役員就任承諾書原本から提出用のコピーを取り、コピーに下段の原本証明を記載します。

【書式 2 -24】 宗教法人変更登記申請書（代表役員死亡）例

受付番号票貼付欄

宗教法人変更登記申請書

1. 名　　　　称　　　宗教法人「○○○」
1. 主たる事務所　　　東京都○○区○○町○丁目○番○号
1. 登記の事由　　　　代表役員の変更
1. 登記すべき事項　　別添 CD-R のとおり
1. 添付書類　　　　　死亡を証する書面　　　　　　　1 通
　　　　　　　　　　規則　　　　　　　　　　　　　1 通

75

第 2 章　宗教法人法関連書式

代表役員の選任を証する書面　　1 通

代表役員就任承諾書　　　　　　1 通

責任役員の印鑑登録証明書　　　3 通

責任役員の就任承諾書　　　　　3 通

上記の通り登記の申請をする。

　　　　年　　　月　　　　日

　　　　　　　　東京都○○区○○町○丁目○番○号

　　　　　　　　申請人　　宗教法人「　○　○　○　」

　　　　　　　　住所

　　　　　　　　代表役員　　　　　　　　　　　　法人印

　　　　　　　　　　連絡先の電話番号　03-　　　-　　　（担当：○○）

※　上記は、代表役員が死亡した場合の申請書の一例です。当該宗教法人の規則により、添付書類が変わりますので、管轄の法務局または司法書士に相談してから手続を行ってください。

【書式 2 -25】　代表役員変更届例

　　　　　　　　　　　　　　　　　　　　　年　　　月　　　日

　都道府県知事　　殿

　　　　　　　　包括宗教団体　　「　　　　　　」

　　　　　　　　事務所所在地　　○○市○○町○丁目○○番○号

　　　　　　　　フ　リ　ガ　ナ　（　○○○○○○　　　）

　　　　　　　　宗　教　法　人　「　○　　○　　○　」

　　　　　　　　代　表　役　員　○　○　○　○　　　法人印

　　　　　　　　電　話　番　号　　　　（　　　　　）

代表役員（代表役員代務者）変更届

　このことについて、下記のとおり就任いたしましたので、宗教法人法第 9 条の規定により登記簿（履歴事項全部証明書）を添えてお届けします。

　　　　　　　　　　　　　記

1	旧代表役員	△	△	△	△
	新代表役員	○	○	○	○

2　就任理由　　　前任者の任期満了、辞任、○死亡、
　　　　　　　　その他（　　　　　）

3　就任年月日　　　　○○年○月○日

4　就任登記年月日　　○○年○月○日

以上

※　書式例は、代表役員と代表役員代務者の共通の用紙となっている場合が多いので、どちらか一方を取り消し線で消して使用します。

Ⅵ　被包括関係を廃止しようとするときの手続

　宗教法人法は、被包括関係が宗教法人において重要な意味をもっていることに鑑み、被包括関係の設定または廃止に係る規則変更の手続については、通常の規則変更の手続のほかに、次のような内部手続を取ることを定めています（文化庁『宗教法人の事務〔二訂版〕』82頁）。

　下記に、宗教法人の規則変更手続の中で、特筆される包括‐被包括関係の廃止手続の流れを図示します。

〈図2‐4〉　包括関係の廃止の流れの例

```
┌─────────────────────────────────┐
│  １．法人内部の事前了解（規則の定めによる）  │
└─────────────────────────────────┘
                  ↓
┌─────────────────────────────────┐
│  ２．単位宗教法人の手続（規則の定めによる）  │
└─────────────────────────────────┘
   ・新旧対照表（変更事項）【書式2‐26】の作成
       ・責任役員の議決（議事録作成）、
         総代の同意（同意書作成）など
                  ↓
┌─────────────────────────────────┐
│  ３．公告（期間は規則の定め＋2日以上）  │
└─────────────────────────────────┘
          ・公告（【書式2‐27】）
   ・被包括関係の廃止通知書（【書式2‐29】）送付（公告と同時）
```

77

第2章 宗教法人法関連書式

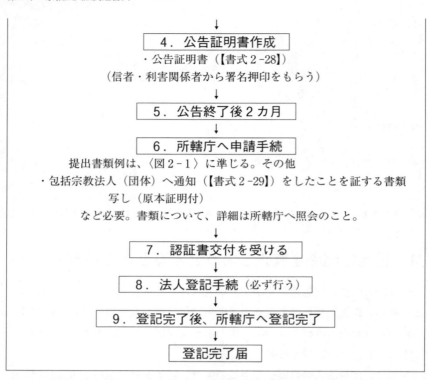

※ 公告期間は変わりませんが、その後の据置期間が2カ月であることに注意が必要です。

【書式2-26】 規則変更事項（包括関係廃止）記載例

宗教法人「〇〇〇」規則変更事項（新旧対照表）	
旧	新
第〇条　この法人の包括宗教団体は、宗教法人（団体）「〇〇宗」とする。	（削除　以下の条を繰り上げ）（注1）
第〇条　代表役員は、この寺院の住職をもって充てる。（注	第〇条　代表役員は、責任役員の互選によって選定する。（注2）

Ⅵ　被包括関係を廃止しようとするときの手続

2）	
	附　則　（注3） 1　この規則の変更は、文部科学大臣の 　認証書の交付を受けた日（　　　　年 　月　　　日）から施行する。（注4） 2　この規則の変更の際、現に存する代 　表役員は、変更後の規定による役員と 　みなす。ただし、その任期については、 　従前就任の日から起算する。 （注5）

（注1）　条文を削除した際に、条を繰り上げるか、その条を削除として以下の条に関わり
　　　　なく済ませるかは、所轄庁と打ち合わせして決定するのが望ましいでしょう。
（注2）　包括宗教法人（団体）によって制約された条文があれば、その法人の実状に合わ
　　　　せて適宜変更します。
（注3）　附則は、文化庁の指導実例では、新旧対照表の欄外に記載します。
（注4）　認証書が到達後、認証書の交付を受けた日を宗教法人側で記入します。
（注5）　この例では、代表役員選定の規定が変わるため、単に規則変更すると代表役員が
　　　　退任したものと判断される場合があるため、附則により従前の代表役員は変更後も
　　　　代表役員であることを記しておけば代表役員を選定し直す必要はありません。

【書式2-27】　公告例

　　　　　　　　　　　　　　　　　　　　　　　　　年　　　　月　　　　日
信者及び利害関係者　各位

　　　　　　　　　　　　　　　　　　　　宗教法人「〇〇〇」
　　　　　　　　　　　　　　　　　　　　代表役員　〇〇〇〇　印

被包括関係の廃止公告

　このたび、下記のとおり宗教法人（団体）「〇〇宗」との被包括関係を廃止す
ることになりましたので、宗教法人法第26条第2項の規定により公告します。

　　　　　　　　　　　　　　　　　記

変更案の要旨：（注）

79

第 2 章 宗教法人法関連書式

（旧）	第○条　この法人の包括宗教団体は、宗教法人（団体）「○○宗」とする。
（新）	（削除）

公告期間：　○○年○月16日から同年○月27日まで

以上

※　公告期間は、規則の公告期間＋2日以上となります。
（注）　包括宗教法人（団体）に制約されている条文も変更するのであれば、同様に記載します。

【書式 2 -28】　公告証明書例

公告証明書

　宗教法人（団体）「○○宗」との被包括関係を廃止するため、宗教法人法第26条第2項の規定により、下記のとおり公告しました。

記

1 ．公告の方法
　　○○年○月16日から同年○月27日まで12日間事務所の掲示場に掲示した。
2 ．公告文　　別紙のとおり
　　○○年○月○○日

宗教法人「○○○」
代表役員　○　○　○　○　法人印

上記の事実を確認したことを証明します。

　　　　年　　　　月　　　　日

　　　　　　　　住所：
　　　　　　　　氏名：　　　　　　　　　　　㊞
　　　　　　　　住所：
　　　　　　　　氏名：　　　　　　　　　　　㊞
　　　　　　　　住所：

VI 被包括関係を廃止しようとするときの手続

氏名：	印

※ 近年は、3名以上の信者・利害関係者の署名押印を求めるケースが多いようです。

【書式2-29】 包括宗教法人（団体）へ通知（内容証明郵便）例

```
                                              ○○年○月○日
（被通知人）
所在地　○○県○○市○○町○丁目○○番○号
宗教法人（団体）「○　○　宗」
代表役員　○　○　○　○　殿

                        （通知人）
                        所在地　東京都○○区○○町○丁目○番○号
                        宗教法人「○　○　○」
                        代表役員　○　○　○　○

                    被包括関係の廃止通知書

前　略
　このたび、当宗教法人「○○○」は、貴宗教法人（団体）「○○宗」との被包
括関係を廃止することと致しましたので、宗教法人法第26条第3項の規定により
通知致します。
                                                      草　々

        ┌─────────────────────────────┐
        ┊       下部に郵便認証司の証明が入ります。       ┊
        └─────────────────────────────┘
```

※ この通知は、公告と同時に包括宗教法人（団体）へ送付します。
※ 重要事項の通知のため、内容証明郵便による通知が望ましいと考えます。上記は、「e内容証明」というインターネット経由で郵送できる形式によりました。紙媒体による内容証明郵便では、文字数等制限もありますので、作成時は郵便局にご相談ください。
※ この通知書の謄本（「郵便認証司印」、「日付印」および内容証明郵便物として差し出されたことを証明する文言が記載されています）をコピーして原本証明をしたものが、規則変更申請の添付書類「包括宗教法人（団体）へ通知をしたことを証する書類」となります。

81

第 2 章　宗教法人法関連書式

〈参考〉

　本章で参照した書籍およびウェブサイトは以下のとおりです。

・文化庁『宗教法人の管理運営の手引　第一集　宗教法人の規則〔二訂版〕』
　（ぎょうせい）

・文化庁『宗教法人の管理運営の手引　第二集　宗教法人の事務〔二訂版〕』
　（ぎょうせい）

・文化庁『宗教法人の管理運営の手引　第三集　宗教法人の財務〔四訂版〕』
　（ぎょうせい）

・東京都生活文化局ホームページ〈http://www.seikatubunka.metro.tokyo.
　jp/〉
　都民生活部管理法人課宗教法人担当「宗教法人事務運営の手引（平成28年
　3月版）」

・神奈川県ホームページ〈http://www.pref.kanagawa.jp/〉
　総務局　組織人材部文書課「宗教法人の各種申請・届出手続」

・群馬県ホームページ〈http://www.pref.gunma.jp/〉
　総務部学事法制課（トップページ→県政情報→各種組織・団体→（公社・事業
　団等）→宗教法人に関する事務について）

第3章　墓埋法関連書式

I　境内地墓地を管理する例

　この章では、仏教寺院において、檀徒・檀家（以下、この章において「檀家」といいます）が使用する境内墓地等（以下、この章において、「境内地墓地」といいます）について、その管理の利便に資する書式例を中心に掲載いたします。

　墓地もしくは納骨堂の経営許可については、墓地、埋葬等に関する法律（以下、「墓埋法」といいます）では都道府県知事の許可となっていますが、地方自治法による指定都市（地方自治法252条の19に記載される都市。俗に政令指定都市とよばれることもあります）および中核市（同条の22第1項）は、その市長がこの許可権者となります。また、同法やそれぞれの都道府県条例により知事から市区町村長に許可権が委任されている場合も多く、墓地納骨堂経営許可等について、全国に対して一般化するには、それだけで1冊になる内容ですので、これは別の機会に譲ろうと考えます。

　本書は、宗教法人の実務書式集ですので、ここで扱う内容は、仏教寺院で使用されている概念である「境内地墓地」の運営に使用される書式を中心としたいと考えます。しかし、仏教寺院ではいうに及ばず、神社でも「奥津城」がある場合もあり、キリスト教系その他の法人でも同様の信者向けの墓地施設がある場合もありますので、それらに該当する法人の参考にもなると思います。

　近年、「墓じまい」という言葉がメディアで取り上げられ、大都市に住む檀家が、生まれ故郷にある代々のお墓を始末（改葬、永代供養に供する等）することが増えてきたと聞きます。これとともに、檀家の代が変わって檀家の墓所を預かる菩提寺（以下、「菩提寺」といいます）のしきたりをよく理解していないような状況も見聞きします。一方、菩提寺で統計を取っているわけではありませんが、多くの寺院が墓地を管理する明文の規定をもっていないと推測します。

第3章　墓埋法関連書式

このような状況を鑑みて、この章の筆者は、掲載する書式例を通して大胆に管理方法の提案を試みてみたいと考えています。

1　墓地管理使用規定その他運営に使用する書式例

墓地等経営許可において、「墓地管理規定」などの規約を提出書類とするなど、霊園（教旨、宗派を問わない多くの人々に供する墓地）経営に関しては、その墓地を使用する際のルールが明文化されています。

ここでは、仏教寺院と檀家（書式例内では「檀徒」と記載しました）の関係で使用できる「墓地管理使用規定」（【書式3-1】）その他運営に使用する書式例（【書式3-2】ないし【書式3-9】）を掲載しました。特に、一見墓地とは関係のない「檀徒誓約書」も墓地を使用するという点に着目して、書式例を提案してみました。実際に筆者が作成した誓約書を使用している寺院も複数あります。

〈図3-1〉　墓地管理使用規定その他運営に使用する書式を定める流れ

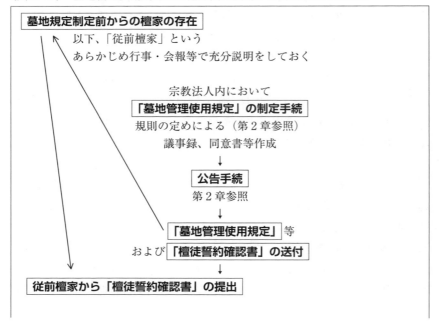

Ⅰ 境内地墓地を管理する例

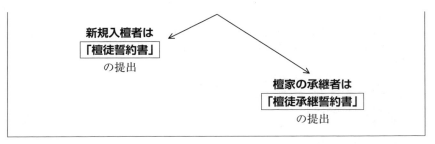

※ 事前に、檀家への墓地規定の制定などの説明をしておいてから、手続に入ることをおすすめします。
※ 「墓地規定」等の制定においては、規則上公告を要する定めをしていない法人が多数であろうと思います。「円満な法人運営を図るためには、(中略)法定事項以外でも公告する等、信者等に周知することが望ましい」(文化庁編『宗教法人の事務(第2集)』64頁)との考えを基に、公告することを推奨します。

【書式3-1】 墓地管理使用規定例

○年○月○日制定 墓地管理使用規定 (目的) 第1条 ○○○(以下、「当山」という。)境内地墓地(以下、単に「墓地」という。)は、当山に帰属する檀徒の焼骨を埋蔵する墳墓(以下、個々に使用するお墓を「墳墓」という。)としての用に供する。 2 本規定は当山規則、並びに「墓地、埋葬等に関する法律」、これに基づく命令・条例等、民法及びその他日本国内の法令に基き墓地の管理、使用に関する事項を規定し、その管理及び使用の適正を図ることを目的とする。 (管理者とその権限) 第2条 墓地は、当山の住職を管理者とする。 2 管理者は、本規定に従って墓地を管理するほか、本規定に定めのない事案について判断し、適切な措置を講じることができる。 3 管理者は、必要に応じて管理を委託することができる。 (使用者と使用権) 第3条 墳墓の使用者(以下、「使用者」という。)	・管理者は誰か及びその権限を定める。管理者を代表役員とするかまたは宗教上の主宰者(住職等)とするかは、個別の判断となる。本例は、檀徒=使用者という点を重視して、住職とした。 ・この規定では、墓地使用者を檀徒のみと制限して記載し

85

第3章 墓埋法関連書式

は、当山の檀徒に限る。

2 檀徒の墓地使用権は、本規定に定めるところに従うほか、特に定めのない事項については当山住職の定めるところによる。

3 使用権は、第9条に定める者のほか、これを承継、または譲渡することができない。

（墓地使用の申込と許可）

第4条 新規に使用者となる者は、以下の各号の手続を行わなければならない。

(1) 「檀徒誓約書」に署名押印すること。

(2) 「墓地使用許可申請」を管理者に行い、管理者の許可を得ること。

2 墓地管理上必要と認めるときは、管理者は使用者に対し、使用に必要な措置、又は特別の条件を付することができる。

3 使用者及び管理者は、第10条の承継者不存在の措置に関して「檀徒誓約書」によってあらかじめ合意したものとみなす。

（使用者の義務）

第5条 使用者は、次の各号の定めに従って、墓地を使用しなければならない。

(1) 管理者から指定された区画を使用し、その区画を自己の費用で他者の区画と区別し、墓碑その他を設置し、その保全にあたるものとする。

(2) 墳墓の工事を行う場合はあらかじめ管理者に申し出て、形状等の承認を得、かつ竣工時は当山の様式による典礼法要等を行わなければならない。

(3) 焼骨を埋蔵しようとするときは、管理者に対して火葬許可証（改葬の場合はこれに加えて改葬許可証）を添えて受入申請し、管理者より受入証の発行を受け、かつ当山の様式による典礼法要等を行わなければならない。

(4) 毎年応分の維持費を支払わなければならない。ただし、永代供養塔使用者及び無縁塔使用者はこの限りでない。

2 前項第4号の維持費については別に定める。

3 第1項各号に違反すると認められる場合は、管理者は、連絡、指導、指示等必要な措置を講ずることができる。

（永代供養塔及び無縁塔）

た。

・「檀徒誓約書」（【書式3-4】）、「墓地使用許可申請」（【書式3-2】）を参照。

Ⅰ　境内地墓地を管理する例

第6条　使用者は、その申出により、志納金を納め永
　　代供養塔に納骨することができる。ただし、使用者
　　が欠けた場合は、その縁故者が申出をすることがで
　　きる。
2　永代供養塔に納骨された遺骨は、当山に帰すもの
　　とする。
3　第12条第3項第1号の合祀は、無縁塔にすること
　　ができる。
4　無縁塔に合祀された遺骨は、当山に帰すものとす
　　る。
5　永代供養塔及び無縁塔の定めは、住職が別に定め
　　る。
（禁止事項）
第7条　使用者は、以下の行為等をしてはならない。
　⑴　境内（駐車場を含む。以下、「境内」と記載し
　　　た場合は同様の概念とする。）又は墓地内で、当
　　　山の様式によらない典礼、供養、法要、儀式及び
　　　慣行その他の宗教行為を行うこと。
　⑵　当山の様式による典礼、供養、法要、儀式及び
　　　慣行その他の宗教行為を無視し、又は妨げるこ
　　　と。
　⑶　宗教施設としての尊厳をけがす言動をするこ
　　　と。
　⑷　第9条に定める者以外に使用権を譲渡するこ
　　　と。
　⑸　墳墓の使用権を転貸し、または担保に供するこ
　　　と。
　⑹　焼骨の埋蔵以外の目的に使用すること。
　⑺　管理者の許可なく、焼骨を埋蔵すること、もし
　　　くは埋蔵した焼骨を取り出すこと。
　⑻　火葬されていない死体・死胎などを埋蔵するこ
　　　と（土葬を含む）。
　⑼　ペット及び禽獣等を埋蔵すること。
　⑽　管理者の許可なく樹木を植栽または伐採するこ
　　　と。
　⑾　境内及び墓地内を、損傷または汚損すること。
　⑿　本規定に違反すること。
　⒀　その他、墓地を使用するにふさわしくないと、
　　　管理者が判断する事項。
2　前項に違反すると認められる場合は、管理者は、

・禁止事項を、わかりやすく列
　挙することに努めた。

・禁止事項などの要旨を、使用
　者のために「心得書き」とし
　て別に作成してもよい。

第3章　墓埋法関連書式

連絡、指導、指示等必要な措置を講ずることができる。

（使用権の解除）

第8条　使用者が次の各号の一に該当するとき、管理者は、催告なくして当該使用者の使用権を解除することができる。

(1) 維持費相当額が合算して○年以上の未納となったとき。

(2) 第5条第1項各号の義務に違反し、かつ同条3項の措置に正当な理由なく従わなかったとき。

(3) 第7条第1項各号の禁止事項に該当し、かつ同条第2項の措置に従わなかったとき。

(4) 暴力団、暴力団員、暴力団関係企業・団体またはその関係者、その他反社会的勢力（以下、「暴力団等反社会的勢力」という。）であると管理者が認めるとき。

(5) 使用者が法人の場合、その代表者、実質的に経営権を有する者が暴力団等反社会的勢力であることが判明したとき。

(6) 墳墓を暴力団等反社会的勢力に使用させ、またはこれらの者を境内及び墓地に反復して出入りさせたとき。

(7) 境内、墓地及び周辺において、暴行、傷害、脅迫、恐喝、器物損壊、逮捕監禁、凶器準備集合、賭博、ノミ行為、売春、覚醒剤、銃砲刀剣類所持等取締法違反等の犯罪を行ったとき。

(8) 境内、墓地及び及び周辺において、暴力団等反社会的勢力の威力を背景に粗野な態度、言動によって、管理者、他の使用者、及び近隣住民等に不安感、迷惑を与えたとき。

2　使用者が次の各号の一に該当するとき、管理者は、催告の上、その使用者の使用権を解除することができる。

(1) 第11条の管理権に基づく措置に従わなかったとき。

(2) 正当な事由なく○年以上墓参しないとき。

(3) 墓石その他の工作物が倒壊、破損その他修繕を要する状態なのにもかかわらず、○年以上放置しているとき。

(4) その他、当山墓地を使用するのにふさわしくな

・無催告での使用権解除は、あとで無効とならないよう明文で規定。

・墓地管理費（維持費）が未納である場合に解除できる仕組みを作っておく。

・無催告といっても、1号〜3号までは、管理者から当該事案に対しての通知はある。

・全国都道府県で制定されている「暴力団排除条例」により、このような条文を盛り込む規約等が増えてきている。

・催告のうえでの使用権の解除を明記。

Ⅰ　境内地墓地を管理する例

　　　いと管理者が判断したとき。
3　使用者が、信仰の相違から他宗派に転じ、当山の
　檀徒たり得なくなった場合またはその他の事由によ
　り離檀する場合は、離檀に伴って使用権の解除とな
　る。この場合、あらかじめその旨を管理者に届出
　て、第12条第1項所定の手続を行わなくてはならな
　い。

（使用権の承継）
第9条　使用者が以下の各号の一に該当するときは、
　使用権の承継者が当山の檀徒となり、その使用権を
　承継する。
　(1)　死亡したとき。
　(2)　檀徒を承継させる意思表示をしたとき。
　(3)　成年後見開始決定の審判を受けるなど、檀徒の
　　務めを果たせなくなったと住職が判断したとき。
2　使用権の承継者は、以下の各号の手続を行わなけ
　ればならない。
　(1)　檀徒になることを住職から許可されること。
　(2)　「檀徒承継誓約書」に署名押印すること。　　　　　・「檀徒承継誓約書例」（【書式
　(3)　「墓地承継使用許可申請」を管理者に行い、管　　　　　3-5】）、「墓地使用許可申請
　　理者の許可を得ること。　　　　　　　　　　　　　　　書例」（【書式3-2】）を参
3　使用権の承継者は、維持費を支払う義務も承継す　　　　　照。
　る。
4　第2項の手続が完了していない場合、管理者は連
　絡、指導、指示等必要な措置を講じることができ
　る。
5　使用権の承継者及び管理者は、第10条の承継者不
　存在の措置に関して「檀徒承継誓約書」によってあ
　らかじめ合意したものとみなす。

（承継者不存在の措置）
第10条　以下の各号のすべてに該当するときは、前条　　　　・墳墓の承継者不存在問題は、
　で定める使用権の承継者が存在しないものとみな　　　　　近年問題になっている。使用
　す。　　　　　　　　　　　　　　　　　　　　　　　　　者になったとき、および使用
　(1)　檀徒本人または檀徒となるべき者が不明のと　　　　　権の承継者となったときに承
　　き、または檀徒となるべき者のすべてが使用権の　　　　　継者不存在の措置を記載した
　　承継を拒んだとき。　　　　　　　　　　　　　　　　　誓約書を提出させ、あらかじ
　(2)　維持費が連続して〇年以上未納であるとき。　　　　　め対処しておくという方法を
　(3)　〇年以上の間、使用者へ電話連絡がとれないと　　　　　例として盛り込んだ。
　　き。
　(4)　〇年以上の間、使用者へ送付した郵便物が到達

89

第3章　墓埋法関連書式

しても返信がない、または不達のとき。

2　前項にかかわらず、管理者が使用権の承継者が存在しないと認めるときは、第1条第2項に定める法令に基づき適切に処理することができる。

3　使用権の承継者が存在しない場合、管理者は、以下の手続を行うことができる。

(1)　埋蔵された焼骨を合祀、一時預り、または改葬すること。

(2)　当該区画の墓石その他設置物等を収去し、適切に処分すること。

(3)　その他状況に応じて適宜処理すること。

4　当該墳墓の使用権は当山に帰属する。

5　本条は、永代供養塔及び無縁塔には適用しない。

（管理権に基づく措置）

第11条　管理者が、墓地につき公用収用の必要のため、又は整備その他の必要のため、使用者に対して墳墓の改葬又は区画変更等を求めたときは、これを拒んではならない。

2　管理者は、使用者について本人確認の必要なときは、本人確認のための証明書等を閲覧・謄写することができる。

（使用権の解除後の精算）

第12条　使用者により使用権を解除した場合、使用者は、費用を自己負担して次の各号による手続を完了しなくてはならない。

(1)　当該墳墓から他へ改葬、又は合祀すること。

(2)　使用区画を原状回復させ、かつ管理者の承認を得ること。

(3)　使用区画を無条件で管理者へ返還すること。

(4)　残余の維持費を管理者に支払うこと。

2　管理者により使用権を解除した場合、管理者は、以下の手続を選択できる。

(1)　従前の使用者に前項の手続を行わせること。

(2)　前項の手続を通知または公告の上、管理者が行い、その費用と残余の維持費等一切の費用を、従前の使用者に請求すること。

3　使用者による使用権の解除後〇カ月以内に、従前の使用者又はその親族等が第1項の手続を完了しないときは、管理者は、通知または公告の上、第2項第2号の手続を行うことができる。このとき、「従

・無縁墳墓等の改葬許可を受けるための規定は、「墓地、埋葬等に関する法律施行規則第」3条となる。

・道路拡張などの理由により、墓地の区画が変更される場合があり、このようなときは管理権を行使できる旨を明記した。

・本人確認手続の明記。

・使用権の解除後、原状回復に関し、トラブルの予防、またトラブルになった際に、根拠となる規定を明記した。

前の使用者」を「従前の使用者又はその親族等」と
読み替えるものとする。

（使用権の解除後の帰属）

第13条　解除された使用権は、当山に帰属する。

・解除後の使用権の帰属を明記
する。

（金員の不返還）

第15条　当山に納められた金員は、いかなる事由があ
ろうとも返還を要しない。

（代理人・関係人等の行為）

第16条　使用者以外の者が、特定の使用者の墳墓のた
めに境内及び墓地に立ち入って行った行為は、当該
特定の使用者の行為とみなす。ただし、使用者の意
に反するものであると管理者が判断した場合は、こ
の限りでない。

・使用者等の問題が持ち込まれ
た際のトラブルを想定した条
文。

（免責事項）

第17条　墓地及び墳墓に生じた経年変化、自然災害、
失火類焼、事故等の管理者の責めに帰することがで
きない事由によって滅失、毀損したとき、又は盗難
等について、当山は免責とし、墳墓の修復等は使用
者の負担とする。

2　使用者に関わる紛争に対して、当山は責めを負わ
ない。ただし、当山が関わったものと管理者が認め
る場合、関わりに相当する部分はこの限りでない。

・寺院の責めに帰すことのでき
ない事故等は、使用者に対処
してもらうことを明記した。

（法令の適用）

第18条　墓地の使用については本規定のほか、当山規
則及び諸規程、並びに第1条第2項に記載する法令
をはじめ、日本国内の法令を適用する。

（紛争に関する事項）

第19条　本規定その他墓地使用に関し裁判上の紛争が
生じたときは、○○簡易裁判所及び○○地方裁判所
を管轄裁判所とする。

2　前項は、紛争を解決するため裁判外紛争処理手段
の調停、仲裁等を利用することを妨げない。この場
合において、管轄地は当山の所在地とする。

（規定の変更）

第20条　当山規則に基づき、必要に応じて本規定を変
更することができる。

2　本規定の変更は、掲示場に掲示するなどして使用
者に周知させるものとする。

・規定変更の手続の定め。
・公告の定め。

附　則

第3章　墓埋法関連書式

1．本規定は、○○年○月○日からこれを施行する。 2．従前より墓地を使用している檀徒のうち「檀徒誓約確認書」に必要事項を記入の上、住職に提出した者は、この規定の使用者とみなす。 　　　　　　　　　　　　　　　　　以上	・現在墓地を使用している檀徒に対しては「檀徒誓約確認書」（【書式3-6】）を用意し、署名を受けてこの規定を遵守してもらう。

【書式3-2】　墓地使用許可申請書例

○○○　御中

墓地使用許可申請書（新規・承継）

　下記の者は、墓地管理使用規定を遵守し、貴山境内地墓地の一区画を墓地として使用することを申請いたします。

記

年　　　　月　　　　日

使用者氏名	印
住　　　所	
連絡先電話	

使用する区画	区画（　　　　　　　）・別紙にて指定・未定
使用する権原	檀　徒・その他（　　　　　　　）
条　件　等	墓地使用権

※　墓地使用許可証（【書式3-3】）を取得するため、檀家等からこの申請書の提出を受けます。

I 境内地墓地を管理する例

【書式3-3】 墓地使用許可証例

年　　　月　　　日

墓地使用許可証

使用者氏名	様
住　　　所	
連絡先電話	

上記の者に対し、以下の内容で墓地使用を許可します。

使用する区画	区画（　　　　　　）・別紙にて指定・未定
使用する権原	檀　徒・その他（　　　　　）
条　件　等	墓地使用権

墓地管理者
○　○　○
住職代表役員　○○○○　印
○○県○○市○○町○丁目○番○号
電話　○○-○○○-○○○○

※　入檀時に墓地の区画を定めた場合は檀徒誓約書（【書式3-4】）と同時に、そのほか、使用者の墓地の区画を定めたときに、区画を取得する檀家等から墓地使用許可申請書（【書式3-2】）の申請を受けて、この許可証を発行します。

【書式3-4】 檀徒誓約書例

○○○　御中

檀徒誓約書

私　儀

93

第3章　墓埋法関連書式

貴山檀徒として入檀し、下記条項を承諾遵守することを誓約いたしますので、檀徒名簿に登録して頂きたく存じます。

記

一、ご本尊○○○○及び貴山の教旨を信奉し、信仰を堅持します。
二、年2回の大法要に参加するよう努めます。
三、維持費を毎年必ず御納付致します。また、法要にはお布施を致します。
四、「墓地管理使用規定」（以下、「墓地規定」という。）を守ります。
五、「墓地規定」に従い、以下の点についてあらかじめ合意します。
　　・墓地使用権の承継者が不存在に至ったときは、貴山の措置に従うこと。
六、上記のほか、住職の指示に従います。

以上

年　　　月　　　日	
住　　所	
氏　　名	㊞
生年月日	年　　　月　　　日　生
自宅電話	携　帯　等

※　新規入檀の際に使用します。
※　「墓地管理使用規定」に合わせ、承継者不存在の際には、あらかじめ寺院の処分に同意していただく項目を盛り込んでいます。

【書式3-5】　檀徒承継誓約書例

○○○　御中

檀徒承継誓約書

私　儀

前檀徒　○　○　○　○　の貴山檀徒の地位を承継し、従前のとおり下記条項を承諾遵守することを誓約いたしますので、檀徒名簿に登録して頂きたく存じます。

記

一、ご本尊○○○○及び貴山の教旨を信奉し、信仰を堅持します。

94

I 境内地墓地を管理する例

二、年2回の大法要に参加するよう努めます。

三、維持費を毎年必ず御納付致します。また、法要にはお布施を致します。

四、「墓地管理使用規定」(以下、「墓地規定」という。)を守ります。

五、「墓地規定」に従い、以下の点についてあらかじめ合意します。

　　・墓地使用権の承継者が不存在に至ったときは、貴山の措置に従うこと。

六、上記のほか、住職の指示に従います。

以上

年　　　月　　　日

住　　　所	
氏　　　名	㊞
生年月日	年　　　　　月　　　　　日　生
自宅電話	携　帯　等

※　前檀徒よりその地位を承継した者に対する承継の誓約書の例です。

※　「墓地管理使用規定」に合わせ、使用権の承継者不存在の際には、あらかじめ寺院の処分に同意していただく項目を盛り込んでいます。

【書式3-6】　檀徒誓約確認書例

○○○　御中

檀徒誓約確認書

私　儀

現在、貴山檀徒の地位にありますが、従前どおり下記条項を承諾遵守することを誓約いたしますので、檀徒名簿に登録して頂きたく存じます。

記

一、ご本尊○○○○及び貴山の教旨を信奉し、信仰を堅持します。

二、年2回の大法要に参加するよう努めます。

三、維持費を毎年必ず御納付致します。また、法要にはお布施を致します。

四、「墓地管理使用規定」(以下、「墓地規定」という。)を守ります。

五、「墓地規定」に従い、以下の点についてあらかじめ合意します。

　　・墓地使用権の承継者が不存在に至ったときは、貴山の措置に従うこと。

六、上記のほか、住職の指示に従います。

95

第3章　墓埋法関連書式

以上

　　　年　　　月　　　日

住　　所	
氏　　名	㊞
生年月日	年　　　　月　　　　日　生
自宅電話	携　帯　等

※　「墓地管理使用規定」を制定する以前から檀徒である方を対象として、檀徒であることの確認をする旨の誓約書の例です。これを提示する前には、寺院で念入りに用意することが必要です。

※　寺院の状況によっては、多くの意見・質問等が寄せられる場合があります。この誓約書をとることに理解を示す弁護士に、事前に協力を求めることも必要になってくる可能性もあります。

【書式3-7】　埋蔵受入申請書例

申請先	宗教法人名称	宗教法人　「○○○」　　　　　　　　　御中
	事務所所在地	○○県○○市○○町○丁目○番○号

埋蔵受入申請書　　　　　　（納骨する時）

　下記の通り死亡者の焼骨を埋蔵したいので、火葬許可証を添えて受入を申請致します。

　　　　　（改葬の場合は、火葬許可証と共に改葬許可証も必要）

　　　　　　　　　　　　　　　　　　　　　　　　年　　　　月　　　　日

死亡者の表示	俗　　名	ふりがな		
	戒　　名	ふりがな		
		(注1)		
	性　　別	男・女・不明	申請者から見た続柄	
	本　　籍			
	死亡年月日	年　　　月　　　日	享年	歳

I　境内地墓地を管理する例

申請者の表示	氏　　名	ふりがな			
				印	
	郵 便 番 号	－			
	住　　所	都・道 府・県			
	電 話 番 号		続　　柄	本　人	

※　以下は、申請者が墓地等使用者（檀徒等）以外である場合のみ記入してください。
（注2）

　上記の申請者が私の使用する墳墓に受入申請を行うことを承諾します。

　　　　　　　　　　　　　　　　　　　　　　　　　　　　年　　　月　　　日

檀徒等	氏　　名	ふりがな	
			印
	郵 便 番 号	－	
	住　　所	都・道 府・県	

※　墳墓に、①新たに死亡した方を埋蔵する場合、または、②改葬許可を得て他所から改
　葬する際に、①のときは埋葬許可証、②のときは改葬許可証と従前よりあった埋葬許可
　証（ない場合もあり）の提出と共に、申請者にこの申請書の提出を求め、この申請書の
　提出と引き換えに、後記【書式3-8】埋蔵受入証を交付します。

　　つまり、埋蔵受入申請書と埋蔵受入証は一対のものです。

※　上記のとおり、①新たに死亡した方を埋蔵する場合と、②改葬許可を得て他所から改
　葬する場合の両方に使用できるような記載例です。

（注1）　戒名（法名、法号）は、墓埋法上記載事項ではありませんので、それぞれの法人
　　　　で記載をする・しないを決定すればよいと考えます。

（注2）　申請者が、墓地使用者（檀家・檀徒等）以外の場合、その墓地使用者から承諾を
　　　　もらう必要があります。この承諾を簡便に申請書に記載した例です。もちろん、別
　　　　途承諾書単体の提出も可能です。

【書式3-8】　埋蔵受入証例

発行者	宗教法人名称	宗教法人　「○○○」　　　　　　　印
	事務所所在地	○○県○○市○○町○丁目○番○号

埋　蔵　受　入　証　　　　　（納骨する時）

　下記の通り、死亡者の焼骨を埋蔵することを受入れます。

97

第3章　墓埋法関連書式

			年	月	日
死亡者の表示	俗　　　名	ふりがな			
	戒　　　名	ふりがな			
	性　　　別	男・女・不明	申請者から見た続柄		
	本　　　籍				
	死亡年月日	年　　月　　日		享年　　歳	
申請者の表示	氏　　　名	ふりがな		様	
	郵 便 番 号	－			
	住　　　所	都・道府・県			
	電 話 番 号		続　　柄	本　人	

※　墳墓に死亡した方を新たに埋蔵する場合、または改葬許可を得て他所から改葬する際に、前記埋蔵受入申請書（【書式3-7】）の提出を受けて、申請者に交付します。

※　前述のとおり、①新たに死亡した方を埋蔵する場合と、②改葬許可を得て他所から改葬する場合の両方に使用できるような記載例です。

2　墳墓の改葬許可

　本章の冒頭でもふれた「墓じまい」という言葉がメディアに取り上げられてから、改葬手続が増えてきていると感じます。改葬とは、「埋葬した死体を他の墳墓に移し、又は埋蔵し、若しくは収蔵した焼骨を、他の墳墓又は納骨堂に移すこと」（墓埋法2条3項）です。たとえば、生まれ故郷（両親や祖父母などの出身地なども含まれる）の菩提寺にあるお墓（の中の先祖の焼骨）を、現在ご自身が居住している近郊のお墓に移すような事例が典型であろうと考えます。

　この改葬の現在の解釈として、墳墓（お墓）から焼骨を出して、たとえば自宅の仏壇等で供養する、または自宅で供養していた焼骨を墳墓に埋蔵する、納骨施設に収蔵するような場合も該当すると考えられています。

　ただ、改葬許可を受ける者つまり手続の主体者は、当該「墓じまい」を行

I　境内地墓地を管理する例

う人（檀家であったり、その親族であったり事情により異なります）です。この
章で対象となる宗教法人は、Ⓐ現に焼骨が存する境内地墓地等の管理者であ
る仏教寺院等、および、Ⓑ改葬して新たに焼骨を受け入れる管理者である仏
教寺院等ですので、対象となる部分にクローズアップしました。

〔墳墓の改葬許可申請の流れの例〕

　手続の主体は、原則的に改葬申出をする檀家または親族縁者等（改葬申出
者）です。境内地墓地の管理者は、Ⓐ現に焼骨が存する墓地等の管理者
（〈図3-2〉では「現在の墓地等の管理者」という。）、Ⓑ改葬先の墓地等の管理
者（図内では「改葬先の管理者」という。）それぞれの立場として、承諾し、
証明書を発行することとなります。

　下図は、Ⓐの寺院の境内地墓地から、Ⓑの寺院の境内地墓地へ改葬する流
れを例として記載しました。

〈図3-2〉　改葬許可申請の流れ

１．改葬申出者が改葬の意向
改葬申出者は、当該お墓にお墓参りをする親族などいた場合は、
あらかじめ相談をしておくとよい。

↓

２．Ⓑ改葬先の管理者の承諾
２または３の後、埋蔵受入書（【書式3-8】）を発行する。

↓

３．Ⓐ現在の墓地等の管理者の承諾
埋蔵証明書（【書式3-10】）を発行する。
未納の維持費等があれば、納付してもらう。

↓

４．改葬申出者が改葬許可申請
改葬許可権者は、Ⓐの現に焼骨が存する墓地等の
所在地を管轄する市区町村長

↓

５．許可取得後、改葬を行う
・Ⓐの住職等は、改葬許可証を確認し、当該寺院の典礼を行い改葬許可を受けた

99

第3章　墓埋法関連書式

　焼骨を墳墓より取り出し、寺院保管の埋葬許可証と共に、改葬申出（許可）者
へ引き渡す。
・Ⓑの住職等は、当該寺院の典礼を行い、改葬許可証および埋葬許可証を受け取
り、改葬許可を受けた焼骨を所定の墳墓へ納骨する。

【書式 3 - 9 】　埋蔵証明願い例

| 埋蔵元 | 宗教法人名称 | 宗教法人　「○○○」 |
| | 事務所所在地 | ○○県○○市○○町○丁目○番○号 |

埋蔵証明願い　　　　　　　　　（改葬許可）

　下記の通り、貴山に現に埋蔵していることの証明を願います。

年　　　月　　　日

死亡者の表示	俗　　　名	ふりがな			
	戒　　　名	ふりがな			
	性　　　別	男・女・不明		申請者から見た続柄	
	本　　　籍				
	死亡年月日		年　　月　　日	享年　　　歳	
申請者の表示	氏　　　名	ふりがな			印
	郵 便 番 号	－			
	住　　　所	都・道府・県			
	電 話 番 号			続　　柄	本　人

※　以下は、申請者が墓地等使用者（檀徒等）以外である場合のみ記入してください。
（注）
　上記の申請者が改葬証明申請を行うことを承諾します。

年　　　月　　　日

I　境内地墓地を管理する例

檀徒等	氏　　名	ふりがな			
					印
	郵便番号	－			
	住　　所	都・道府・県			

※　改葬を申し出る者が、埋蔵元の寺院(A)に、現に焼骨を埋蔵していることの証明を願い出る書類です。

(注)　改葬を願い出る者が、墓地使用者（檀家＝檀徒等）以外の場合、その墓地使用者から承諾をもらう必要があります。

　　　この承諾を簡便に申請書に記載した書式です。もちろん、別途承諾書単体の提出も可能です。

【書式3-10】　埋蔵証明書例

埋　蔵　証　明　書　　　　（改葬許可）

　下記の通り、申請者の申請により現に埋蔵していることを証明致します。

死亡者の表示	俗　　名	ふりがな			
	戒　　名	ふりがな			
	性　　別	男・女・不明		申請者から見た続柄	
	本　　籍				
	死亡年月日		年　　　月　　　日	享年　　　歳	
申請者の表示	氏　　名	ふりがな			
					印
	郵便番号	－			
	住　　所	都・道府・県			
	電話番号			続　　柄	本　人

　　　　年　　　　月　　　　日

　埋蔵元　墓地管理者

　宗教法人「○　○　○」

　住職代表役員　○　○　○　○　　　印

101

第3章　墓埋法関連書式

　　〇〇県〇〇市〇〇町〇丁目〇番〇号
　　電話　〇〇-〇〇〇-〇〇〇〇

※　埋蔵元の寺院(A)が、改葬を申し出る者に、現に焼骨を埋蔵していることを証明する書類です。

【書式3-11】　改葬許可証交付申請書例

　〇　〇　市　長　様

改葬許可証交付申請書

　下記のとおり死亡者の焼骨を改葬したいので、埋蔵証明及び受入許可証を添えて申請致します。

年　　　　月　　　　日

死亡者	氏　　　名	ふりがな	
	性　　　別	男　・　女　・　不明	
	本　　　籍		
	死亡年月日	年　　　　月　　　　日	
	埋　葬　場　所		
	埋葬年月日	年　　　　月　　　　日	
	改葬の理由		
	改　葬　場　所		
申請者	氏　　　名	ふりがな	
	郵　便　番　号	－	
	住　　　所	都・道府・県	
	死亡者との関　　　係		墓地使用者との関係

※　通常は、市区町村の戸籍課で扱っている事務です。
※　役所・役場によっては、定型のひな形を作成している場合もあるので、手続前に現に焼骨の存する墳墓の所在地を管轄する市区町村にお尋ねください。
※　焼骨ごとに許可申請をします。

102

I 境内地墓地を管理する例

※ 次項の無縁墳墓等の改葬の許可申請手続等では、改葬する焼骨が複数となる場合がありますが、死亡者の記載を「別紙のとおり」として、死亡者の表示と同一の記載をした一覧名簿を提出しても可となるようです。

【書式3-12】 改葬許可証交付申請書（別紙一覧名簿）例

（別紙）

死亡者の一覧名簿

死亡者	氏　　名	ふりがな
	性　　別	男　・　女　・　不明
	本　　籍	
	死亡年月日	年　　　　月　　　　日
	埋葬場所	
	埋葬年月日	年　　　　月　　　　日
	改葬の理由	
	改葬場所	
死亡者	氏　　名	ふりがな
	性　　別	男　・　女　・　不明
	本　　籍	
	死亡年月日	年　　　　月　　　　日
	埋葬場所	
	埋葬年月日	年　　　　月　　　　日
	改葬の理由	
	改葬場所	
	氏　　名	ふりがな

第3章　墓埋法関連書式

死亡者	性　　　別	男　・　女　・　不明
	本　　　籍	
	死亡年月日	年　　　　月　　　　日
	埋 葬 場 所	
	埋葬年月日	年　　　　月　　　　日
	改 葬 の 理 由	
	改 葬 場 所	
	：	

※　改葬する焼骨が多数の場合は、一覧名簿でも受け付けてもらえるようです。

3　無縁墳墓等の改葬の許可申請

　境内地墓地のある仏教寺院等において、前記「墓じまい」とともに頭を悩ませるであろう事例が、無縁墳墓等の存在でしょう。例示すると、先祖代々のお墓が境内地墓地にあり、檀徒となるその子孫は絶え、また親戚筋も不明なお墓があり、墓地の管理に資する維持費もしくはお寺への護持費等の納付ももちろん十数年来ないようなお墓があり、これをどのように解決していくかという問題です。

〈図3-3〉　無縁墳墓等の改葬の許可申請の流れ例

無縁墓等の存在
檀家が断絶し、引き受け者もいない
↓
使用者および親族縁者もしくは近隣の方へ連絡
誰も引き受け者が現れない
連絡記録を保存しておく（申請の添付書類）
↓
宗教法人内の無縁墓等改葬手続の決定
規則の定めによる
議事録、同意書等作成
↓

I　境内地墓地を管理する例

必要に応じて公告

宗教法人上の公告（宗教法人法第23条に該当する場合は必ず行う）

第2章参照

↓

官報へ「無縁墳墓等改葬公告」を掲載

官報掲載後、1年間申出を待つ

↓

1年後、改葬の許可申請

当該無縁墓が存する地を管轄する市区町村へ改葬許可申請する

↓

実際の改葬作業

　まず、解決を図るため、名簿上の住所地に連絡して連絡が取れないことを確認し、遠い親戚筋や、近隣の方々に連絡をして引き受けできる者がいないか、墓地管理者として最大限の努力をして確認を試みます。それでも、引き受け者が見つからず、やむを得ず改葬しなければならない場合、本項の手続となります。この部分のやりとりの記録を残しておけば、後の改葬許可申請の添付書類に利用できます（市区町村長が特に必要と認める書類として、提出を求められる可能性があります）。

　宗教法人の手続ですので、責任役員（会）の議決その他総代（会）等の議決・同意など法人の意思決定を行います。

　状況により宗教法人法上の公告を任意に行い、その後官報へ公告の掲載の申込みをします。

　実際の官報の公告については、各地の官報販売所で申込みを受け付けていますし、販売所によってはインターネットで受け付けている場合もありますので、お近くの官報販売所またはインターネットのホームページで問い合わせください。なお、宗教法人の墓地での改葬公告は、通常、官報の号外、会社等の「解散公告」、「相続債権者受遺者への請求申出の催告」の後の部分に掲載されます。

　この官報と同一の文章内容を、立て札を作り、無縁墳墓等のわかりやすい場所に設置しなければなりません。

　その後、公告掲載後1年の公告期間に申出がなければ、無縁墳墓が存する

105

第3章　墓埋法関連書式

地を管轄する市区町村へ対して改葬許可の申請を行います。

〔改葬許可申請に必要な書類例〕

・改葬許可申請書

・無縁墳墓等の写真およびその位置図

・無縁墳墓等改葬公告を掲載した官報の写し

・無縁墓等の見やすい場所に、無縁墳墓等改葬公告と同一文言の立て札
　を設置したこと、その証明写真

・官報期間内に、申出のなかったことを記載した書類

・その他、市区町村長が特に必要と認める書類

　こうしてようやく、無縁墳墓等に埋蔵された焼骨を無縁塔などに改葬する
ことができます。

【書式3-13】　無縁墳墓等改葬公告例

無縁墳墓等改葬公告

○○○○○○○のため（注1）に無縁墳墓等につ
いて改葬することとなりましたので、墓地使用者
等、死亡者の縁故者及び無縁墳墓等に関する権利を
有する方は、本公告掲載の翌日から一年以内にお申
し出ください。

　なお、期日までにお申し出のない場合は、無縁仏
として改葬することになりますのでご承知くださ
い。

　　○○○○年○月○日

一　墳墓等所在地○○県○○市○○町○丁目○番○
　号

一　墳墓等の基数及び名称　三十基、○○○境内墓
　地

一　死亡者の本籍及び氏名　○○県○○市○○町○
　丁目○番地○○○○、本籍及び氏名不詳墓基数二
　十九基（注2）

一　改葬を行おうとする者　○○県○○市○○町○
　丁目○番○号宗教法人○○○代表役員○○○○

（注1）　具体的に改葬事由を記載する。

（注2）　すべての墓が誰か判明しない場合は、「全て不詳」と記載する。

106

〈参考〉

　本章で参照した書籍は以下のとおりです。

・文化庁『宗教法人の管理運営の手引（第二集）宗教法人の事務〔二訂
　版〕』（ぎょうせい）

・生活衛生法規研究会監修『新版　逐条解説　墓地、埋葬等に関する法
　律』（第一法規）

第4章　日常業務関連書式

Ⅰ　特定商取引法

1　規制される取引類型

　特定商取引法は、事業者による違法・悪質な勧誘行為等を防止し、消費者の利益を守ることを目的とする法律のことをいいます。具体的には、消費者トラブルが生じやすい7つの取引類型に関する規制内容とクーリング・オフ等の消費者保護のルールを定めています。7つの取引類型とは、以下のとおりです。

①　訪問販売

　　消費者の自宅など店舗以外の場所で商品や権利の販売または役務（サービス）の提供を行う等の取引のことをいいます。キャッチセールスやアポイントメントセールスもこれにあたります。

②　通信販売

　　事業者が新聞、雑誌、インターネット等で広告し、郵便、電話等の通信手段により申込みを受ける取引のことをいいます。

③　電話勧誘販売

　　事業者が消費者に対して電話をかけ、勧誘を行う取引のことをいいます。

④　連鎖販売取引

　　商品購入代金等を支払って販売組織に参加し、別の人を組織に勧誘して商品等を販売すればマージンが得られると誘引して、販売組織を連鎖的に拡大していく取引のことをいいます。いわゆるマルチ商法のことを指します。

⑤　特定継続的役務提供

　　長期・継続的な役務の提供と、これに対する高額の対価を約する取引のことをいいます。特定商取引法上、エステティックサロン、語学教

室、家庭教師、学習塾、結婚相手紹介サービス、パソコン教室の6つの
役務が対象となっています。

⑥　業務提供誘引販売取引

　　「仕事を紹介するので、収入が得られる」などと勧誘し、仕事に必要
であるとして商品などの購入を求める取引のことをいいます。いわゆる
内職商法のことを指します。

⑦　訪問購入

　　消費者の自宅等で事業者が物品を買い取る取引のことをいいます。消
費者の自宅を訪問して、業者が高齢者などの自宅を訪れて、貴金属や着
物を強引に買い取っていく押し買いが社会問題化したため、平成24年の
法改正で新たに規制対象の取引とされました。

　特定商取引法の規制は、各取引の特徴を踏まえて行われており、取引を適
正化するための取締ルールと消費者被害を解決するための民事ルールに分け
ることができます。

2　取締ルール

　取締ルールとしては、主に以下のようなものがあります。事業者が取締
ルールに違反したときは、その程度に応じて、事業者名の公表がなされた
り、業務改善の指示や業務停止命令の行政処分、罰則が下されることになり
ます。行政処分の所管は、消費者庁と各都道府県になります。

①　氏名等の明示の義務付け

　　特定商取引法は、事業者に対して、勧誘開始前に事業者名や勧誘目的
であることなどを消費者に告げるように義務づけています。

②　不当な勧誘行為の禁止

　　特定商取引法は、価格・支払条件等についての不実告知（虚偽説明）
または故意に告知しないことを禁止したり、消費者を威迫して困惑させ
たりする勧誘行為を禁止しています。

③　広告規制

　　特定商取引法は、事業者が広告をする際には、重要事項を表示するこ
とを義務づけ、また、虚偽・誇大な広告を禁止しています。

第 4 章　日常業務関連書式

④　書面交付義務

　　特定商取引法は、契約締結時等に、重要事項を記載した書面を交付することを事業者に義務づけています。

⑤　取引の特徴に応じた規制

　　上記の規制のほかに、取引の種類・特徴に応じたプラスアルファの規制がなされています。たとえば、インターネット取引の場合の画面表示の規制や迷惑メールの規制、訪問購入の場合の不招請勧誘の禁止、訪問販売の過量販売の禁止等があります。

3　民事ルール

民事ルールとしては、以下のようなものがあります。

①　クーリング・オフ

　　クーリング・オフは、特定商取引法の民事ルールの中核をなすものです。クーリング・オフは、訪問販売、電話勧誘販売などのように消費者にとって不意打ち性の高い販売方法や、特定継続的役務提供のように契約時に長期にわたる取引内容を客観的に検討することが難しいものなど、消費者が冷静に判断できないまま契約してしまうことが多い商法に対して、契約後も一定期間消費者に頭を冷やして（＝クーリング・オフ）考え直させる機会を与えるものです。

　　クーリング・オフが認められている取引の場合、申込みまたは契約の後に、法律で決められた書面を受け取ってから一定の期間内に、消費者が書面で解約を申し出たときは、無条件で契約を解約することができます。クーリング・オフ期間内であれば消費者が商品を使用したり、サービスを受けていた場合であったとしても、解約をすることができます。そして、クーリング・オフ期間後であったとしても、事業者が虚偽の説明をしたり、脅すなどしてクーリング・オフを妨害した場合には、その妨害について事業者が消費者に説明し、妨害が解消されるまでクーリング・オフをすることができます。

　　クーリング・オフ期間は、訪問販売・電話勧誘販売・特定継続的役務提供・訪問購入が 8 日間、連鎖販売取引・業務提供誘引販売取引が20日

間となっています（なお、通信販売については、クーリング・オフに関する規定はありません）。

② 意思表示の取消し

特定商取引法は、事業者が不実告知や故意の不告知を行った結果、消費者が誤認し、契約の申込みまたはその承諾の意思表示をしたときは、消費者がその意思表示を取り消すことを認めています。

③ 損害賠償等の額の制限

特定商取引法は、消費者が中途解約する際等、事業者が請求できる損害賠償額に上限を設定しています。

取締ルール・民事ルールについては、下記の表にまとめてありますのでご参照ください。

〔表〕 特定商取引法の規制の概要

特定商取引法による規制【一覧表】														
適用対象			事業者に対する行政規制							民事ルール				
トラブルの原因	取引類型	取引形態の特徴	広告規制			氏名等の明示	書面交付義務	禁止行為	主なその他の規制	クーリング・オフ期間	不実告知等を理由とする契約の取消し	中途解約	損害賠償等の制限	その他のルール
			表示の義務づけ	誇大広告等の禁止	未承諾メールの禁止									
消費者が求めないのに突然勧誘を受ける	訪問販売	自宅へ突然訪問してきて、契約する。営業所等以外で申込みを受けて行う取引（2条1項1号）／キャッチセールス：呼び止めて契約をする。（2条1項）／アポイントメントセールス：販売目的を隠して呼び出したり、特別に有利な条件で契約できるなどと連絡して呼び出して契約する。（2条1項2号）				3条	申込書面 契約書面 5 4条	6条	再勧誘の禁止 3条の2	8日間 9条	9条の3		10条	過量販売の解除を理由とする契約の解除 9条の2
	訪問購入	営業所等以外で事業者が物品の購入を行う取引（58条の4）				58条の5	申込書面 契約書面 58条の7 58条の8	58条の10	不招請勧誘の禁止 勧誘意思確認 再勧誘の禁止 58条の6第1項 58条の6第2項 58条の6第3項	8日間 58条の14			58条の16	第58条の11物品の引渡しの拒絶 58条の15 第三者へ物品を引き渡したときの通知 58条の11の2

第4章　日常業務関連書式

グループ	販売類型	定義	(1)	(2)	(3)	(4)	書面	(5)	再勧誘等	クーリング・オフ	(6)	(7)	(8)
事業者を確認できない条件や対面販売できない商品を…	電話勧誘販売	事業者から電話をかける等して勧誘し、申込みを受けて行う取引（2条3項）				16条	申込書面・契約書面 18・19条	21条	再勧誘の禁止 17条	24条／8日間	24条の2		25条
	通信販売	郵便、電話、インターネット等の通信手段により申込みを受けて行う取引（2条2項）	11条	12条	12条の3・4				制度適用なし				15条の2 返品ルール
長期・高額の負担を伴う	特定継続的役務提供	身体の美化、知識の向上等を目的として継続的にサービスを提供する取引形態（41条）・エステティックサロン・語学教室・家庭教師派遣・学習塾・パソコン教室・結婚相手紹介サービス		43条			概要書面・契約書面 42条	44条	書類の備付け等45条の義務づけ	8日間／48条	49条の2	49条	49条
ビジネスに不慣れな個人を勧誘する	連鎖販売取引	商品代金や登録料等を払って販売組織に参加し、その後新たに参加者を勧誘し、商品やサービス等を販売すれば報奨金を得られる取引〔いわゆるマルチ商法〕（33条）	35条	36条	36条の3・4	33条の2	概要書面・契約書面 37条	34条		20日間／40条	40条の3	40条の2	40条の2
	業務提供誘引販売取引	事業者が提供又は紹介する業務を行えば収入が得られると勧誘し、その業務のために必要な商品やサービスの契約をする取引〔いわゆる内職・モニター商法〕（51条）	53条	54条	54条の3・4	51条の2	概要書面・契約書面 55条	52条		20日間／58条	58条の2		58条の3

※　神奈川県「Check & Try ひと目でわかる特定商取引法」より引用

4　通信販売の規制

　寺院関係者が、特定商取引法を用いる場合は、寺院に押し売りや押し買いが来たなどの消費者の立場に立ったときが主ですが、寺院によっては、郵便、インターネット、電話などでのお守りの授与やご祈祷などを受け付けているところもあります。そのような場合、特定商取引法の通信販売の規制を受けることになりますので、通信販売の規制の概要について述べていきます。

　通信販売の規制については、以下のようなものがあります。

① 　広告には、販売する商品等の価格や事業者名と連絡先、解約に関する事項などの重要事項は必ず掲載しなければなりません。通信販売のカタログのみならず、広告メール、ネット通販にも掲載が義務づけられています。通信販売を行っている業者のインターネットサイトをみると、

「特定商取引法に基づく表記」が記載されていますが、それは、この規制に基づいてのものです。

広告に掲載しなければならない事項は、以下の事項です。

・価　格
・支払時期と支払方法
・商品等の引渡し時期、サービスの場合には提供時期や提供期間
・商品等の返品制度の有無、返品制度がある場合にはその内容
・事業者の氏名・名称、住所、固定電話番号、代表者の氏名または通信販売業務の責任者の氏名
・広告の有効期限
・価格や送料以外に必要な付帯的な費用
・商品に隠れた瑕疵がある場合についての事業者の責任について定めている場合にはその内容
・商品の販売数量の制限がある場合にはその内容、そのほかの特別な販売条件がある場合にはその内容
・広告の表示事項の一部を表示しない場合に、消費者がそれらを記載した書面（いわゆるカタログ）を請求した場合にカタログ代などが有料の場合や送料の負担が必要な場合には、その内容と価格
・ネット通販や広告メールの場合には、事業者のメールアドレス
・広告メールやメールマガジンの場合には、再送信拒否メールを送るためのメールアドレス
・ソフトウェアによる取引のときはその動作環境など

インターネットを通じてお守りを授与したりご祈祷を受け付けたりする寺院が、ホームページに記載する特定商取引法に基づく表記の具体例としては、以下のようなものが考えられます。なお、返品制度について記載がないときは、購入者が商品の引渡し等を受けた日から起算して8日を経過するまでの間は契約の解除が可能となりますので、ご注意下さい。

第 4 章　日常業務関連書式

【書式 4 - 1 】　特定商取引法に基づく表記

特定商取引法に基づく表記

運営法人　宗教法人「○○寺」

代表役員　○○　○○

所　　在　○○県○○市

電　　話　○○

ＦＡＸ　○○

メールアドレス　info@xxxxx-ji.com

ホームページアドレス　http://www.

料金（お布施）　○○寺ホームページのお守り、ご祈祷のページをご覧下さい。

支払時期　申込み後 1 週間以内

支払方法　当寺の銀行口座（○○銀行○○支店普通預金…）に振込

付帯費用　銀行振込手数料

納　　期　料金の振込確認後、通常 3 日以内に発送ないし厳修

　返品・キャンセル　お守りの発送・ご祈祷の厳修前のキャンセルは承りますが、お守りの発送・ご祈祷の厳修後の返品・キャンセルには応じかねます。

---

② 　前払い式通信販売において、代金を受領した場合には、領収書面などの交付が必要です。

③ 　広告では、事実と相違して、実際よりも著しく優良または消費者に有利であると誤認させるような虚偽や誇大な表示をしてはいけません（誇大広告の禁止）。

④ 　消費者の意に反する申込みの受付はしてはなりません。たとえば、送付すると契約の申込みとなる葉書等の書類は、消費者がそのことを容易に認識できるようにわかりやすいものにする必要があります。

⑤ 　インターネット通販の場合は、そのボタンをクリックすると契約申込みになることが明確にわかるように、「注文」、「購入」、「申込み」等のわかりやすい言葉を使い、最後に申込み内容を消費者が確認し変更できるようにしなければなりません。

⑥　承諾のない電子メール広告の送信は禁じられています。

Ⅱ　リーストラブル

　リース契約とは、リース会社が利用者に代わってサプライヤー（供給者）から設備などを購入し、その使用を利用者に許し、利用者がリース会社にリース料を支払う構造の契約です。

　リースに関して社会的に問題となったケースとしては、悪質電話機リース商法があります。本来ならば、リース会社がリース契約の締結について責任を負っているところ、サプライヤーの担当者が、リース会社より、リース契約の勧誘から交渉、締結業務までを委託されている場合があります。係る場合を提携リースといいます。提携リースによってリース会社より委託を受けたサプライヤーの担当者が、零細事業者に対して、「この電話機は回線のデジタル化で使えなくなる」、「電話機を換えれば電話料金が安くなる」、「NTT から言われて電話機の入替え工事をしなければならない」などと嘘をいって欺罔したり、執拗に居座るなどして必要のないビジネスホン等の機器について、リース契約を締結させる悪徳商法を悪質電話機リース商法といいます。その他にも、ファックス、複合機、コンピュータ、ホームページ作成、セキュリティシステムなどのリース物件において同様の被害が確認されています。

　セールスマンの来訪をしばしば受ける寺院としては、悪質なリース被害にあわないように注意すべきです。実際に、長引く不景気でリース契約が激減するなど業界全体の売り上げが低迷し、景気に左右されない寺社に狙いを定めて営業をかける販売業者が増えていて、寺社にリース被害が急増しているとの報道がなされています（平成23年7月 MSN 産経ニュース）。

　悪質なリース被害に対しては、以下のような対応が考えられます。

①　詐欺（民法96条1項）

　　サプライヤーによる事実と異なる勧誘が欺罔行為に該当するとして、リース契約を詐欺に基づいて取り消します。

②　錯誤（民法95条）

　　サプライヤーによる事実と異なる説明によって、その説明が真実であ

第4章　日常業務関連書式

ると信じたことが錯誤であるとして、無効を主張します。

③　不法行為（民法709条）

　　ユーザーに不必要なリース物件を対象としたリース契約を締結させたことが不法行為に該当するとして、サプライヤーやリース会社に対して、リース料総額相当額についての損害賠償請求を検討できます。

④　クーリング・オフ（特定商取引法9条）

　　「営業のために若しくは営業として」契約を締結したときは、特定商取引法が適用されません（特定商取引法26条1項1号）。しかしながら、消費者庁と経済産業省が出している「平成24年版　特定商取引に関する法律の解説」においては、特定商取引法26条1項1号について、「本号の趣旨は、契約の目的・内容が営業のためのものである場合に本法が適用されないという趣旨であって、契約の相手方の属性が事業者や法人である場合を一律に適用除外とするものではない。例えば、一見事業者名で契約を行っていても、購入商品や役務が、事業用というよりも主として個人用・家庭用に使用するためのものであった場合は、原則として本法は適用される。特に実質的に廃業していたり、事業実態が殆どない零細事業者の場合には本法が適用される可能性が高い」と記述されています。

　　したがって、購入商品や役務が、事業用というよりも主として個人用・家庭用に使用するためのものであった場合、特定商取引法に基づくクーリング・オフが行使可能となります。

　　しかしながら、上記の主張をするとしても、①欺罔文言があったかどうかの立証が必要となる、②リース契約は、あくまでリース会社と利用者との契約であり、サプライヤーの担当者は、第三者にすぎず、リース会社がサプライヤーの行為を知悉していたことの立証ができない限り、リース契約の詐欺取消は困難であること（民法96条2項）、③事業用・個人用が混在している場合など、主として個人用・家庭用に使用しているとの立証が困難を伴います。リーストラブルにあったときは、弁護士に相談しながら対応していった方がいいでしょう。

　　なお、クーリングオフの行使にあたっては、以下の事項を記載した書

116

面あるいは葉書を販売会社あてに送る必要があります。【書式4-2】を参考にしてください。

- ・販売会社の住所
- ・販売会社の名称
- ・代表者氏名
- ・日　付
- ・自分の住所
- ・自分の氏名
- ・タイトル（通知書）
- ・契約日
- ・商品名
- ・商品の個数
- ・契約金額
- ・クーリングオフする旨

【書式4-2】　クーリングオフ

通知書

○○県○○市▽―△―△
○○○株式会社　代表取締役○○○○殿

平成○○年○○月○○日

○○県○○市△―△―△
購入者　○○○○

平成○○年○○月○○日に貴社の販売員○○○○と締結した（商品名）を○個購入する契約を、特定商取引に関する法律第9条に基づいて解除します。契約によって支払った金額○○円を返金し、商品をお引き取りください。

117

第4章　日常業務関連書式

Ⅲ　土地賃貸借契約

1　はじめに

　寺院は、一般に、他の法人よりも歴史的経緯から多くの不動産を所有している場合が多い。では、不動産を有効に活用している寺院はどれくらいあるのでしょうか。地代や家賃をきちんととることについて、寺院が「がつがつするのははしたない」との意識をもっている住職も多いようです。その結果、一般の法人と比べて相場に見合った正当な地代や家賃をとっていない場合がまま見受けられます。たとえば、都心の一等地にある借地であるにもかかわらず、昭和20、30年代の借地権設定以来、地代を増額せず、約200㎡の借地の地代が全体（1㎡あたりではありません）で月千円台にすぎないということがありました（もちろん、更新料もとっていませんでした）。しかし、そもそも、どうして、寺院が多くの不動産を所有するに至ったのでしょうか。それは、檀信徒が、不動産を有効活用して御仏の教えを広める一助にしてほしいために寄進したからです。がつがつするからとか、はしたないからとかいう意識で正当な地代や家賃をとらずに不動産から正当な収益を上げないことは、不動産を寄進した檀信徒の思いに背くことになります。また、法的な観点からいいますと、所有する不動産から本来得られるべき正当な収益を上げないことは、代表役員・責任役員の善管注意義務（民法644条）に背くことになり、場合によっては、寺院に対して損害賠償責任を負うことになりかねません。

　それゆえ、寺院が保有する不動産を有効活用することは、寺院を預かる代表役員・責任役員の責務なのです。

2　契約書

　上記のような実情ですので、寺院が土地を貸している場合、契約書を作成していないか、あるいは作成しているとしても簡易な文房具屋で売っているような契約書を使用している場合が多く見受けられます。従来であればそのような運用でも問題なかったのでしょうが、今後のことを考えた場合は、細

118

Ⅲ 土地賃貸借契約

則を定めた契約書を作成しておく必要があります。

契約は、方式の自由がありますので、契約書がどのような紙にどのような字体でどのような体裁で作成しようがそれは当事者の自由です（契約書は、紙のサイズがＡ４、字体は明朝体もしくはゴシック体、横書きで左側を綴じるのが一般的です）。

しかしながら、契約書が一般的な形式を満たしていない場合、当該契約書の成立の真正や後で錯誤無効や公序良俗違反を主張される等、余計な紛争が惹起されかねませんので、契約書の一般的な形式（＝お作法）は押さえておく必要があります。契約書のお作法について、国土交通省が公表している賃貸住宅標準契約書をベースに解説していきます。解説ポイントは※印で表示しています。なお、ここでは、あくまで形式面について最低限知っておくべきことを解説しますので、契約の中身については原則として解説をしないこと、実際の賃貸住宅標準契約書を一部省略ないしは改変していることをあらかじめお断りしておきます。

【書式４-３】 住宅賃貸借契約書

印　紙[※1]

住宅賃貸借契約書[※2]

[※3]宗教法人○○寺を貸主とし、○○を借主とし、○○県○○市○○所在の○○アパート201号室の賃貸借について以下のとおり合意したので本契約書を締結する。

（契約の締結）[※4]
第１条　貸主（以下「甲」という。[※5]）及び借主（以下「乙」という。）は、以下に記載する賃貸借の目的物（以下「本物件」という。）について、以下の条項により賃貸借契約（以下「本契約」という。）を締結した。
記

　　1　建物名称
　　2　建物所在
　　2　種類
　　3　構造
　　4　床面

（契約期間及び更新）

119

第4章　日常業務関連書式

第2条　契約期間は、以下のとおりとする。
記
　　　○○○○年○月○日から○○○○年○月○日まで
2　甲及び乙は、協議の上、本契約を更新することができる。
　（使用目的）
第3条　乙は、居住のみを目的として本物件を使用しなければならない。
　（賃　料）
第4条　賃料は、1か月金○万円とし、乙は毎月末日までにその翌月分を甲の指定する
　銀行口座に振り込んで支払うものとする。
3　甲及び乙は、次の各号の一に該当する場合には、協議の上、賃料を改定することが
　できる。
　　一　土地又は建物に対する租税その他の負担の増減により賃料が不相当となった場合
　　二　土地又は建物の価格の上昇又は低下その他の経済事情の変動により賃料が不相当
　　　となった場合
　　三　近傍同種の建物の賃料に比較して賃料が不相当となった場合
　（共益費）
第5条　乙は、階段、廊下等の共用部分の維持管理に必要な光熱費、上下水道使用料、
　清掃費等（以下この条において「維持管理費」という。）に充てるため、共益費を甲
　に支払うものとする。
2　前項の共益費は、1か月金○万円とし、乙は毎月末日までにその翌月分を甲の指定
　する銀行口座に振り込んで支払うものとする。
3　1か月に満たない期間の共益費は、1か月を30日として日割計算した額とする。
4　甲及び乙は、維持管理費の増減により共益費が不相当となったときは、協議の上、
　共益費を改定することができる。
　（敷金）
第6条　乙は甲に対し敷金として金○万円を本契約成立時に甲に預け入れる。
2　乙は、本物件を明け渡すまでの間、敷金をもって賃料、共益費その他の債務と相殺
　をすることができない。
3　甲は、本物件の明渡しがあったときは、遅滞なく、敷金の全額を無利息で乙に返還
　しなければならない。ただし、甲は、本物件の明渡し時に、賃料の滞納、第14条に規
　定する原状回復に要する費用の未払いその他の本契約から生じる乙の債務の不履行が
　存在する場合には、当該債務の額を敷金から差し引くことができる。
4　前項ただし書の場合には、甲は、敷金から差し引く債務の額の内訳を乙に明示しな
　ければならない。
　（反社会的勢力の排除）[6]
第7条　甲及び乙は、それぞれ相手方に対し、次の各号の事項を確約する。
　　一　自らが、暴力団、暴力団関係企業、総会屋若しくはこれらに準ずる者又はその構
　　　成員（以下総称して「反社会的勢力」という。）ではないこと。
　　二　自らの役員（業務を執行する社員、取締役、執行役又はこれらに準ずる者をい
　　　う）が反社会的勢力ではないこと。
　　三　反社会的勢力に自己の名義を利用させ、この契約を締結するものでないこと。
　　四　自ら又は第三者を利用して、次の行為をしないこと。

ア　相手方に対する脅迫的な言動又は暴力を用いる行為
イ　偽計又は威力を用いて相手方の業務を妨害し、又は信用を毀損する行為
（禁止又は制限される行為）
第8条　乙は、甲の書面による承諾を得ることなく、本物件の全部又は一部につき、賃借権を譲渡し、又は転貸してはならない。
2　乙は、甲の書面による承諾を得ることなく、本物件の増築、改築、移転、改造若しくは模様替又は本物件の敷地内における工作物の設置を行ってはならない。
3　乙は、本物件の使用に当たり、別表第1（省略）に掲げる行為を行ってはならない。
4　乙は、本物件の使用に当たり、甲の書面による承諾を得ることなく、別表（省略）※7に掲げる行為を行ってはならない。
5　乙は、本物件の使用に当たり、別表（省略）に掲げる行為を行う場合には、甲に通知しなければならない。
（契約期間中の修繕）
第9条　甲は、乙が本物件を使用するために必要な修繕を行わなければならない。この場合において、乙の故意又は過失により必要となった修繕に要する費用は、乙が負担しなければならない。
2　前項の規定に基づき甲が修繕を行う場合は、甲は、あらかじめ、その旨を乙に通知しなければならない。この場合において、乙は、正当な理由がある場合を除き、当該修繕の実施を拒否することができない。
3　乙は、甲の承諾を得ることなく、別表（省略）に掲げる修繕を自らの負担において行うことができる。
（契約の解除）
第10条　甲は、乙が次に掲げる義務に違反した場合において、甲が相当の期間を定めて当該義務の履行を催告したにもかかわらず、その期間内に当該義務が履行されないときは、本契約を解除することができる。
一　第4条第1項に規定する賃料支払義務
二　第5条第2項に規定する共益費支払義務
三　前条第1項後段に規定する費用負担義務
2　甲は、乙が次に掲げる義務に違反した場合において、甲が相当の期間を定めて当該義務の履行を催告したにもかかわらず、その期間内に当該義務が履行されずに当該義務違反により本契約を継続することが困難であると認められるに至ったときは、本契約を解除することができる。
一　第3条に規定する本物件の使用目的遵守義務
二　第8条各項に規定する義務（同条第3項に規定する義務のうち、別表第1第六号から第八号に掲げる行為に係るものを除く。）
三　その他本契約書に規定する乙の義務
3　甲又は乙の一方について、次のいずれかに該当した場合には、その相手方は、何らの催告も要せずして、本契約を解除することができる。
一　第7条各号の確約に反する事実が判明した場合
二　契約締結後に自ら又は役員が反社会的勢力に該当した場合
4　甲は、乙が別表（省略）に掲げる行為を行った場合は、何らの催告も要せずして、

第4章　日常業務関連書式

本契約を解除することができる。

（乙からの解約）

第11条　乙は、甲に対して少なくとも30日前に解約の申入れを行うことにより、本契約を解約することができる。

2　前項の規定にかかわらず、乙は、解約申入れの日から30日分の賃料（本契約の解約後の賃料相当額を含む。）を甲に支払うことにより、解約申入れの日から起算して30日を経過する日までの間、随時に本契約を解約することができる。

（契約の消滅）

第12条　本契約は、天災、地変、火災その他甲乙双方の責めに帰さない事由により、本物件が滅失した場合、当然に消滅する。

（明渡し）

第13条　乙は、本契約が終了する日までに（第10条の規定に基づき本契約が解除された場合にあっては、直ちに）、本物件を明け渡さなければならない。

2　乙は、前項の明渡しをするときには、明渡し日を事前に甲に通知しなければならない。

（明渡し時の原状回復）

第14条　乙は、通常の使用に伴い生じた本物件の損耗を除き、本物件を原状回復しなければならない。

2　甲及び乙は、本物件の明渡し時において、契約時に特約を定めた場合は当該特約を含め、別表（省略）の規定に基づき乙が行う原状回復の内容及び方法について協議するものとする。

（立入り）

第15条　甲は、本物件の防火、本物件の構造の保全その他の本物件の管理上特に必要があるときは、あらかじめ乙の承諾を得て、本物件内に立ち入ることができる。

2　乙は、正当な理由がある場合を除き、前項の規定に基づく甲の立入りを拒否することはできない。

3　本契約終了後において本物件を賃借しようとする者又は本物件を譲り受けようとする者が下見をするときは、甲及び下見をする者は、あらかじめ乙の承諾を得て、本物件内に立ち入ることができる。

4　甲は、火災による延焼を防止する必要がある場合その他の緊急の必要がある場合においては、あらかじめ乙の承諾を得ることなく、本物件内に立ち入ることができる。この場合において、甲は、乙の不在時に立ち入ったときは、立入り後その旨を乙に通知しなければならない。

（連帯保証人）

第16条　連帯保証人（以下「丙」という。）は、乙と連帯して、本契約から生じる乙の債務を負担するものとする。

（協議）

第17条　甲及び乙は、本契約書に定めがない事項及び本契約書の条項の解釈について疑義が生じた場合は、民法その他の法令及び慣行に従い、誠意をもって協議し、解決するものとする。

（特約条項）[※8]

第18条　第17条までの規定以外に、本契約の特約については、下記のとおりとする。

122

Ⅲ　土地賃貸借契約

　下記貸主（甲）と借主（乙）は、本物件について上記のとおり賃貸借契約を締結したことを証するため、本契約書2通を作成し、甲乙記名押印の上、各自その1通を保有する。[9]

　　　　　　　　　　　　　　　　　　　○○○○年○月○日[10]
　　　　　　　　　　　　　　甲　○○県○○市○○
　　　　　　　　　宗教法人「○○寺」代表役員○○○○[11]　㊞[12]
　　　　　　　　　　　　　　乙　○○県○○市○○
　　　　　　　　　　　　　　　　○○[11]　㊞[12]

（注1）　印紙税法によって、契約書や領収書等に所定の印紙を貼って印紙税を納付しなければならないことになっています。印紙税を納付しなければならない文書は以下の要件を満たしたものに限られます。
　　　①　印紙税法別表第一（課税物件表）に掲げられている20種類の文書により証明されるべき事項（課税事項）が記載されていること
　　　②　当事者の間において課税事項を証明する目的で作成された文書であること
　　　③　印紙税法第5条（非課税文書）の規定により印紙税を課税しないこととされている非課税文書でないこと
　　　印紙税の納付は、作成した課税対象文書に所定の額面の収入印紙を貼り付け、印章または署名で消印することによって行います。印紙税は契約の成立・効力とは関係ありませんが、納税を怠ると納付しなかった印紙税の額とその2倍に相当する金額との合計額、すなわち当初に納付すべき印紙税の額の3倍に相当する過怠税が徴収されてしまいますのでご注意ください。
（注2）　契約書の冒頭にはタイトルを記載します。「動産売買契約書」、「建築請負契約書」などのように、契約の内容を端的に言い表したタイトルが一般的です。「覚書」、「合意書」といったタイトルが用いられることがありますが、法的効力は、「契約書」と全く変わりません。「覚書」、「合意書」は、内容が比較的簡便な契約に用いられるケースが多いようです。
（注3）　前文は、契約書の内容をわかりやすくするために契約書の冒頭に設けられます。
（注4）　条文見出しがなくとも、契約書の効力に影響しませんが、契約書をわかりやすくするためには、条文見出しを記載しておくべきです。条文見出しは、条文の内容を一目見ただけで理解できるような簡潔なものにします。ただし、後で契約の効力を争われないように、条文の内容と見出しが矛盾しないように注意を払う必要があります。
（注5）　契約書に当事者を一々表記すると、冗長ですので、一般的には、当事者名を冒頭に出した後は、以下は、「甲」・「乙」、「Ｘ」・「Ｙ」、「売主」・「買主」というように当事者を略記するのが一般的です。
（注6）　平成23年10月1日以降、すべての都道府県で暴力団排除条例が施行されました。この条例は、都道府県によって若干の違いはあるものの、契約締結の際に事業者に暴力団排除条項を盛り込むべきことを規定しています。暴力団排除条項は、相手方が暴力団と関係することがわかったら催告なく契約を解除できる内容の条項です。

123

第4章　日常業務関連書式

　　たとえば、東京都暴力団排除条例は、以下のとおり規定しています。
　（事業者の契約時における措置）
　第18条　事業者は、その行う事業に係る契約が暴力団の活動を助長し、又は暴力団
　　の運営に資することとなる疑いがあると認める場合には、当該事業に係る契約の
　　相手方、代理又は媒介をする者その他の関係者が暴力団関係者でないことを確認
　　するよう努めるものとする。
　2　事業者は、その行う事業に係る契約を書面により締結する場合には、次に掲げ
　　る内容の特約を契約書その他の書面に定めるよう努めるものとする。
　　一　当該事業に係る契約の相手方又は代理若しくは媒介をする者が暴力団関係者
　　　であることが判明した場合には、当該事業者は催告することなく当該事業に係
　　　る契約を解除することができること。
　（以下略）
　　現在では、暴力団に限られず、反社会的勢力全般を排除するような規定が設けら
　れているのが一般的です。
（注7）　契約の細かい事項や契約の対象物件等については、条文に直接には規定せず、別
　　表（別紙）が用いられるのが一般的です。
（注8）　契約で特に約束しておきたい事項（特約）は、契約書の最後に特約条項を用いる
　　ことが一般的です。特約を契約の最後に規定しておくことで、特約は目立ち、当事
　　者は特約を念頭においた契約の履行を行うことが期待できます。
（注9）　契約書の締めくくりに後文が設けられるのが一般的です。
（注10）　時々、日付が空欄となっている契約書をみかけますが、日付が空欄になっている
　　と、契約の始期がいつなのか、時効の起算点がいつか不明確となって後で紛争とな
　　りかねませんので、日付は必ず記入しましょう。
　　　債権の消滅時効は、権利を行使することができる時から10年が原則です（民法
　　167条1項）が、商取引によって生じた債権（商事債権）の消滅時効は原則5年
　　（商法522条）となります。その他に、権利関係を迅速に確定するために、より短い
　　期間で時効が成立する短期消滅時効が設けられている場合がありますので、ご注意
　　ください。たとえば、工事の請負代金債権は3年、労働者の給料債権は2年となり
　　ます。短期消滅時効は、民法169条以下に規定されています（その他、商法や労働
　　基準法、手形法、地方自治法にも規定があります）。
　　※改正民法166条では、債権者が権利を行使できる時（客観的起算点）から10年が
　　　経過したときに加えて、債権者が権利を行使することができることを知った時
　　　（主観的起算点）から5年が経過したときも、債権は時効によって消滅するとい
　　　う形に消滅時効の規律を原則的に統一しましたので、ご注意ください。
（注11）　署名とは、自筆のサインのことをいい、記名とは、自署以外の方法で氏名を記載
　　すること（他人による代筆、ゴム印を押したもの、ワープロで印刷する場合）で
　　す。商法32条は、「この法律の規定により署名すべき場合には、記名押印をもって、
　　署名に代えることができる」と規定しており、契約の当事者を表すにあたっては、
　　代表者の署名までは必要なく、記名と押印で事足ります（実際、法人が主体となる
　　契約では、ほとんどの場合、記名押印で作成されています）。

124

Ⅲ　土地賃貸借契約

　　法人とは、法が一定の目的のために特別に創設した人であり、行為を行うために
は誰かが法人を代表しなければなりません（自然人なくして法人単独の行為は考え
られません。諸説ありますが、法人というのは、あくまで一定の目的のために便宜
的に設けられた制度にすぎません）。そのため、法人の代わりに、法人の誰かが契
約書に署名押印もしくは記名押印しなければなりません。

　　宗教法人法18条３項は、「代表役員は、宗教法人を代表し、その事務を総理する」
と規定しており、宗教法人を代表して法律行為を行うのは、代表役員です。そのた
め、宗教法人が当事者となる契約書の場合、当該代表役員が法人を代表して契約を
していることを示すために、「宗教法人「○○寺」代表役員○○」と署名もしくは
記名しなければなりません。なお、時々契約書に「宗教法人「○○寺」住職○○」
と署名もしくは記名がなされているものがありますが、住職とは、あくまで宗教上
の地位を表す肩書きですので、このように記載されていると、宗教法人ではなく住
職個人の契約としてみなされかねませんので、宗教法人が契約をする際は、必ず代
表役員の肩書きを用いましょう。

(注12)　署名だけであっても、それが本人のものであれば、文書の成立の真正が推定され
ます（民事訴訟法228条４項）。しかしながら、署名が本人が書いたものであるか争
われたときは、筆跡鑑定が必要となるなど、面倒な事態になります。押印の場合、
それが実印であったときは、印鑑証明書の添付がなされていれば、前述の二段の推
定によって、文書の成立の真正が推定されます。

　　ですので、契約書には、たとえ署名があったとしても、必ず押印をしておくべき
です（不動産売買などの重要な契約の場合は、実印の押印および印鑑証明書の添付
を求めましょう）。

　　以上述べたとおり、署名ないしは記名の横に押印するのは当然ですが、印鑑に
は、以下に述べるように、それ以外の用法があります。

①　契　印

　　差し替え等を防止するために２枚以上の文書が一体であることを担保
する印のことを契印といいます（〈図表１〉）。

　　契印には、各頁に押印する方法と、複数の契約書用紙を契印テープで
綴じてそのテープの上に押印する方法があります。

②　割　印

　　割印とは、２つの文書が同一であること、または関連することを示す
ため、２つの独立した文書にまたがって押される印のことをいいます
（〈図表２〉）。

③　訂正印

　　訂正権限のある者の訂正であることを示すため、文書を訂正した際に

125

押される印のことをいいます（〈図表3〉）。
④ 捨　印
　　後日、訂正を可能にするためにあらかじめ欄外に押される印のことをいいます。悪用がなされる可能性があるため、安易に用いてはいけません（〈図表4〉）。
⑤ 消　印
　　印紙を再利用できないようにするため、印紙と紙にまたがって押す印のことをいいます。当事者双方が押す必要はなく、当事者の一方が押すことで十分です（〈図表5〉）。

〈図4-1〉　契　印

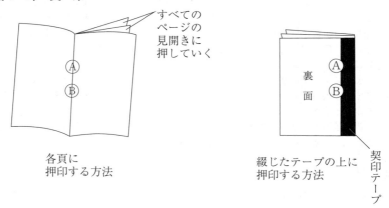

各頁に押印する方法　　　綴じたテープの上に押印する方法

〈図4-2〉　割　印

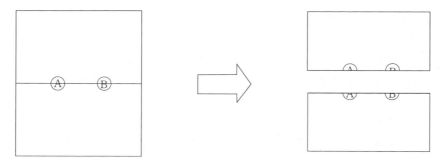

Ⅲ　土地賃貸借契約

〈図4-3〉　訂正印

〈図4-4〉　捨　印

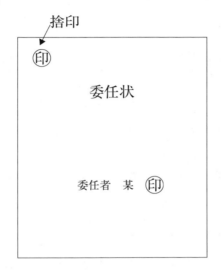

〈図4-5〉　消　印

イラスト：花野信子『ビジネス契約書の基本知識と実務〔第2版〕』（民事法研究会）より引用。

【書式4-4】　土地賃貸借契約

土地賃貸借契約

第4章　日常業務関連書式

　宗教法人　　　　　　（以下甲という）と賃借人　　　　　　　　（以下乙という）は、甲所有の別紙物件目録(I)記載の土地（以下単に本件土地という）の賃借に関し、次のとおり契約する。

　（目的）
第1条　甲は、本件土地を乙に貸し渡し、乙は、これを借り受け、甲に地代を支払うことを約する。
　（使用目的）
第2条　乙は、本件土地上に、別紙物件目録(II)記載の非堅固建物（以下単に本件建物という）を所有することができる。
　（期間）
第3条　この契約の期間は、　　　　年　　月　　日から、　　　　年　　月　　日までの満30年とする。
　2　期間満了のとき、本件建物が存在するときは、乙は甲に対し更に20年間契約期間の更新を申し出ることができる。この場合、乙は甲に対し第12条2項の更新料を支払わなければならない。
　3　前項の場合においても、甲が本件土地を自ら使用する必要あるときは、乙の契約期間更新の申出を拒絶することができる。ただし、甲は建物に相当する金額をもって、本件建物を買い取らなければならない。
　（地代等）
第4条　地代は、1カ月あたり金　　　　　　円とし、乙は甲に対し、毎月末日限り、翌月分地代を甲または甲の指定する者に、持参または送金して支払う。
　（譲渡転貸等）
第5条　乙が本件賃借権を譲渡し、または本件土地を転貸するとき、その他名目如何を問わず、事実上これらと同様の結果を生ずる行為をするときは、乙は第12条3項の名義書替料又はこれに相当する金員を支払って、事前に甲の書面による承諾を得なければならない。
　2　乙は、前項の承諾を受けるとき、第12条4項の補正更新料を支払って、承諾のときからさらに契約期間を20年間に延長することができる。
　（増改築等）
第6条　乙が本件建物を改築または増築しようとするときは、事前に第12条5項の承諾料を支払って、甲の書面による承諾を得なければならない。
　（抵当権の設定）
第7条　乙が本件建物に抵当権を設定しようとするときは、乙は事前に甲の書面による承諾を得なければならない。ただし、甲は金融機関等に対して法的義務を負わないものとする。
　（契約解除）
第8条　乙が次の場合の一つに該当したときは、甲は催告をしないで直ちに本契約を解除することができる。
　1　3カ月分以上の賃料の支払いを怠ったとき
　2　賃料の支払いをしばしば遅延し、その遅延が本契約における甲と乙との間の信頼関係を破壊するに至ったと認められるとき

Ⅲ　土地賃貸借契約

　3　乙が、第5条、第6条の規定に違反したとき
　4　その他本契約に違反したとき
（契約の失効等）
第9条　天変地異、公用徴収等、甲及び乙のいずれの責任にも帰さない事由により本件土地が使用できなくなったときは、本契約は失効する。
　2　前項の場合には、甲及び乙は相互に、損害賠償の請求をしない。
（近隣との関係）
第10条　乙は、本件土地及び本件建物を使用するにあたり、近隣との協調を保ち、他に騒音、排気ガス等により、迷惑をかけないようにしなければならない。
（契約終了後の措置）
第11条　本契約が終了したときは、乙は直ちに本件土地を原状に復した上で甲に返還しなければならない。
　2　乙が本件土地を原状に復さないときは、甲は乙の費用において、本件土地を原状に復することができる。
　3　乙が契約終了後、なお本件土地を使用するなどして占有を解かないときは、その日数に対し、第4条に定める地代の3倍額に相当する損害金を、甲に対し支払わなければならない。
　4　乙は本件土地の明渡しに際し、甲に対し明渡料その他何らの名目をもってしても金銭上の請求をしない。
（更新料等）
第12条　更新料等は、固定資産税の評価額の8割を更地価格とし、更地価格の7割を借地権価格として次のとおり算定する。
　2　更新料は、借地権価格の1割とする。
　3　名義書替料は、借地権価格の1割とする。
　4　補正更新料は、契約年数から残存年数を差し引き、これを契約年数で除した数字に第2項の更新料を乗じた金額とする。
　5　承諾料は、借地権価格の1割を上限として、承諾により得られる乙の利益に従って、甲及び乙で協議して定める。
（賃料の改定）
第13条　本契約期間中であっても、物価の変動、公租公課その他の経費の増加、近隣の賃料の変動に基づく事情により、当該賃料が甲において不相当と認められるに至ったときは、甲はこれを改定することができる。
（公租公課）
第14条　本件土地の公租公課は甲が負担する。
（乙の借地権取得原因）
第15条　乙の借地権は、従来の借地権者　　　　が　　　　年　　月　　日に甲と契約して取得した借地権、　　　　年　　月　　日に乙が同人から　　　　によって取得したものであり、この名義変更を甲が認めたものである。
（その他規定外事項）
第16条　甲及び乙は、誠実に本契約を履行するものとし、本契約に定めのない事項が生じたときや、本契約各条項の解釈について疑義を生じたときは、関係法規ならびに慣習に従い、相互に誠意をもって協議解決する。

129

第4章　日常業務関連書式

　以上のとおり契約したので、本書2通を作成し、甲乙各記名押印の上、各1通これを保有する。

物　件　目　録　（Ⅰ）

所　在　　〇〇県〇〇市〇〇
地　番　　〇〇番
地　目　　宅　地
地　積　　〇〇〇．〇〇㎡の内〇〇．〇〇㎡

物　件　目　録　（Ⅱ）

所　在　　〇〇県〇〇市〇〇　〇丁目〇〇番地
家屋番号　〇〇番〇
種　類　　居宅
構　造　　木造鉄板葺2階建
床面積　　1階　〇〇．〇〇㎡
　　　　　2階　〇〇．〇〇㎡
登記名義人　乙

3　借　地

(1)　借地とは

　借地とは、借地権が成立している土地のことをいいます。借地権とは、建物の所有を目的とする地上権または土地の賃借権のことをいいます（借地借家法2条1号）。地上権とは、他人の土地において工作物または竹木を所有するためにその土地を使用する権利のことをいいます（民法265条）。賃借権は、賃貸人が賃借人に対してある物の使用および収益をさせることを約束し、賃借人がその対価として賃料を支払うことを約束することで成立する賃貸借契約上の賃借人の権利のことをいいます（民法601条）。地上権は、物権（すべての人に対して主張することができる権利）、賃借権は、債権（契約関係等にある特定の人にのみ主張することができる権利）ですが、借地借家法10条1項は、「借地権は、その登記がなくても、土地の上に借地権者が登記されている建物を所有するときは、これをもって第三者に対抗することができる」としているため、借地権が賃借権の場合であったとしても、建物登記があれ

ば、第三者にその権利を主張することができる以上、地上権の場合と大差ありません。ただし、地上権の場合は、その譲渡や転貸が特約で制限しない限り、自由であるのに対し、賃借権の場合は、譲渡や転貸を行うには賃貸人の承諾が必要となることが一番大きな違いとなります。

借地権は、一旦成立すると所有権（底地）よりも権利が強くなるため、それに対する補償の意味合いで借地契約成立時に権利金の授受がなされるのが通常です。国税庁の発表している路線価図では、借地権割合が記載されています（地域によって更地価格の３割から９割と異なります）ので、借地権割合を参考にして権利金の額が決められる場合が多いようです（たとえば、借地権割合が６割の場合は、更地価格の６割の金額を権利金の額とします）。

借地借家法は、以前からあった借地法および借家法を廃止して平成４年８月１日から施行されていますが、それ以前に成立した借地権を借地法が適用される旧借地権とよび、それ以後に成立した借地権を借地借家法が適用される新借地権とよびます。

旧借地権と新借地権の相違点は、主に、存続期間と建物が朽廃したときの扱いです。存続期間および朽廃については後述します。以下では、特に断りのない限り、借地権が新借地権であることを前提として説明していきます。

(2) 地 代

地代は、土地を賃貸する側にとって最も重大な関心がある事柄ではないかと思います。地代は、いくらくらいの金額が適正な金額なのでしょうか。何が適正な地代かを決めるにあたっては、最終的には不動産鑑定によることになりますが、実務上は、年間地代が、年間に支払う固定資産税と都市計画税の合計額の何倍にあたるかを１つの尺度としています。住宅地の場合は、固定資産税と都市計画税の年間の合計額の３倍〜５倍が適正な地代であるとされており、商業地の場合は、固定資産税と都市計画税の年間の合計額の５倍から８倍が適正な地代であるとされています。

ただし、宗教法人の場合は、地代に関して税務の観点から注意すべきことがあります。土地の貸付は、不動産貸付業にあたり、法人税が課されますが、法人税法施行規則４条は、主として住宅の用に供される土地の貸付業で、その貸付の対価の額（その敷地の経常的な地代のことをいい、名義書換料、

131

更新料、条件変更料等を除きます（法人税法基本通達15―1―21））のうち、当該事業年度の貸付期間に係る収入金額の合計額が、当該貸付に係る土地に課される固定資産税額および都市計画税額で当該貸付期間に係るものの3倍以下であるものは、収益事業である不動産貸付業に該当しないこととしています。

　上記にいう「主として住宅の用に供される」とは、それぞれの貸付ごとに以下の条件をすべて満たすものをいいます。

　①　貸し付けた土地の上にある建物が、その床面積の2分の1以上が居住の用（アパートなどの貸家住宅の用を含み、別荘の用を除きます）に供されていること

　②　その敷地の面積が①の建物の床面積の10倍以下であること

　このように、貸し付けている土地が主として住宅の用に供されている場合、年間地代が固定資産税と都市計画税の年間の合計額の3倍以下であるときは、借地の貸付は非収益事業となり、地代・名義書換料・更新料・条件変更料等の収入に関して法人税の納税義務はなくなります。しかしながら、年間地代が固定資産税と都市計画税の年間の合計額の3倍を超えたときは、収益事業（不動産貸付業）となり、地代・名義書換料・更新料・条件変更料等の収入に法人税が課されます。法人税の納税義務が発生してくるとなると、法人税申告のための税理士報酬や経理担当者の人件費などのコストもかかることになります。

　そのため、寺院の借地では、あえて年間地代を固定資産税と都市計画税の年間の合計額の3倍以下に抑え、その分、更新料をしっかりととるという方針をとっているところがあります。

　地代を固定資産税と都市計画税の合計額の3倍以下に抑えて非収益事業とするのか、それともそれ以上の金額をとって収益事業とするのかは、寺院の経営方針によりますので、責任役員会でよく話し合って決めてください。

　地代は、当事者の合意によって決められますが、借地契約は、法律関係が長期的、継続的であるという特色があります。時間の経過とともに、社会経済的事情（物価や租税公課の額）は変動するのであって、一度約定された地代等も、社会経済的事情の変動等により不相当となることが想定されます。

そこで、借地借家法11条は、地主・借地権者双方に地代の増減額請求権を認めています。

なお、寺院の借地の中には、契約書もなく、年間地代が固定資産税と都市計画税の年間合計額以下というケースがあります。その場合、賃貸借ではなく、使用貸借（対価をとらずに貸すこと）となり、借地借家法が適用されず（＝借地権が発生しない）、明け渡しが認められやすくなることがあります（最判昭和41・10・27判時464号32頁、東京地判平成9・1・30判時16212号92頁参照）。そのような借地があったときは、一度弁護士等の専門家に相談して善後策（契約書を作り地代増額請求をして借地借家法の適用される借地として取り扱っていくのか、明け渡しを求めるのか等）を検討した方がいいでしょう。

(3) 借地権の存続期間

借地権の存続期間は、30年となります（借地借家法3条）。特約で30年よりも長い期間を定めることはできますが、30年よりも短い期間を定めたとしても、存続期間は30年となります（借地借家法9条、強行規定）。当事者が借地契約を更新するにあたって、更新後の借地権存続期間は、1回目の更新の場合は20年、2回目の更新以降の借地権存続期間は10年となります（借地借家法4条）。更新後の借地権存続期間の規定も強行規定です。

旧借地権の存続期間は、契約に定めのないときは、堅固建物（石造、土造、レンガ造、コンクリート造、ブロック造等）の場合は60年、非堅固建物（木造等）の場合は30年となります（借地法2条1項）。契約に定めのあるときは、堅固建物は30年、非堅固建物の場合は20年となります（借地法2条2項）。この規定は強行規定であり、存続期間をそれ以下と定めたときは、堅固建物は60年、非堅固建物は30年の存続期間となります。当事者が借地契約を更新するにあたって、更新後の借地権存続期間は、堅固建物については30年、非堅固建物については20年となります（借地法5条1項）。

(4) 更新時における対応

借地権の存続期間が終了するときが、借地契約が更新される時期になります。借地権の更新時においては、借地権者に立ち退いてもらう方向で動くのか、借地権者に引き続き土地を借りてもらう方向で動くのかによって方針が異なります。

133

第4章　日常業務関連書式

(A)　借地権者に立ち退いてもらう場合

　当事者間であらかじめ更新の合意があるときは、更新がなされます（この更新のことを合意更新といいます）。この場合は、合意がある以上、借地権者に立ち退いてもらうことはできません。

　更新の合意がない場合において、借地上建物がある場合に借地権者の更新請求に対して借地権設定者（地主）が遅滞なく異議を述べなかったとき（借地借家法5条1項）、（更新請求がなかったとしても）借地上建物がある場合において借地権者の土地継続使用に対して借地権設定者（地主）が遅滞なく異議を述べないとき（借地借家法5条2項）は、契約は更新されます。異議は、記録が残るように配達証明付内容証明郵便で送ります。

　遅滞なくとは、「遅滞なく」というのがどれくらいの期間を指すのかについて明確な基準はなく、裁判例においても、ケースバイケースで判断されています。異議が3カ月以内ならば遅滞ではないと解説する文献もありますが、裁判所がどう判断するかは明確ではなく、なるべく早くするにこしたことがないでしょう。

【書式4-5】　期間満了後の土地使用継続に対する異議

　　　　　　　　　　　　　　　　　　　　　　　　○○○○年○月○日
　○○県○○市○○
　○○　殿

　　　　　　　　　　　　　　　　　　　　　　　○○県○○市○○
　　　　　　　　　　　　　　　　　　　　　　　宗教法人「○○寺」
　　　　　　　　　　　　　　　　　　　　　　　　代表役員　　○○

　　　　　　　　　　　　　　　　通知書
　当寺は、貴殿に対し、以下の条件で土地（以下、「本件土地」といいます。）を賃貸しておりましたが、平成○年○月○日で期間が満了して契約は終了いたしました。
(1)　契約日　　○○○○年○月○日
(2)　物件　所在　○○県○○市○○
　　　　　　　地番　○番○
　　　　　　　地目　宅地

134

Ⅲ　土地賃貸借契約

　　　　　地積　○○平方メートル
(3)　賃　　　料　1か月○○万円
(4)　支払期日　翌月分を毎月月末限り支払う
(5)　契約期間　○○○○年○月○日から○○○○年○月○日まで
　しかしながら、貴殿は、契約期間満了後も本件土地の使用を継続しています。
　当寺には本件土地を使用する必要がありますので、本書面をもって貴殿の土地
使用継続に対して異議を述べますとともに、直ちに本件土地を明け渡されますよ
う請求いたします。

　　　　　　　　　　　　　　　　　　　　　　　　　　　　　　　　　以　上

　契約期間満了により明け渡しが認められるためには、異議に正当事由がな
ければなりません（借地借家法6条）。正当事由の有無は、以下の要素を総合
的に考慮して決められます。実務では、高額な立退料を提示するなどしなけ
れば、なかなか立ち退きを認めないのが現状です。
　①　借地権設定者（地主）が土地の使用を必要とする事情
　　　地主が、借地を取り戻して土地を利用する必要性のことをいいます。
　②　賃借人が土地の使用を必要とする事情
　　　賃借人が自分の居住のため建物を利用すること、家族のために建物を
　　利用すること、土地上の建物を事業・営業のために利用することなどで
　　す。
　③　借地に関する従前の経過
　　　借地権成立から存続期間満了までの間に当事者に生じた事情（権利金
　　や更新料の授受、賃借人の利用期間、賃料の支払い状況、契約期間中の非違
　　行為等）が考慮されます。
　④　土地の利用状況
　　　建物の存否、種類・用途、構造・規模、建物の老朽化の程度、法令違
　　反の有無、賃借人の建物の利用状況等が考慮されます。
　⑤　立退料
　　　正当事由を補強するのが立退料です。金額は、不動産鑑定等をもとに
　　裁判所が決めます。都市部では高額になるケースが多いようです。
借地権の存続期間が満了した場合において、契約の更新がないときは、借

135

地権者は、借地権設定者（地主）に対し、建物その他借地権者が権原により土地に附属させた物を時価で買い取るべきことを請求することができます（借地借家法13条１項）。この借地権者の権利のことを建物買取請求権といいます。建物所有目的の土地の賃貸借契約が終了すれば賃借人は、原状回復義務の一環として建物を収去して土地を明け渡す義務を負いますが、建物を築造した賃借人に投下資本の回収を図らせ、建物の取り壊しによる社会経済上の損失を防ぐために建物買取請求権が認められています。借地権者より建物買取請求権が行使されたときは、建物の代金を地主が支払わない限り、借地権者が引き続き土地建物を使用し続けることができることにご注意ください。

(B) 借地権者に引き続き土地を借りてもらう場合

借地権者に引き続き土地を借りてもらう場合は、土地の継続使用を認めれば、契約が更新（法定更新）されるわけですから、そのまま借地権者に借地を使用させていれば、その目的は達成できます。

ただ、地代は一般的に低廉な額に抑えられている（特に寺院の場合、年間地代が、固定資産税・都市計画税の年間合計額の３倍以下に抑えられているケースが多い）ことから、地主としては、借地権者から、低額な地代の補完のために更新の際に更新料を支払ってもらうことをめざすべきです。更新料を支払ってもらうことで、更新を合意することを合意更新といいます。更新料の額は、土地の価格の３％前後とすることが多いようです。

最高裁は、借地権者に更新料を支払う義務はない（そのような事実たる慣習（民法92条）や商習慣（商法１条）はない）と判示しています（最判昭和51・10・１判時835号63頁）。しかしながら、更新料の支払いの合意はできます（更新料支払いの合意をしたのに、その合意に反してそれを支払わなかったときは、地代等不払いの場合と同様、債務不履行として借地契約を解除できます。最判昭和59・４・20民集38巻６号610頁）ので、地主としては、借地権者に対し、更新料を支払って合意更新とするよう粘り強く説得していくべきです。借地権者の方としても、更新料を支払い、地主と良好な関係を築くことで、借地権譲渡・増改築・借地契約の更新後の建物の再築等の場合に地主からの承諾を得やすい（逆にいえば、地主は、更新料を支払わない借地権者に対して、借地

権譲渡・増改築・借地契約の更新後の建物の再築を承諾することはないでしょう）というメリットがあります。合意更新の交渉の際は、このメリットを説得材料として話し合いをすることになります。

なお、【書式4-4】の契約書書式のように、あらかじめ契約書に更新料等を支払うことやその計算方式を盛り込んでおくとこのような手間を回避できます。

(5) 更新のない借地権

以上みてきたとおり、一度借地契約を結んでしまうと、正当事由のない限り、貸した土地が長期にわたって（半永久的に）返ってこないということになります。そうなると、土地を貸そうと考える地主はほとんどいなくなり、たとえ貸す場合にも半永久的に返してもらえないことを見越して、高額の権利金を要求するなどしていました。このような状態は、土地供給を阻害し、地価高騰を招く一因となるものです。そこで、借地借家法では、更新を原則とする従来の借地権の他に、更新のない借地権を創設し、当事者の選択肢を増やしました。更新のない借地権として、以下のようなものがあります。

① 定期借地権（借地借家法22条）

存続期間は50年以上で、期間満了後は更新がなく、借地権者は更地で土地を返還します。土地の利用目的に制限はなく、土地上に建てる建物が居住用建物であっても事業用建物であっても構いません。契約は、公正証書による等書面によってしなければなりません。

② 事業用定期借地権（借地借家法23条）

事業用の建物を建てるために土地を借りる場合の定期借地権です。契約の存続期間は、10年以上50年未満で、契約は、公正証書に限られます（単なる書面ではだめです）。

③ 建物譲渡特約付借地件（借地借家法24条）

契約期間が終了したら建物付きで土地を返すという約束の定期借地権です。借地権設定契約において期間を30年以上に定めるときは、その存続期間が経過した後で借地上の建物を地主が買い取る旨の合意をすることができます。この合意をすることにより、事実上、更新されることはなくなります。

137

第4章　日常業務関連書式

　なお、借地法下でも、一時使用目的の借地権の場合は、借地契約が更新し
ないものとされていました（借地借家法25条）。一時使用目的の借地権か否か
は、賃貸借成立に至る動機、経緯、契約内容、契約条項、土地の位置および
周囲の環境、建物の所有目的と規模・構造などを総合考慮して決められます
（最判昭和32・7・30民集11巻7号1386頁）。

(6)　借地契約の終了事由

　(D)では、契約期間の満了による借地契約の終了について説明しましたが、
その他にも、以下のような借地契約の終了事由があります。

(A)　合意解除

　借地権者と地主の合意により、借地契約を解除することで、借地契約を終
了させます。借地権の終了事由としては、合意解除が一番多いように思われ
ます。合意解除にあたっては、地主が、借地権者に対して立退料を支払う、
借地権と土地を等価交換するなどの処理をするのが通常です。

(B)　債務不履行解除

　借地権者が債務不履行をしたとき、地主は、借地契約を解除することがで
きます（民法541条）。借地権者の債務不履行とは、地主に無断での借地権を
譲渡（民法612条2項）、地代等の不払い、条件違反ないし用法違反（賃貸借契
約の目的が非堅固建物所有目的である場合において、借地権設定の承諾または借
地条件変更の裁判を受けないで堅固建物を建築した場合、増改築禁止特約がある
場合に借地権設定者の承諾または承諾に代わる裁判所の許可を得ないで増改築を
した場合など）があります。

【書式4-6】　地代不払の場合の解除通知

　　　　　　　　　　　　　　　　　　　　　　　　　　○○○○年○月○日

○○県○○市○○

○○　殿

　　　　　　　　　　　　　　　　　　　　　　　　　　○○県○○市○○

　　　　　　　　　　　　　　　　　　　　　　　宗教法人「○○寺」

　　　　　　　　　　　　　　　　　　　　　　　　代表役員　　○○

　　　　　　　　　　　　通知書

当寺は、貴殿に対し、以下の条件で土地（以下、「本件土地」といいます。）を賃貸しております（以下、この契約のことを「本件土地賃貸借契約」といいます。）。

(1)　契約日　〇〇〇〇年〇月〇日

(2)　物件　所在　〇〇県〇〇市〇〇

　　　　　　　地番　〇番〇

　　　　　　　地目　宅地

　　　　　　　地積　〇〇平方メートル

(3)　賃料　1か月10万円

(4)　支払期日　翌月分を毎月月末限り支払う

(5)　契約期間　〇〇〇〇年〇月〇日から〇〇〇〇年〇月〇日まで

　ところが、貴殿は、〇〇〇〇年1月分から同年10月分までの賃料合計100万円の支払いを怠っておられます。

　つきましては、本書面到達後1週間以内に上記未払賃料100万円全額を賃貸借契約書記載の銀行口座に振り込む方法によりお支払いください。

　万一、本書面到達後1週間を経過しても上記未払賃料の入金がない場合は、何らの催告なく本件土地賃貸借契約を解除します。本件土地賃貸借契約約解除後は直ちに本件土地上の建物を収去して本件土地を明け渡すようお願いします。

以　上

　ただし、賃貸借契約は継続的な契約関係であり、当事者間の信頼関係を基礎として成立していること、賃貸借契約は賃借人の生活の基盤であり、解除によって賃借人は重大な影響を受けることという特質にかんがみ、判例は、賃貸借契約（借地契約）に関して単なる債務不履行によっては解除権は発生せず、それによって契約の基礎となっている信頼関係が破壊された場合に限って解除することができるとする信頼関係破壊の法理を採用しています（最判昭和39・6・30民集18巻5号991頁等）。そのため、借地権者の債務不履行があったとしても、未だ信頼関係を破壊するに至っていないと認むべき特段の事情があるとき（債務不履行に背信性が認められないとき）は、地主が借地契約を解除することはできません。

(C)　旧借地権における建物の朽廃

　旧借地権について当事者間で有効な存続期間を定めていない場合において

第4章　日常業務関連書式

法定の存続期間中に建物が朽廃した場合には借地権が消滅します（借地法2条1項但書、5条1項後段）。朽廃とは、時の経過によって、建物の使用資材が腐朽、損傷し、全体的に観察してもはや建物としての社会的経済的効用を失ったような状態のことをいいます（最判昭和35・3・22民集14巻4号491頁）。なお、合意更新などで当事者が有効な存続期間を定めた場合は、その期間中に建物が朽廃したとしても、借地権は消滅しません。

　ちなみに、借地借家法では、朽廃という概念を採用せず、その代わりに滅失という概念を採用しています。滅失とは、朽廃のような経年の老朽化による建物焼失と火災や台風などの天変地異による建物焼失のいずれも含み、さらに、借地権者が自ら取り壊して建物がなくなることも含みます。

　借地借家法は、建物滅失の場合の取り扱いに関して、滅失が最初の契約期間内に起きたのか、更新後の契約期間内に起きたのかによって異なります。

　滅失が最初の契約期間内に起きた場合、借地権設定者（地主）の承諾の有無にかかわらず、建物の再築が可能です（借地借家法7条）。再築に地主の承諾があったときは、借地権の存続期間は、承諾があった日または建物が築造された日のいずれか早い日から20年間になります。再築に地主の承諾がないときは、借地権の存続期間の延長はされませんが、期間満了に際して法定更新（借地借家法5条）の規定は適用されますので、当初の存続期間をもって借地契約が終了するかどうかは、法定更新に関する一般原則によります。

　滅失が更新後の契約期間内に起きたときは、借地権者は、地主に対し、借地契約の解約の申入れをすることができます（借地借家法8条1項）。借地権者は、存続期間が残存期間を超えない建物の再築を行うことができますが、存続期間が残存期間を超える建物の再築は地主の承諾または地主の承諾に代わる裁判所の許可があれば可能ですが、地主の承諾または地主の承諾に代わる裁判所の許可なく借地権者が再築を行ったときは、地主は、借地契約の解約の申し入れをすることができます（借地借家法8条2項）。

(7)　借地条件の変更等

　借地では、借地権者が建物を所有して、自ら居住したり、賃貸することにより建物を活用します。借地契約は長期にわたる継続的契約ですので、借地権を譲渡したり、借地上の建物を取り壊して新築したりする場合がどうして

も出てきます。そのような場合、地主の承諾が必要ですが、承諾料等で折り合いがつかずに地主の許可を得られない場合が往々にしてあります。地主・借地権者との協議が行き詰まり、不動産の活用が止まってしまうと、社会全体にとって不利益となります。そのため、法は、借地非訟制度を設け、地主の承諾がなくとも地主の承諾に代わる裁判所の許可があれば借地条件の変更等ができるようにしています。地主の承諾に代わる裁判所の許可がなされる際は、借地権者が地主に対して金銭上の給付（承諾料）を支払うよう命じられるのが通例です。借地非訟の類型としては、以下のようなものがあります。

　なお、この点に関しても、【書式 4 - 4 】契約書式のように、承諾料等を支払うことやその計算方式を盛り込んでおくとこのような手間を回避できます。

(A)　借地条件の変更および増改築の場合（借地借家法17条）

　特約のない限り、借地権者が借地上の建物を増改築することは借地権者の自由ですが、ほとんどの借地契約では、地主の承諾なく増改築をすることはできないとする増改築禁止特約が付されています。借地権者が、地主に対して増改築の承諾を求めても地主が承諾しないときに、この類型の借地非訟が提起されます。その他、旧借地権において非堅固建物所有目的を堅固建物所有目的に変更するときも、この類型の借地非訟が用いられます。

　この場合の承諾料の相場は、更地価格の３％〜５％（増改築の場合）、10％（非堅固建物所有目的を堅固建物所有目的に変更する場合）とされています。

(B)　借地契約の更新後の建物の再築の場合（借地借家法18条）

　借地契約の更新後に建物を再築する場合、地主の承諾が必要です（地主の承諾がなく建物を再築してしまうと借地契約は解約されてしまいます。借地借家法 8 条 2 項）。借地権者が、借地契約の更新後に建物を再建築しようとするのに、地主が承諾しないときは、この類型の借地非訟が用いられます。

　この場合の承諾料の相場は、更地価格の６％〜９％程度とされています。

(C)　土地の賃借権の譲渡または転貸の場合（借地借家法19条）

　借地権の元となる権利が、土地賃借権であったとき、借地権者は、地主の承諾なくして借地権を譲渡したり、転貸することはできません（民法612条 1

項）。土地の賃借権の譲渡または転貸について地主の承諾を得られないときは、この類型の借地非訟が用いられます。

この場合の承諾料の相場は、借地権価格の10％程度とされています。

なお、この類型の借地非訟が申し立てられたとき、地主は、一定期間内に借地権を自らに譲渡するよう申し立てることができます（借地借家法19条3項）。この権利のことを介入権といいます。

(D) 建物競売等の場合における土地の賃借権の譲渡の場合（借地借家法20条）

土地賃借権が競売・公売に付され、競売・公売で土地賃借権を取得した者（第三者）は、地主に対して土地賃借権の譲渡を承諾するよう求めることになります。地主が土地賃借権の譲渡を承諾しないときは、この類型の借地非訟が用いられます。この類型の借地非訟は、建物の代金を支払った後2カ月以内に行わなければなりません（借地借家法20条3項）。この類型の借地非訟が申し立てられたときも、地主は一定期間内に介入権を行使することができます。また、この場合の承諾料の相場は、(c)の場合と同様借地権価格の10％程度とされています。

Ⅳ　借地上の建物に対する抵当権設定と地主の承諾

1　抵当権の設定

借地上の建物は、借地とは別個の不動産です。ですから、借地人＝建物の所有者は、地主の承諾を得ることなく、建物を抵当に入れることができます。この場合、抵当権の効力は建物のみならず賃借権にも及びます（最判昭和40・5・4判タ179号120頁）。

この結果、借地権は地主の承諾を得ることなく抵当に入れることができてしまいます。

2　地主の承諾が求められる理由

しかし、金融機関が抵当権を設定する（たとえば、借地人が金融機関からお金を借り、借地上の建物を抵当に入れたような）場合、金融機関は地主に対して承諾を求めてきます。その理由は以下のとおりです。

(1) 譲渡承諾料の支払いの潜脱

抵当権が実行されて借地上の建物が競売されると、競落人が建物の所有者となるため、借地権を取得することになるはずです。しかし、この場合でも、地主の承諾を得なければ借地権者となることができません。

地主の承諾を得られないときは、通常の譲渡の場合と同様に、裁判所の許可を得ることができます（借地借家法20条1項前段）が、場合によっては承諾料相当額を地主に支払わなければなりません（同条同項後段）。この相当額を支払うのは（通常の譲渡とは異なり）競落人である点がポイントです。

承諾料相当額を支払わなければならないことは、競落人にとって、その建物を買受けがたくする事情です。他方で金融機関としては、競売にかけても買い受ける人がいなければ（元）借地権者に貸したお金の回収ができなくなってしまいます。

そこで金融機関は、裁判手続を回避し、かつ、承諾料の支払いを免れさせることで建物を買い受けやすくする目的で、地主に対して承諾を求め、その際、承諾料は不要である旨の条項を入れようとしてきます。

(2) 借地権設定契約の解除の阻止

建物に対する抵当権の効力が敷地の借地権にも及ぶのは上記のとおりです。しかし、地代の不払い等にとって賃貸借契約が解除されてしまうと、借地権は消滅します。そうすると、抵当権の効力は建物にしか及ばなくなってしまいます。

建物を所有するためには敷地の使用権が必要です。ですから、このような抵当権を実行して建物を競売にかけても、誰も買い受けることはないでしょう。そうすると、金融機関は抵当権を設定したにもかかわらず、肝心のお金を回収できなくなってしまいます。

金融機関はこのような事態を避けるために、地主に対して承諾を求める際に、「地代の不払いや無断転貸など借地権の消滅もしくは変更をきたすおそれのある事実が生じたときには金融機関に通知する」旨の条項や、「借地権の価値を阻害するような処分をしない」旨の条項を入れようとしてきます。

第4章　日常業務関連書式

3　地主として注意すべき点

このような承諾書の求めに対し、いったん署名・押印してしまうと、これに違反した場合には金融機関に生じた損害を賠償しなければなりません。

したがって、地主としては、金融機関の求めに対して安易に応じるべきではありません。

承諾するとしても、金融機関に対して義務を負うような条項（通知、阻害処分禁止など）は削除するように求めるべきですし、他方で、譲渡承諾料の支払いが必要である旨の条項を入れるように求めるべきです。

【承諾書の条項】

・削除すべき条項

地主は、土地の所有者が変わる場合および賃借人の地代支払いが遅滞したり、その他債務不履行など借地契約の存続に影響を及ぼすような事態が発生した場合には金融機関に通知します。

・挿入する文言

将来抵当権が実行された場合は、借地権が新たな建物所有者に移転しますので、その取得者に対して引き続き土地を「借地権価格の1割に相当する譲渡承諾料と引き換え」に貸与します。

Ⅴ　借地人の名義変更

1　変更の方法

借地人が生前に自分の息子に名義を変えたいと申し出ることがしばしばあります。親から子に借地権を移す（される）方法は、①相続による場合、②生前贈与による場合、③親から子に対して借地権を売買する場合が考えられます。

①の場合は相続税、②の場合は贈与税、③の場合は譲渡所得税の対象にそれぞれなります。

実際は、親子の場合ですから②の場合がほとんどです。しかし、この場合に課税される贈与税は、①の場合の相続税と比較するとその税率が高くなっ

144

V 借地人の名義変更

ています（条件によっては借地権価格の3分の1近くになる場合もあります）。

2 変更の理由

では、なぜ借地人は多くの場合において贈与の申し出をするのでしょうか。

たとえば、借地人が、長く居住していた自己所有の建物が老朽化してきたので地主の承諾を得て建て替えようとする事例を考えてみます。

建物を建て替えるためには、金融機関から借り入れをしてローンを組むことが多いと考えられます。しかし、借地人が高齢ですと、金融機関から借入れを行うことが不可能な場合が多くあります。なぜなら、高齢の方は収入が少なく返済が期待できないためにローンを組んでもらえないからです。

そこで、同居していた借地人の息子がローンを組みますと、建て替えた建物はローンを組んだ息子名義にしなければなりません。もっとも、借地人が親のままですと、（建築予定の）建物の所有者である息子がその敷地の使用権を有していないため、ローンを組むのに支障をきたしてしまいます。そこで、借地権を息子に譲渡する必要が生じ、結果、（生前に行うことができ、かつ親子間でのお金のやりとりをしない方法である）贈与をしようとする人が多くいるわけです。

3 地主の対応

このような贈与の申し出に対し、地主としてはどのように対応すべきでしょうか。

まず、本当に譲渡する意思があるのか、その意思があるならば売買にするつもりか贈与にするつもりなのかについて聞いてみます。そして、贈与であるならば多額の贈与税がかかる可能性があることを話しましょう。

もっとも、この贈与性の課税を回避し、かつ、息子がローンを組むのに支障が生じない方法があります。

それは、「借地権の使用貸借に関する確認書」を、地主・借地人（親）・建物所有者（息子）の3名で連署したうえで税務署に提出する、というものです。

145

第4章　日常業務関連書式

　この確認書は、借地人がその息子に対して借地権を無償で転貸する（使用
貸借させる）ことを地主が承認するもので、転貸があっても借地権の価値や
法律関係に変更がないために課税する必要がないことを税務署に確認しても
らうための書面です。この提出により、贈与税の課税を回避することができ
ます。

　また、息子も、借地人からの転貸によって（建築予定の）建物の敷地の使
用権（転借権ないし使用借権）を有していることになり、支障なくローンを
組むことができるのです。

　ただし、借地人に万一のことがありますと、この借地権が息子に相続さ
れ、その結果、転借権ないし使用借権は消滅します（民法520条本文）ので、
息子は相続税を支払わなければなりません。

　相続税は贈与税よりも税率が低いので、贈与税を支払うよりは、こちらの
方が節税という意味では有用な方法でしょう。

　上記の方法について、借地人は知らない場合がほとんどですので、借地人
から相談があった場合には、これらのことを教え、協力するのが、地主とし
ての適正な対応です。

V　借地人の名義変更

【書式4-7】　タックスアンサーのホームページ

書　式	借地権の使用貸借に関する確認書

借地権の使用貸借に関する確認書

①　（借地権者）　　　（借受者）

　　__甲野太郎__　は、__甲野一太郎__　に対し、__○○○○__　年 _○_ 月 _○_ 日にその借地している下記の土地

{ に建物を建築させることになりました。
　の土に建築されている建物を贈与（譲渡）しました。 } しかし、その土地の使用関係は使用貸借によるものであり、__甲野太郎__　の借地権者としての従前の地位には、何ら変更はありません。

記

土地の所在__○○県○○市○○町○丁目○番○号__

地　　積_____200_____㎡

②　上記①の事実に相違ありません。したがって、今後相続税等の課税に当たりましては、建物の所有者はこの土地について何らの権利を有さず、借地権者が借地権を有するものとして取り扱われることを確認します。

　　　　○○○○年○○月○○日

　　借　地　権　者(住所)○○県○○市○○町○丁目○番○号(氏名)甲野　太郎　㊞

　　建物の所有者(住所)○○県○○市△△町△丁目△_____(氏名)甲野一太郎　㊞

③　上記①の事実に相違ありません

　　　　○○○○年○○月○○日

　　土地の所有者(住所)○○県○○市□□町□丁目□番□号(氏名)乙川　次郎　㊞

※

　　上記①の事実を確認した。

　　　　年　　　月　　　日

　　（確認者）_____税務署_____部門　　担当者㊞

（注）　※印欄は記入しないでください。（タックスアンサー・ホームページ）

147

第 5 章　労働関係法に関する書式

第5章　労働関係法に関する書式

　寺院（宗教法人）の日常業務は多くの人々の働きによって処理されています。宗教上の儀式・布教等に従事する者、教師・僧職者等で修業中の者、信者で何らの給与を受けず奉仕する者、労務を提供し賃金を受けて業務する者、境内の建造物の造作・修理や清掃を請け負う者等、その業種や寺院とのかかわり方はさまざまです。

　この働いている人のうち、寺院（宗教法人）の指揮命令を受けて一定時間業務を遂行することによって賃金を受ける労働者（山務員・寺務員・パートタイマー・アルバイト）と、労働者を使用して賃金を払う使用者＝寺院（宗教法人）との関係を「雇用」といい、雇用について合意に基づいて労使間で締結される契約関係を労働契約といいます。労働契約には労働条件が設定されることが原則で、労働基準法が適用されます。

Ⅰ　労働契約に関する書式

1　労働契約の締結

　労働契約法3条には、労働契約の基本的な理念と、労働契約に共通する原則が次のように明らかにされています。
- ①　労使対等の原則
- ②　均等考慮の原則
- ③　仕事と生活の調和への配慮の原則
- ④　信義誠実の原則
- ⑤　権利濫用の禁止の原則

2　労働契約の内容

　使用者は、労働契約の締結に際し、労働者に対して賃金、労働時間その他の労働条件を明示しなければなりません（労基15条）。その際に、労働者および使用者は労働契約の内容について、できる限り書面により確認すること

148

（労契4条2項）が定められています。

さらに、労働契約を締結する場合において、使用者が合理的な労働条件が定められている就業規則を労働者に周知させていた場合には、労働契約の内容はその就業規則で定める労働条件によるものとすることが定められています（労契7条）。

労働条件を明示する書面の様式の定めはなく自由ですので、労働条件は労働契約書に記載することも、労働条件通知書や就業規則の交付によって行うことも可能です。

(1) 契約期間

労働契約は、期間の定めのないものを除き、一定の事業の完了に必要な期間を定めるものの他は、3年（特定の労働契約は5年）を超える期間に締結することはできません（労基14条）。

(2) 所定外労働の有無

1日8時間、1週40時間を超えて、および休日に労働させることができるのは、労働者の過半数を代表する者と締結した労使協定の範囲内の時間に限られています（労基36条）。

(3) 定　年

使用者が雇用する労働者の定年を定める場合は、60歳を下回ることはできません（高年齢者雇用安定法8条）。65歳未満の定年を定めている使用者は、65歳までの安定した雇用を確保するため、①定年の引き上げ、②継続雇用制度の導入、③定年の定めの廃止の措置のいずれかを講じなければなりません。

(4) 有期労働契約（期間を定めて締結された労働契約）

厚生労働省では、労働基準法14条2項に基づき、「有期労働契約の締結、更新および雇止めに関する基準」を定めています。

(A) 契約締結時の明示事項等

① 使用者は、有期契約労働者に対して、契約の締結時にその契約の更新の有無を明示しなければならない。

② 使用者が、有期労働契約を更新する場合があると明示したときは、労働者に対して、契約更新する場合またはしない場合の判断の基準を明示

第5章　労働関係法に関する書式

しなければならない。

③　使用者は、有期労働契約の締結後に①または③について変更する場合
には、労働者に対して、速やかにその内容を明示しなければならない。

(B)　**契約期間**

使用者は、契約を1回以上更新し、かつ、1年を超えて継続して雇用して
いる有期契約労働者との契約を更新しようとする場合は、契約の実態および
その労働者の希望に応じて、契約期間をできる限り長くするよう努めなけれ
ばなりません。

【書式5-1】　労働契約書例（一般：常用）

　　　　　　　　　　　労　働　契　約　書

　宗教法人○○寺（以下、「甲」という。）と○○○○（以下、「乙」という。）
は、下記のとおり労働契約を締結する。

　　　　　　　　　　　　　　　　記

（労働契約）
第1条　乙は甲の事業に関し使用されて労働することを約し、甲はこれに対する
　　賃金を支払いうことを約する。

（信義誠実の原則）
第2条　甲及び乙は、相互の人格を尊重し、相互に協力して誠実に事業の発展に
　　努めなければならない。

（安全配慮義務）
第3条　甲は乙がこの契約を履行するに際して、その生命・身体等の安全を確保
　　しつつ労働することができるよう、必要な配慮をするものとする。

（職務専念義務）
第4条　乙は甲の指揮・命令に従い、誠実勤勉に業務に専念することを旨とし、
　　甲の定める就業規則を遵守して労働する。

（労働条件の明示）
第5条　乙の労働条件は、この契約に定めるほか就業規則に定めるものとし、甲
　　はこの契約書の締結に際し、労働条件通知書及び就業規則を交付する。

（就業場所等）
第6条　乙の就業の場所及び従事する業務は、労働条件通知書に定めるものとす
　　る。

（労働条件の変更）
第7条　この契約による労働条件は、就業規則を変更することにより変更される
　　ことがある。

（紛争解決）

第8条　この契約に基づく争いは、当事者の自主的な解決によることを原則とするが、自主的な解決が困難であると認めるときは、個別労働関係紛争の解決の促進に関する法律に定める紛争調整委員会の斡旋等の手続により解決を図るものとする。

　甲と乙は以上のとおり合意し、その成立の証として本契約書２通を作成し、甲と乙は各自署名捺印のうえ、それぞれ１通を保管する。

　　　○○○○年○○月○○日

　　　　　　　　　　　　　　　甲　住所　　　○　　○　　○　　○
　　　　　　　　　　　　　　　　　宗教法人○○寺
　　　　　　　　　　　　　　　　　代表役員　　○　　○　　○　　○　　㊞

　　　　　　　　　　　　　　　乙　住所　　　○　　○　　○　　○
　　　　　　　　　　　　　　　　　氏名　　　　○　　○　　○　　○　　㊞
　　　　　　　　　　　　　　　　　生年月日　○○○○年○○月○○日

【書式５-２】　労働契約書例（労働条件を明示する場合）

労 働 契 約 書

　宗教法人○○寺（以下、「甲」という。）及び○○○○（以下、「乙」という。）は、下記のとおり労働契約を締結する。

採用年月日	○○○○年○○月○○日
就業の場所	本寺及び付属施設（　　　　　）
従事すべき業務の内容	・山務（　　　　　）　・寺務（　　　　　） ・付属施設（　　　　）の管理運営　・その他（　　　　）
始業・就業の時刻及び休憩時間	始業　○○時○○分、　　終業　○○時○○分、 休憩時間　　○○時○○分から　○○時○○分まで
所定外労働の有無	・有（月○○時間程度）労使協定により月○○時間を限度 ・無
休　　　日	・定例日　毎週土・日曜日、国民の休日、その他（　　　） ・非定例日　週・月当たり○日、その他（　　　） ・交替制により原則として１週に１日、 ・月間休日は大の月は６日、小の月は５日、前月末に明示する。

151

第5章　労働関係法に関する書式

休　　暇	1．年次有給休暇　法定どおり（初年度は6か月以上継続勤務した場合に10日） 2．その他の休暇　（特別休暇、　　　　　　　）
賃　　金	1．基本給　月額　　　　○○　　　　円 2．諸手当　通勤手当（1か月の定期代全額）、○○手当 3．締切日　毎月○○日　　4．支払日　毎月○○日 5．支払い方法　職員の指定する銀行口座に振り込む 6．賞与の支給　有（年に○回）　・　無 7．退職金の支給　　有　・　無
退職に関する 事　　項	1．定年（60歳） 2．自己都合の手続（退職する30日以上前に届け出ること） 3．解雇の事由 　①心身の故障により業務に耐えられないとき 　②勤務成績、職務遂行能力又は能率が著しく不良で、改善の見込みがなく、職員として相応しくないと認められるとき 　③懲戒解雇事由に該当するとき 　④事業の休廃止又は縮小その他事業の運営上やむを得ない事情により、職員の削減が必要となったとき
加入社会保険等	健康保険　厚生年金保険　雇用保険　労災保険
そ　の　他	この契約書に記載のない事項については、就業規則の定めるところによる。

　甲と乙は以上のとおり合意し、その成立の証として本契約書2通を作成し、甲と乙は各自署名押印のうえ、それぞれ1通を保管する。
　　△△○○年○○月○○日

　　　　　　　　　　　　　　　甲　住所　　　○　○　○　○
　　　　　　　　　　　　　　　　　宗教法人○○寺
　　　　　　　　　　　　　　　代表役員　　　○　○　　　○　○　　　㊞

　　　　　　　　　　　　　　　乙　住所　　　○　○　○　○
　　　　　　　　　　　　　　　　　氏名　　　　○　○　　　○　○　　　㊞
　　　　　　　　　　　　　　　　　生年月日　○○○○年○○月○○日

　※　労働条件の内容は、各寺の実態に即して修正し記入してください。
　※　合わせて、就業規則の交付または提示が必要です。

I　労働契約に関する書式

【書式5-3】　労働契約書例（有期雇用の場合）

労 働 契 約 書

　宗教法人○○寺（以下、「甲」という。）及び○○○○（以下、「乙」という。）
は、下記のとおり労働契約を締結する。

契約期間	○○○○年○○月○○日から○○○○年○○月○○日まで
契約更新の有無	・　自動的に更新する ・　更新する場合がある ・　契約の更新はしない
契約更新の 判断基準	1．契約期間満了時の業務量により判断する 2．労働者の勤務成績、態度により判断する 3．労働者の能力により判断する 4．甲の経営状況による 5．従事している業務の進捗状況により判断する
就業の場所	・　本　　寺 ・　付属施設
従事すべき 業務の内容	・山務（　　　　　）　・寺務（　　　　　） ・付属施設の管理運営　・その他（　　　　　）
始業・就業の時刻 及び休憩時間	始業　○○時○○分、　　終業　○○時○○分、 休憩時間　　○○時○○分から　　○○時○○分まで
所定外労働の有無	・有（月○○時間程度）　労使協定により月○○時間を限度 ・無
休　　日	・定例日　毎週土・日曜日、国民の休日、その他（　　　　） ・非定例日　週・月当たり○日、その他（　　　　） ・交替制により原則として1週に1日、 ・月間休日は大の月は6日、小の月は5日、前月末に明示する。
休　　暇	1．年次有給休暇　法定どおり（初年度は6か月以上継続勤務した場合に10日） 2．その他の休暇
賃　　金	1．基本給　月額　　　　○○　　　円 2．諸手当　通勤手当（1か月の定期代全額）家族手当 3．締切日　毎月○○日　　4．支払日　毎月○○日 5．支払い方法　職員の指定する銀行口座に振り込む 6．賞与の支給　　有（年に○回）　・　無 7．退職金の支給　　有　・　無

153

第5章　労働関係法に関する書式

退職に関する事項	1．契約期間満了 2．自己都合の手続（退職する30日以上前に届け出ること） 3．解雇の事由 　①心身の故障により業務に耐えられないとき 　②勤務成績、職務遂行能力又は能率が著しく不良で、改善の見込みがなく、職員として相応しくないと認められるとき 　③懲戒解雇事由に該当するとき 　④事業の休廃止又は縮小その他事業の運営上やむを得ない事情により、職員の削減が必要となったとき
加入社会保険等	健康保険　厚生年金保険　雇用保険　労災保険
その　他	この契約書に記載のない事項については、就業規則の定めるところによる。

　甲と乙は以上のとおり合意し、その成立の証として本契約書2通を作成し、甲と乙は各自署名押印のうえ、それぞれ1通を保管する。

　　△△○○年○○月○○日

　　　　　　　　　　　　　甲　住　　所　○　○　○　○
　　　　　　　　　　　　　　　宗教法人○○寺
　　　　　　　　　　　　　　　代表役員　　○　○　○　○　　　㊞

　　　　　　　　　　　　　乙　住　　所　○　○　○　○
　　　　　　　　　　　　　　　氏　　名　○　○　○　○　　　㊞
　　　　　　　　　　　　　　　生年月日　△△○○年○○月○○日

※　労働条件の内容は、各寺の実態に即して修正し記入してください。
※　合わせて、就業規則の交付または提示が必要です。

【書式5-4】　労働条件通知書例（一般：常用）

　　　　　　　　労　働　条　件　通　知　書

　　　　　　　　　　　　　　　　　△△○○年○○月○○日
　○　○　○　○　様

　　　　　　　　　　　　　　所在地　　　○　○　○　○
　　　　　　　　　　　　　　宗教法人○○寺
　　　　　　　　　　　　　　代表役員　　○　○　○　○

Ⅰ　労働契約に関する書式

契約期間	・雇用期間の定めなし
就業の場所	・本　寺 ・付属施設（　　　　）
従事すべき 業務の内容	・山務（　　　　　）　・寺務（　　　　　） ・付属施設の管理運営　・その他（　　　　　）
始業・就業の時刻 及び休憩時間	始業　　○○時○○分、　　終業　　○○時○○分、 休憩時間　　○○時○○分から　　○○時○○分まで
所定外労働の有無	・有（月○○時間程度）労使協定により月○○時間を限度 ・無
休　　　日	・定例日　毎週土・日曜日、国民の休日、その他（　　　　） ・非定例日　週・月当たり○日、その他（　　　　） ・交替制により原則として1週に1日、 ・月間休日は大の月は6日、小の月は5日、前月末に明示する。
休　　　暇	1．年次有給休暇　法定どおり（初年度は6か月以上継続勤務した場合に10日） 2．その他の休暇　　（　　　　　　　　　　　　）
賃　　　金	1．基本給　月額　　　○○　　　円 2．諸手当　通勤手当（1か月の定期代全額）家族手当 3．締切日　毎月○○日　　4．支払日　毎月○○日 5．支払い方法　職員の指定する銀行口座に振り込む 6．賞与の支給　　有（年に○回）　・無 7．退職金の支給　　有　・　無
退職に関する事項	1．定年（60歳） 2．自己都合の手続（退職する30日以上前に届け出ること） 3．解雇の事由 　①心身の故障により業務に耐えられないとき 　②勤務成績、職務遂行能力又は能率が著しく不良で、改善の見込みがなく、職員として相応しくないと認められるとき 　③懲戒解雇事由に該当するとき 　④事業の休廃止又は縮小その他事業の運営上やむを得ない事情により、職員の削減が必要となったとき
加入社会保険等	健康保険　厚生年金保険　雇用保険　労災保険
そ　の　他	この契約書に記載のない事項については、就業規則の定めるところによる。

※　労働条件の内容は、各寺の実態に即して修正し記入してください。

第 5 章　労働関係法に関する書式

3　定年退職後の高年齢者継続雇用制度

　高年齢者等の雇用の安定等に関する法律に基づき継続雇用制度を導入している場合、定年退職を迎える労働者から定年退職後の継続雇用を申し込まれたときは、定年以外の退職や解雇要件に該当しない限り、使用者は最長65歳までの継続雇用を拒否することはできません。継続雇用するにあたっては、新たに労働条件を明示して雇用契約を締結する必要があります。

【書式 5 - 5 】　継続雇用申請書例

継続雇用申請書

〇〇〇〇年〇〇月〇〇日

宗教法人〇〇寺
代表役員　〇〇〇〇　様

　　　　　　　　　　　所属　　〇〇　部　〇〇　課
　　　　　　　　　　　氏名　　　　〇〇　〇〇　　　㊞
　　　　　　　　　　　（生年月日　〇〇〇〇年〇〇月〇〇日）

　私は、〇〇〇〇年〇〇月〇〇日をもって定年退職となりますが、引き続き再雇用されることを希望しますので、その旨申出いたします。
　再雇用の条件等については、法人の定めるところに合意し、再雇用された場合は、法人の諸規定を遵守し、誠実に勤務することを誓約いたします。

【書式 5 - 6 】　継続雇用申請書受理通知例

継続雇用申請書受理通知

〇〇〇〇年〇〇月〇〇日

〇〇　部　〇〇　課
　　〇〇　〇〇　様

　　　　　　　　　　　　宗教法人〇〇寺

I　労働契約に関する書式

代表役員　　○○　　○○

　あなたから申出のあった継続雇用申請書を受理いたしましたので通知いたします。

　なお、定年退職後は嘱託職員として雇用契約を締結し、雇用期間は、○○○○年○○月○○日から○○○○年○○月○○日までの１年間とします。

　上記雇用期間満了後、引き続き勤務を希望する場合は、雇用期間を更新するものとします。ただし、上限雇用年齢は満65歳とします。

　再雇用の労働条件等については、再雇用契約書のとおりといたします。

4　有期労働契約の期間の定めのない労働契約への転換

　同一の使用者との間で有期労働契約の契約期間を通算した期間が５年を超えて繰り返された場合に、労働者が、使用者に対し申込みをしたときは、期間の定めのない労働契約の締結を使用者は承諾したものとみなします（労契18条１項）。この場合の無期雇用に転換した労働契約の内容である労働条件は、現に締結している有期労働契約の内容である労働条件と同一の労働条件とすると定められています（同項）。

　一般職員の定年以前に無期転換した職員は、一般職員と同様に定年制の適用を受けます。しかし、定年年齢を超えて無期転換した職員には定年制が適用されませんので、別に定年を設けなければ、終身雇用が継続されることになります。

【書式５-７】　無期労働契約転換申込書例

無期労働契約転換申込書

宗教法人○○寺
代表役員　　○○○○　　様

申出日　　○○○○年○○月○○日

157

第5章　労働関係法に関する書式

　　　　　　　　　　　　　　　　　　所　属　　○○　部　○○　課
　　　　　　　　　　　　　　　　　　申出者氏名　　　　　　　　㊞

　私は、現在の有期労働契約の契約期間の末日までに通算契約期間が5年を超え
ますので、労働契約法第18条第1項に基づき、期間の定めのない労働契約（無期
労働契約）への転換を申し込みます。

【書式5-8】　無期労働契約転換申込受理通知書例

　　　　　　　　　　　無期労働契約転換申込受理通知書

　　所属　○○　部　○○　課
　　氏名　　　　　○○　○○　様

　　　　　　　　　　　　　　　　　　受理日　　○○○○年○○月○○日

　　　　　　　　　　　　　　　　　　宗教法人○○寺
　　　　　　　　　　　　　　　　　　代表役員　　　○○○○　　　㊞

　あなたから○○○○年○○月○○日に提出された無期労働契約転換申込書につ
いて受理しましたので通知します。

5　高度専門職・継続雇用の高齢者の無期転換申込権が発生しない特例（有期雇用特別措置法）

　通常は、同一の使用者との有期労働契約が5年を超えて反復更新された場
合に無期転換申込権が発生しますが、高度専門職や定年に達した後引き続い
て雇用される有期雇用労働者については、事業主が、適切な雇用管理に関す
る計画を作成し都道府県労働局長の認定を受ければ、その事業主に定年後引
き続いて雇用される期間は、無期転換申込権が発生しないという特例があり
ます。

　継続雇用の高齢者の場合は適切な雇用管理に関する計画（第二種計画）と

I　労働契約に関する書式

して、①高年齢者雇用推進者の選任（高年齢者雇用安定法11条）、②教育訓練の実施、③作業施設、方法の改善、④健康管理、安全衛生の配慮、⑤職域の拡大、⑥知識、経験等を活用できる配置、処遇の推進、⑦賃金体系の見直し、⑧勤務時間制度の弾力化のいずれかの措置を実施することが必要です。

　定年退職後の高年齢者再雇用制度を設けている事業所では、通常、高年齢者雇用推進者が選任されていますので、都道府県労働局長の認定を受けることは可能です。

【書式5-9】　第二種計画認定・変更申請書例

様式第7号

第二種計画認定・変更申請書

年　　　月　　　日

　　　労働局長殿

1　申請事業主

名称・氏名		代表者氏名 （法人の場合）	印
住所・所在地	〒（　　－　　） （　　　） （　　　）	電話番号 　 ＦＡＸ番号	

2　第二種特定有期雇用労働者の特性に応じた雇用管理に関する措置の内容
　□高年齢者雇用推進者の選任
　□職業訓練の実施
　□作業施設・方法の改善
　□健康管理、安全衛生の配慮
　□職域の拡大
　□職業能力を評価する仕組み、資格制度、専門職制度等の整備
　□職務等の要素を重視する賃金制度の整備
　□勤務時間制度の弾力化

3　その他
　□高年齢者雇用安定法第9条の高年齢者雇用確保措置を講じている。
　　　□65歳以上への定年の引き上げ
　　　□継続雇用制度の導入

159

　　　　　　□希望者全員を対象
　　　　　　□経過措置に基づく労使協定により継続雇用の対象者を限定する基準
　　　　　　を利用
　　　　（注）　高年齢者等の雇用の安定等に関する法律の一部を改正する法律
　　　　　　　（平成24年法律第78号）附則第3項に規定する経過措置に基づく
　　　　　　　継続雇用の対象者を限定する基準がある場合
（記入上の注意）
1．「2　第二種特定有期雇用労働者の特性に応じた雇用管理に関する措置の内
　　容」は該当する措置の内容の□にチェックして下さい。
2．「3　その他」は、該当する□はすべてチェックしてください。
（添付書類）
1．「2　第二種特定有期雇用労働者の特性に応じた雇用管理に関する措置」を
　　実施することが分かる資料（例：契約書の雛形、就業規則等）
2．高年齢者雇用確保措置を講じていることが分かる資料（就業規則等（経過措
　　置に基づく継続雇用の対象者を限定する基準を設けている場合は、当該基準を
　　定めた労使協定書（複数事業所を有する場合は本社分のみで可。）を含む。））
3．変更申請の場合は、認定されている計画の写し。

（厚生労働省ホームページより引用）

6　労働契約の終了

(1)　合意解約

　雇用契約に基づく雇用期間の満了や、早期退職制度に応募して退職する場
合のように、労使双方が合意して労働契約を終了する場合が労働契約の合意
解約です。

　合意解約と違って、労働者が自ら労働契約を解約する場合を「辞職」と呼ん
でいます。

　期間の定めのない雇用契約の場合は、労働者は2週間の予告期間をおけば
理由を問わず辞職することができます。ただし、遅刻や欠勤控除のない月給
制従業員の場合には、解約は翌月以降でなければならず、しかもその月の前
半に予告しなければなりません。

(2)　雇止めの予告

　厚生労働省の策定した「有期労働契約の締結、更新及び雇止めに関する基
準」に基づき、使用者は、有期労働契約（有期労働契約が3回以上更新されて

いるか、1年を超えて継続雇用されている労働者に限る。なお、あらかじめ当該契約を更新しない旨明示されているものを除く）を更新しない場合には、少なくとも契約の期間が満了する日の30日前までに、その予告をしなければなりません。

(3) 雇止めの理由の明示

使用者は、雇止めの予告後に労働者が雇止めの理由について証明書を請求した場合は、遅滞なくこれを交付しなければなりません。雇止め後に労働者から請求された場合も同様です。

(4) 解　雇

使用者による労働契約の一方的な解約のことを「解雇」といいます。

期間の定めのない労働契約については、使用者は原則として30日前に予告をすれば解雇により契約を終了することができます。ただし就業規則に基づき懲戒解雇をする場合であって労働基準監督署長の認定を受けた場合は、予告期間を設けることなく即時解雇することができます（労働基準法20条）。また、期間の定めのある労働契約については、やむを得ない事由がある場合でなければ、契約期間が満了するまでの間、解雇をすることができないとされています（労契17条）。

しかし、使用者の解雇権の行使は、それが客観的に合理的な理由がなければ効力は生ずることはなく、解雇事由については、労働基準法により就業規則に定めることとされています。

客観的に合理的な理由については、おおむね次のように分類することができます。

① 労働者の労務提供の不能
② 労働者の能力不足、成績不良、勤務態度不良、適格性欠如
③ 労働者の職場規律違反、職務倦怠
④ 経営上の必要性による

第5章　労働関係法に関する書式

【書式5-10】　退職合意書例

退職合意書

　宗教法人○○寺（以下、「甲」という。）と○○○○（以下、「乙」という。）とは、甲乙間の雇用契約を解約すること（以下、「本件」という。）に関し、下記の通り合意した。

第1条　甲と乙は、当事者間の雇用契約を△△○○年○○月○○日（以下、「退職日」という。）限り、合意解約する。

2　退職日以降、甲の施設内に乙の私有物がある場合、乙は甲にその処分を委任する。

第2条　前条により乙の雇用保険被保険者離職票の記載にあたり、離職理由を、「○○○○」とすることを確認する。

第3条　甲は乙に対して退職合意金として、別紙のとおり計算した金額○○○円を○○○○年○○月○○日限り、乙の指定する預金口座に振込む方法で支払う。

2　前項の金額の振込みに係る振込手数料は甲の負担とする。

第4条　乙は、在籍中に従事した業務において知り得た甲が秘密として管理している営業上の情報並びに関係機関、檀家、業務委託先及び従業員の個人情報（個人番号を含む。）について、退職後においても、これを他に開示・漏えい及び、自ら使用しないことを誓約する。

2　乙は、前項にかかる情報については、製本、電子データ、複写等の別を問わず、すべて甲に返却しており、現在は一切所持していないことを誓約する。

第5条　甲と乙は、本件並びに本退職合意書の成立及び内容を第三者に開示しないものとし、今後相互に誹謗中傷しないものとする。

第6条　甲乙は、本件に関し、本合意書に定めるほか、何らの債権債務がないことを相互に確認し、今後一切の異議申し立て、又は請求等の手続（あっせん申立て、仲裁申立て、調停・訴訟手続等の一切）を行わない。

　本合意書の証として本書を2通作成し、記名押印の上、各々1通を保有するものとする。

　　○○○○年○○月○○日

甲　住所　○　○　○　○　　　　　乙　住所　○　○　○　○

　　宗教法人○○寺　　　　　　　　　　氏名　○　○　○　○　　㊞

　　代表取締役　○　○　○　○　㊞

Ⅰ　労働契約に関する書式

【書式 5 -11】　解雇予告通知書例

○○○○年○○月○○日

○　○　○　○　　様

宗教法人　○○寺

代表役員　○　○　○　○　　㊞

解　雇　予　告　通　知　書

　この度、貴方を下記の理由により、○○○○年○○月○○日付で解雇いたしますので、労働基準法第20条に基づきここに通知します。

記

　就業規則第○条第○項に定める「正当な理由なく、しばしば業務上の指示・命令に従わなかったとき」に該当するため。

【書式 5 -12】　雇止め予告通知書例

○○○○年○○月○○日

○　○　○　○　　様

宗教法人　○○寺

代表役員　○　○　○　○　　㊞

雇　止　め　予　告　通　知　書

　今般、貴方の有期雇用契約期間が○○○○年○○月○○日をもって満了いたしますので、ここに通知いたします。当日以降の契約更新はしないことを申し添えます。

163

第5章　労働関係法に関する書式

【書式5-13】　退職証明書例

〇〇〇〇年〇〇月〇〇日

〇　〇　〇　〇　様

宗教法人　〇〇寺
代表役員　〇　〇　〇　〇　　㊞

退　職　証　明　書

貴方の退職に関して、下記のとおり証明いたします。

記

1．雇用期間
　　　　〇〇〇〇年〇〇月〇〇日から〇〇〇〇年〇〇月〇〇日まで
2．業務の種類及びその事業における職位

年　　月	部　　門	職　　位	業　務　内　容
・ ・ ・ ・ ・			

3．賃　　金
　　①基本給　　　　　　　〇〇　円
　　②役職手当　　　　　　〇〇　円
　　③家族手当　　　　　　〇〇　円
　　④住宅手当　　　　　　〇〇　円
　　⑤通勤手当　　　　　　〇〇　円
　　⑥その他　　　　　　　〇〇　円　　　　月額賃金合計　　　〇〇　円
4．退職の事由
　　①貴方の自己都合による　　　　　②当法人の勧奨による
　　③定年による　　　　　　　　　　④契約期間満了による
　　⑤移籍出向による　　　　　　　　⑥その他
　　⑦解　雇
　　　・　　　　　　　　　　　　　　（就業規則第〇〇条に該当）
　　　・

以上

164

I 労働契約に関する書式

【書式 5 -14】 解雇理由証明書例

〇〇〇〇年〇〇月〇〇日

〇　〇　〇　〇　様

宗教法人　　〇〇寺

代表役員　〇　〇　〇　〇　　㊞

解　雇　理　由　証　明　書

　貴方に対する〇〇〇〇年〇〇月〇〇日に行った解雇予告につき、貴方から解雇理由証明書の交付が求められましたので、本書をもって通知いたします。

記

1．証明書交付請求日　　〇〇〇〇年〇〇月〇〇日
2．解雇予告日　　　　　〇〇〇〇年〇〇月〇〇日
3．解　雇　日　　　　　〇〇〇〇年〇〇月〇〇日
4．解雇理由
5．就業規則適用条文　　就業規則第〇条第〇号

【書式 5 -15】 雇止め理由についての通知書例

〇〇〇〇年〇〇月〇〇日

〇　〇　〇　〇　様

宗教法人　　〇〇寺

代表役員　〇　〇　〇　〇　　㊞

雇止め理由についての通知書

　今般、貴方の有期雇用契約の期間が〇〇〇〇年〇〇月〇〇日に満了することに伴い、労働契約書の契約更新条項に基づき検討した結果、契約を更新しないことを決定いたしました。貴方から雇止めの理由について証明書の交付が求められま

165

第 5 章　労働関係法に関する書式

したので、本書をもって通知いたします。

　契約期間　　○○○○年○○月○○日から○○○○年○○月○○日まで
　　　　　　　の1年間

　契約を更新しない旨の通知年月日
　　　　　　　○○○○年○○月○○日

　契約を更新しない理由

※　明示すべき「契約を更新しない理由」は、契約期間の満了とは別の理由とすることが必要です。
　　たとえば、
　　・前回の契約更新時に、本契約を更新しないことが合意されていたため
　　・契約締結当初から、更新回数の上限を設けており、本契約は当該上限に係るものであるため
　　・担当していた業務が終了・中止したため
　　・事業縮小のため
　　・職務命令に対する違反行為を行ったこと、無断欠勤をしたこと等勤務不良のため
　　などが考えられます。

Ⅱ　労働条件に関する書式

　多くの労働者と労働契約を結び雇用している使用者にとっては、労働者1人ひとりについて別々の労働条件を設定することは、非常に複雑かつ煩雑となります。したがって、集団的・画一的に労働条件を決めておく必要が出てきます。また、多くの労働者を集団で作業させる場合には、チームワークが重要となりますので、労働者集団全体に対して、作業秩序や服務規律を作成しておく必要もあります。そのために、集団的・画一的な労働条件や作業秩序・服務規律を使用者が定める文書を就業規則といいます。

1　就業規則

　就業規則は、常時10人以上の労働者を使用する使用者に作成義務が課せられています。就業規則を作成または変更した場合は、所轄の労働基準監督

署長に届け出なければなりません（労基89条）。また、就業規則は労働者に周知しなければなりません（同法106条）。

　就業規則に記載する事項には、必ず記載しなければならない事項（以下、「絶対的必要記載事項」といいます）と、各事業所内で制度を設ける場合には記載しなければならない事項（以下、「相対的必要記載事項」といいます）とがあります。このほか、使用者が任意に記載する事項もあります。

(1)　絶対的必要記載事項

　絶対的必要記載事項とは、労基89条で定められている、就業規則には必ず記載しなければならない事項のことで、以下にあげるものがあります。

① 　労働時間関係　　始業および終業の時刻、休憩時間、休日、休暇、交代制勤務の場合の交替勤務に関する事項

② 　賃金関係　　賃金の決定、計算・支払いの方法、賃金の締切り・支払いの時期、昇給に関する事項

③ 　退職関係　　退職・解雇事由に関する事項

(2)　相対的必要記載事項

　相対的必要記載事項とは、事業場内で何らかの制度の定めをする場合には必ず記載しなければならない事項のことをいい、以下にあげるものがそれにあたります。

① 　退職手当関係　　適用される労働者の範囲、退職手当の決定、計算および支払いの方法、支払いの時期に関する事項

② 　臨時の賃金、最低賃金額関係　　臨時の賃金、最低賃金額に関する事項

③ 　費用負担関係　　労働者に食費・作業用品等を負担させることに関する事項

④ 　安全および衛生に関する事項

⑤ 　職業訓練に関する事項

⑥ 　災害補償および業務外の傷病扶助に関する事項

⑦ 　表彰・制裁関係　　表彰および制裁の種類および程度に関する事項

⑧ 　その他　　事業場の労働者全員に適用される定めに関する事項（労基89条）

第5章　労働関係法に関する書式

(3)　その他の付随規程

　就業規則の本文中には詳細を記載せず、「別に定める」として付随規程を設ける形式を取ることができます。規定条項が多数にわたる「育児・介護休業等に関する規程」、「賃金規程」、「退職金規程」や「継続雇用規程」はその典型的なものですが、そのほかには次のものが別規程として定められることがあります。この別規程も就業規則の一部となりますので、所轄の労働基準監督署長への届出が必要です。

①　就業規則（パート・アルバイト等有期契約者用）

②　通勤手当規程

③　出張旅費規程

④　安全衛生管理規程

⑤　特定個人情報取扱規程

【書式5-16】　宗教法人就業規則例

就　業　規　則

　宗教法人○○山△△寺（以下「当寺」という。）は、××経広宣流布の祖意を体して、寺法・規則に掲げている諸目的を達成するために職員の人格と自主性を尊重し、職員は、当寺開創期以来の伝統と格式を自覚し、共に為法護山に精進することを旨とする。

第1章　総　則

（目　的）

第1条　この規則は、当寺の労働条件を明らかにすること及び職場維持を目的として、職員の就業に関する基本的事項を定めるものである。なお、この規則に定めのない事項については、労働基準法その他の法令に定めるところによる。

（職員の定義）

第2条　職員とは、第2章第1節に別に定める手続を経て採用され当寺と労働契約を締結した常用者をいい、試用期間中の者を含むものとする。

2　職員を次の各号に掲げるとおり区分し、その定義は当該各号に掲げるものとする。

　(1)　寺務職員（期間の定めのない労働契約による職員であって、僧籍を有しない者）

　(2)　山務職員（期間の定めのない労働契約による職員であって、僧籍を有する者）

　(3)　パートタイマー（有期労働契約（無期転換した後は無期労働契約）による職員であって、週の労働時間が短く主として補助的業務に従事する者）

　(4)　嘱託職員（定年退職した後、有期労働契約によって再雇用された者）

（適用範囲）

168

Ⅱ　労働条件に関する書式

第3条　この規則は、管理・監督的地位にある者を除き寺務職員及び山務職員（前条の定めにかかわらず、次条以降「寺務職員及び山務職員」を「職員」という。）に適用する。この規則によらない職員については、別に定める規則によるものとする。

第2章　人　事

第1節　採　用

（採　用）

第4条　当寺は、当寺への就職を希望する者の中から当寺の行う選考に合格し、所定の手続を経た者を職員として採用する。

（採用決定時の提出書類）

第5条　新たに職員となった者は、当寺の指定した日までに次の書類を提出しなければならない。ただし、当寺が認めた場合は、提出期限を延長し、又は提出書類の一部を省略することができる。

(1)　特定個人情報等の取り扱いに関する同意書

(2)　身元保証書

(3)　住民票記載事項の証明書

(4)　源泉徴収票（入山の年に給与所得のあった者に限る。）

(5)　年金手帳（既に交付を受けている者に限る。）

(6)　雇用保険被保険者証（既に交付を受けている者に限る。）

(7)　給与所得の扶養控除等（異動）申告書

(8)　健康保険被扶養者届（被扶養者がいる者に限る。）

(9)　賃金の口座振込に関する同意書

(10)　その他会社が必要とする書類

2　前項各号の提出書類の記載事項に変更が生じたときは、速やかに書面で当寺にこれを届け出なければならない。

3　当寺は、第1項の書類から取得した職員の個人情報及び職員本人から取得した個人番号を、次の各号の目的のために利用する。ただし、個人番号の利用は、第1号及び第2号に限るものとする。

(1)　職員等（扶養親族等を含む。）に係る事務

　①　給与所得・退職所得の源泉徴収票の作成

　②　雇用保険の届出

　③　健康保険・厚生年金保険の届出

(2)　職員等の配偶者に係る事務

　①　国民年金の第三号被保険者の届出

(3)　給与計算（各種手当支給）及び支払手続

(4)　法令に従った医療機関又は健康保険組合からの健康情報の取得

(5)　当寺内における人員配置

(6)　昇降給の決定

(7)　教育管理

(8)　福利厚生等の各種手続

(9)　万が一のことがあった際の緊急連絡先の把握

169

第5章　労働関係法に関する書式

⑽　前各号のほか、当寺の人事政策及び雇用管理の目的を達成するために必要な事項

（身元保証）

第6条　身元保証人は、独立の生計を営んでいる成年者であって当寺が適当と認める者2名とし、うち1名は、親権者又は親族人とする。ただし、これに該当する者がいないときは、当寺が身元保証人としてふさわしいと認めた者1名を身元保証人とすることができる。

2　身元保証の期間は5年間とし、当寺が特に必要と認めた場合、その身元保証の期間の更新を求めることができる。

3　職員が当寺の規則又は指示を適切に遵守しなかったことにより当寺に損害を与えたときは、当寺は身元保証人に対し、その損害を賠償させることができる。

4　当寺は、職員に次の各号のいずれかの事情が生じたときは、身元保証人に対しその旨を遅滞なく通知するものとする。

　(1)　職員の職務遂行が不適切又は不誠実であることにより、身元保証人の責任問題を引き起こすおそれがあると認められるとき。

　(2)　職員の業務の内容及び当該業務に伴う責任の程度又は勤務地の異動により、身元保証人の職員に対する監督が困難になり、又は責任が加重されるおそれがあると認められるとき。

5　身元保証人は、前項の通知を受けた場合、将来に向かって身元保証契約を解除することができる。

6　職員が身元保証人を変更するときは、第1項の要件を具備する者を選任し、速やかに当寺と身元保証契約を締結する手続を行わなければならない。

（労働条件の明示）

第7条　当寺は、職員との労働契約の締結に際し、労働条件通知書及びこの規則を交付して、次の各号に掲げる事項を明示する。

　(1)　労働契約の期間

　(2)　就業の場所及び従事する業務

　(3)　始業及び終業の時刻、所定労働時間を超える労働の有無、休憩時間、休日及び休暇

　(4)　賃金の決定、計算及び支払の方法、賃金の締切日及び支払の時期並びに昇給及び降給

　(5)　定年、退職となる事由、退職の手続、解雇の事由及び解雇の手続並びに退職金制度の対象の有無

　(6)　退職金制度の対象となる職員にあっては、退職金の決定、計算及び支払方法並びに退職金の支払時期

　(7)　休職制度の対象となる職員にあっては、休職事由及び休職期間

2　当寺は、前項の労働条件その他職員の待遇に変更があったときは、文書又は寺内メールにより、その内容を周知するものとする。

（試用期間）

第8条　新たに採用した者については、採用の日から3か月間を試用期間とする。

2　試用期間中における職員との雇用関係は仮採用によるものとし、試用期間の終了をもって、当寺は当該職員を本採用するものとする。

3　当寺は、試用期間中の職員の業務適性等を総合的に判断し、試用期間が満了するま

170

Ⅱ　労働条件に関する書式

でに本採用の有無を決定する。
4　当寺は、職員の採用選考時の審査及び試用期間中の業務遂行状況等を鑑み、試用期間を短縮すること又は設けないことができる。
5　当寺は、試用期間満了までに試用期間中の職員の業務適性等に関して最終的な判断をすることが困難である場合、労働契約の解約権を留保したうえで、最長で通算6か月まで試用期間を延長することができる。
6　職員が試用期間中に業務災害により休業する場合は、当該休業期間における試用期間の経過を中断し、復職後試用期間を再開するものとする。
7　試用期間は、勤続年数に通算する。
8　試用期間中の職員の労働条件は、個別に定めるものとする。
9　試用期間中の職員の所属は、総務部とする。
10　本採用は、試用期間満了・本採用決定通知書の交付をもって通知する。

第2節　異　動

（異　動）
第9条　当寺は、業務上の必要があるときは、職員に転勤、配置転換等の異動を命ずることができる。職員は、正当な理由がない限りこれを拒むことができない。
2　前項で定める異動とは、次のとおりとする。
　(1)　転勤……勤務地の変更を伴う所属部門の変更
　(2)　配置転換……同一事業場内での担当業務等の変更
（出　向）
第10条　当寺は、次の各号に掲げる事由のいずれかに該当するときは、関係寺院又は団体（以下、「出向先」という。）への出向を職員に命じることがある。この場合当寺と当該職員との労働契約関係を維持したまま、当該職員と出向先との間にも労働契約を締結させることとする。
　(1)　出向先への事業及び実務の指導
　(2)　職員の実務能力の形成及び増進
　(3)　その他当寺の発展及び職員の実務能力の形成に資する事由

第3章　服務規律

（服務の基本原則）
第11条　寺務職員は、当寺存在の社会的意義を認識し、職務上の責任を自覚し、誠実に職務を遂行しなければならない。
2　山務職員は、当寺の目的である宗教の布教、儀式行事の実践、信者の強化育成に努め、常に読経、法式声明、言説布教、書道などの研鑽を怠らず、誠実に職務を遂行しなければならない。
3　職員は、勤務に当たり次の各号を遵守しなければならない。
　(1)　所属長の指示命令に従い、規律を重んじ、職場秩序の維持に努めること。
　(2)　常に職務能率の向上に努め、同僚と協力して業務に精励すること。
（服　装）
第12条　寺務職員は常に、整髪と清潔な服装に留意し、男性は必ずネクタイを着け布教服を着用し女性は所定の制服を着用しなければならない。山務職員は常に、3ミリ以

171

第5章　労働関係法に関する書式

下に整髪若しくは剃髪し、白衣・道服・袴を着用し、清潔な服装で勤務しなければならない。

2　職員が作業に従事する場合は、所定の作業衣を着用して執務することとするが、常に清潔を保ち、他者に不快感を与えないよう留意しなければならない。

（遵守事項）

第13条　職員は、次の各項に掲げる義務を遵守し、服務に精励しなければならない。

2　職員は、次の各号に掲げる職務専念に関する事項を守らなければならない。

(1)　遅刻、早退又は私用外出、その他勤務時間中に職場を離れるときは上司の許可を受けること。

(2)　労働時間中は許可なく職場を離れ、又は責務を怠る等の行為をしないこと。

(3)　労働時間中に職務上の必要がない SNS にアクセスしたり又は WEB サイトを閲覧したりしないこと。

(4)　当寺の許可なく、境内或いは院内において政治活動、業務に関係のない放送・宣伝・集会・又は文書画の配布・回覧・掲示その他これに類する活動をしないこと。

(5)　当寺の許可なく、他の事業の業務に従事し、又は自ら事業を営まないこと。

3　職員は、次の各号に掲げる職場環境維持に関する事項を守らなければならない。

(1)　この規則及びこれに付随する当寺の諸規程を遵守し、これらに定める禁止事項を行わないこと。

(2)　他の職員、役員との円滑な交流をなし、行動に品位を保つなどして、職場環境の向上に努めること。

(3)　当寺資産を職務以外に使用せず、備品等を大切にし、消耗品の節約に努め、書類は丁寧に扱いその保管を厳にすること。

(4)　許可なく火気を使用し、又は危険物を取り扱わないこと。

(5)　常に職場を整理整頓し、快適に業務ができるように努めること。

(6)　当寺が認める特別な場合を除き、酒気を帯びて勤務しないこと。

(7)　労働時間中の喫煙や指定の場所以外での喫煙はしないこと。

(8)　当寺施設内で、賭博その他これに類似する行為を行わないこと。

(9)　他の職員を教唆・煽動してこの規則に反するような行為、秩序を乱すような行為をしないこと。

4　職員は、次の各号に掲げる秘密保持に関する事項を守らなければならない。

(1)　当寺内外を問わず、在職中又は退職後においても、当寺の機密情報、職員及び関係者の個人情報（個人番号を含む。）、ID 及びパスワード等（以下、「秘密情報」という。）を第三者に開示、漏えい、提供又は不正に使用しないこと。

(2)　当寺が事前許可した場合以外、秘密情報をコピー等して外部に持ち出さないこと。

(3)　ID カードを当寺の許可なく他の職員に貸与しないこと。

(4)　当寺が貸与する携帯電話、パソコン、その他情報関連機器（蓄積されている情報も含む。）を、紛失又は破損しないこと。また、当該情報関連機器を紛失又は破損した場合は、直ちに、情報漏えい防止の対策を行うとともに、当寺に報告すること。

(5)　当寺の許可なく、私物のパソコン、携帯電話、その他電子機器類に檀家に関する情報、その他秘密情報を記録しないこと。やむを得ず檀家の電話番号、メールアド

Ⅱ 労働条件に関する書式

レス等を記録する場合は、セキュリティー管理が可能な機種を選択し、私物の機器であっても当寺が貸与する機器と同様に、善良な管理者の注意をもって取り扱うこと。

(6) 当寺の諸規則に違反する出版又は講演を行わないこと。

5 職員は、次の各号に掲げる信用維持に関する事項を守らなければならない。

(1) 暴力団員、暴力団関係者その他反社会的勢力と関わりを持ったり、交流したり、又はそのように誤解される行為をしないこと。

(2) 当寺の内外を問わず、当寺や当寺に関係する者の名誉を傷つけたり、信用を害したり、体面を汚す行為をしないこと。

(3) 職務に相応しい服装を心がけ、他人に不快感を与える服装又は行動は避けること。

(4) 職務について、関係先から金品を受け取ることや、私事の理由で貸借関係を結ぶこと等の私的な利益を甘受しないこと。

6 職員は、法律・規程に関し、次の各号に掲げる事項を守らなければならない。

(1) 職務の権限を越えて専断的なことを行わないこと。

(2) 外国人である職員は、出入国管理及び難民認定法、その他在留外国人に関する法律を遵守すること。

(3) 酒気を帯びて車両等を運転しないこと。

(4) 過労、病気及び薬物の影響その他の理由により正常な運転ができないおそれがある状態で車両等を運転しないこと。

(5) 当寺の指示により受診した健康診断の結果を遅滞なく当寺に提出すること。

(6) 本章に抵触する行為の他、当寺の利益を損じる行為をしないこと。

7 職員は、通勤又は旅行経路の虚偽報告や費用の水増し等により、不正に利得を得てはならない。この場合において、当寺は、不正に利得を得た職員（当該行為を教唆した職員を含む。）に対して、不正に得た利得を返還させ、及び懲戒処分の対象とするものとし、当該行為が刑法上の横領と認められるときは、併せて刑法上の手続をとるものとする。

（セクシュアルハラスメント等あらゆるハラスメントの禁止）

第14条 職員は、他の職員の権利及び尊厳を尊重し、セクシュアルハラスメント（性的な言動により他の職員の働く環境を悪化させ能力の発揮を妨げる等の行為により、他の職員の職業生活を阻害すること。）、パワーハラスメント（いわゆる職場におけるいじめ行為や、言葉や態度等によって行われる精神的な暴力により他の職員の働く環境を悪化させる等の行為により、他の職員の職業生活を阻害すること。）、マタニティハラスメント（妊娠、出産等に関する言動により妊産婦に不快感を与え、就業環境を害すること。）、育児・介護休業等に関するハラスメント（育児・介護制度又は措置の申出・利用に関する言動により就業環境を害すること。）及び性的指向・性自認に関する言動によるものなど職場におけるあらゆるハラスメントに該当すると疑われるような行為を行ってはならない。また、セクシュアルハラスメント等に関する職員の対応により当該職員の労働条件につき不利益を与えることを行ってはならない。

（各種届出義務）

第15条 職員は、次の事項に異動が生じた場合には、異動が生じた日から1週間以内に当寺に届け出なければならない。

第5章　労働関係法に関する書式

　(1)　氏名
　(2)　現住所、通勤経路
　(3)　扶養家族
　(4)　学歴、資格・免許
2　届出に遅滞があったことによる不利益は、原則として、職員が負うものとする。

第4章　勤　務

第1節　出勤及び退勤

（出退勤）
第16条　職員は、出勤及び退勤に際しては、次の事項を守らなければならない。
　(1)　始業時刻には業務を開始できるように出勤し、終業時刻後は、特別な用務がない限り速やかに退勤すること。
　(2)　退勤するときは、器械、器具及び書類等を整理整頓し、安全及び火気を確認すること。
　(3)　出勤の事実並びに始業及び終業時刻を当寺が適正に把握することができるよう、職員は、自ら即時にタイムカード等により記録して、その事実につき所属長の確認を得ること。
　(4)　所定外労働又は休日出勤については、第25条（所定外労働及び休日出勤）の規定に従うこと。
2　勤務時間中私用により外出する場合は、所属長の許可を受けなければならない。
3　職員は、出勤及び退勤（私用による外出の場合を含む。）において、日常携帯品以外の品物を持ち込み又は持ち出そうとするときは、当寺の許可を受けなければならない。
4　第1項第3号の記録を遅滞し、又は他の職員に記録の代行をさせる等の行為により、記録の客観性を損なわせた場合は、本人又は記録を代行した者に対して懲戒を行う。

（遅刻、早退、欠勤等）
第17条　職員は、遅刻、早退又は欠勤のおそれがあるときは、直ちに所属長に届け出て、その対応について指示を受けなければならない。ただし、緊急やむを得ない理由で事前に届け出ることができなかった場合は、当該事実及びその理由を直ちに報告しなければならない。
2　欠勤の理由が傷病である場合、当寺は、その日数にかかわらず、医師の証明書又は診断書その他勤務し得ない理由を明らかにする証明書類を求めることができる。
3　遅刻、早退又は欠勤の状況により、当寺が必要と認めるときは、職員に対して当寺の指定する医師の診断を受けることを求めることができる。
4　遅刻、早退、欠勤及び職場離脱（許可なく行った私用面会及び私用外出をいう。）により勤務しなかった時間の賃金については、賃金規程に定めるところにより控除の対象とする。
5　第1項の届出又は報告は、原則として、欠勤・遅刻・早退・外出許可申請書・届出書により行うものとする。ただし、緊急の場合の届出は、電話又は電子メール等の適宜の方法により行い、事後直ちに当該事実及びその理由を報告するものとする。

Ⅱ　労働条件に関する書式

（無断欠勤）

第18条　正当な理由なく事前の届出をせず、また、当日の始業時刻前又は始業後1時間以内に電話又は電子メール等の適宜の方法による届出をせず欠勤したときは、無断欠勤とする。また、届出のある欠勤であっても正当な理由が認められないものについても同様とする。

（面　会）

第19条　職員は、労働時間中に私用により外来者と面会又は外出をしてはならない。ただし、緊急やむを得ない場合であって、当寺の許可を受けた場合はこの限りでない。

2　前項の許可申請は、欠勤・遅刻・早退・外出許可申請書・届出書により行うものとする。

第2節　労働時間及び休日

（所定労働時間、始業・終業時刻）

第20条　所定労働時間（休憩時間を除く。以下同じ。）は、原則として、1週間については○時間○○分とし、1日については○時間○○分とする。

2　始業時刻及び終業時刻及び休憩時間は次のとおりとする。

(1)　始業時刻…午前○時○○分

(2)　終業時刻…午後○時○○分

(3)　休憩時間…午前○時○○分から午後○時○○分まで

3　職員は、始業時刻に業務を開始できるよう余裕をもって出勤しなければならない。また、終業時刻（第25条（所定外労働及び休日出勤）の規定により所定外労働を行うときはその終了時刻）までに業務が終了するよう職務に専念しなければならず、業務終了後は、速やかに退勤しなければならない。

4　当寺は、業務上の必要があるときは、第2項第3号の休憩時間の時間帯を繰り上げ、又は繰り下げることがある。

（始業・終業時刻の変更）

第21条　交通ストその他やむを得ない事情がある場合又は業務上の必要がある場合は、全部又は一部の職員について、始業、終業の時刻及び休憩時間を変更することができる。この変更は、所定労働時間の範囲内において行う。

（交替勤務）

第22条　当寺は、業務の都合により交替勤務を命ずる場合がある。この場合の始業・終業時刻及び休憩時間については、その都度定める。

（休　日）

第23条　当寺の休日は、原則として1週1日とし、月間の休日は大の月…6日、小の月…5日とする。ただし、業務の性格上、休日は交替制とし、月の休日は前月末に明示する。

（休日の振替）

第24条　業務の都合で必要あるときは、当寺は、前条で定めた休日を、4週に4日を下回らない範囲で他の日と振り替えることがある。

2　正月行事のある1月、夏期活動のある8月については、それぞれ前月中に所属長の業務命令書を添えて届け出ることにより、前条の休日を翌月に振り替えることができる。また、長期出張の場合もこれに準ずる。

175

第 5 章　労働関係法に関する書式

3　前各項に該当しない休日の振替は、所属長と相談のうえ決定する。

第 3 節　時間外及び休日勤務

（所定外労働及び休日出勤）

第25条　当寺は、業務の都合により所定外労働又は休日出勤を命ずることができる。この場合における時間外労働及び休日労働については、当寺はあらかじめ職員の過半数を代表する者と締結する労使協定（以下、「36協定」という。）の範囲内でこれを行う。

2　臨時的な業務の必要があるときは、36協定の特別条項に定めるところにより、1か月及び1年間についての労働時間の延長時間を更に延長することができる。この場合における、更に延長する時間数、延長する場合の手続、当該延長時間に係る割増賃金率等は、36協定に定めるところによる。

3　所定外労働及び休日出勤は、業務命令として、職員は正当な理由なくこれを拒否することはできない。

4　所定外労働及び休日出勤は、所属長の命令に基づき行うことを原則とする。ただし、職員が業務の遂行上必要と判断した場合は、事前に当寺又は所属長に申請をし、許可を受けて行うことができる。

5　前項にかかわらず、事前に許可を受けることができないときは、事後直ちに届け出てその承認を得なければならない。

6　第4項の命令若しくは許可申請又は前項の届出は、所定外労働・休日出勤命令・許可申請書により行う。

（緊急就業）

第26条　災害その他避けることのできない事由により臨時の必要がある場合は、36協定の定めによらず、所轄労働基準監督署長の許可を受け又は事後に遅滞なく届け出ることにより、その必要な限度において時間外労働又は休日労働を命ずることができる。

（年少者及び妊産婦の時間外労働等）

第27条　満18歳未満の者に対しては、原則として、時間外労働、休日労働及び深夜業を命じない。

2　妊娠中又は産後1年を経過していない者が請求した場合は、時間外労働、休日労働及び深夜業を命じない。

（代　休）

第28条　当寺は、所定外労働をさせたとき、又は振替休日の手続によらず休日に出勤させたときは、当該所定外労働の時間数分又は休日出勤の日数分の休暇（以下、「代休」という。）を与えることができる。

2　前項の代休の時間及び日は、無給とする。ただし、当該代休の付与に当たり、時間外労働があるときは時間外割増賃金のうち割増部分（0.25等）の額を、休日労働があるときは休日割増賃金のうち割増部分（0.35）の額を、深夜における労働があるときは深夜割増賃金（0.25）を支払う。

3　代休は、職員の申請により付与するものとする。

4　代休を取得しようとする職員は、取得希望日の1週間前までに、代休取得届を当寺に提出しなければならない。

（適用除外）

第29条　監督若しくは管理の地位にある者又は機密の事務を取り扱う者については、労働時間、休憩及び休日の規定は適用しない。

2　前項に該当する職員については、労働時間の管理は自ら行うものとするが、当該職員の健康確保のため、当寺はその者の在社時間等を管理するものとする。

第5章　休暇及び休業

（年次有給休暇）

第30条　当寺は、職員に対し、入職日（月の途中に入職した者はその月の初日に入職したものとみなす。以下同じ。）から起算する次表上欄の勤続期間を満たす月の初日に、当該勤続期間に応じた同表下欄の日数の年次有給休暇を与える。

勤続期間	6か月	1年 6か月	2年 6か月	3年 6か月	4年 6か月	5年 6か月	6年 6か月以上
付与日数	10日	11日	12日	14日	16日	18日	20日

2　前項の年次有給休暇は、入職日から起算して6か月を超えて継続勤務する日及び以降1年を経過した日ごとの日（以下、「基準日」という。）において、基準日の直前の1年間（初回の付与については、6か月間）の所定労働日の8割以上出勤した職員を対象とする。

3　前項の出勤率の算定につき、次の各号に掲げる期間は出勤したものとみなす。

　(1)　業務上の負傷、疾病による療養のための休業期間

　(2)　産前産後の休業期間

　(3)　育児・介護休業法に基づく育児休業及び介護休業期間

　(4)　年次有給休暇を取得した日

　(5)　職員が当寺から正当な理由なく就労を拒まれたために就労できなかった日

4　第2項の出勤率の算定につき、次の各号に掲げる期間であって労働しなかった日は、同項の所定労働日に含めない。

　(1)　第28条（代替休暇）の期間

　(2)　第33条（特別休暇）の期間

　(3)　第34条（裁判員休暇）の期間

　(4)　第35条（当寺都合による休業）の期間

　(5)　第38条（母性健康管理のための休暇等）の期間

　(6)　第41条（子の看護休暇及び介護休暇）の期間

　(7)　第44条（休職期間）の期間

　(8)　当寺側に起因する経営、管理上の障害による休業の期間

　(9)　正当な同盟罷業その他正当な争議行為により労務の提供が全くなされなかった期間

　(10)　前各号に掲げるほか、不可抗力による休業の期間

5　年次有給休暇の有効期間は、付与日から2年間とする。

6　年次有給休暇を10日以上与えられた職員に対して、当寺は毎年年次有給休暇のうち5日について、職員の意見を尊重したうえで、あらかじめ時季を指定して取得させる。ただし、職員が申出により取得した場合は、当該取得した日数分を5日から控除する。

第5章 労働関係法に関する書式

7 年次有給休暇（繰越分を含む。）のうち、5日を越える分については、労使協定で
定めることにより年次有給休暇の時季を指定することができる。この場合において職員
は、当寺が特に認めた場合を除き、年次有給休暇を取得しなければならない。

8 年次有給休暇の日については、通常の賃金を支払うものとし、その日は通常の出勤
をしたものとして取り扱う。

（時間単位年休）

第31条 職員は、労使協定に定めるところにより、前条の年次有給休暇の日数（繰越し
分を含む。）のうち、1年度につき5日を限度として、1時間を1単位として、年次
有給休暇を取得することができる。

2 時間単位年休を取得する場合における1日の年次有給休暇に相当する時間数は、1
日当たりの所定労働時間数（1時間未満の端数があるときは、これを1時間に切り上
げる。以下同じ。）とする。ただし、日によって所定労働時間が異なる職員について
は、1年度における1日平均の所定労働時間数とする。

3 時間単位年休は1時間単位で取得する。

4 当寺は時間単位年休の時間については、通常の賃金を支払うものとし、その時間は
通常の出勤をしたものとして取り扱う。

（年次有給休暇の取得手続）

第32条 職員が年次有給休暇を取得しようとするときは、原則として1週間前までに、
遅くとも前々日までに当寺に届け出なければならない。

2 職員が年次有給休暇を取得し、休日を含めて1週間以上勤務から離れるときは、原
則として1か月前までに、遅くとも2週間前までに所定の手続により、当寺に届け出
なければならない。

3 年次有給休暇は本人の届出による時季に与えるものとする。ただし、その時季に与
えることが事業の正常な運営を妨げる場合には、他の時季に変更することができる。

4 突発的な傷病その他やむを得ない事由により欠勤した場合で、あらかじめ届け出る
ことが困難であったと当寺が承認した場合には、事後の速やかな届出により当該欠勤
を年次有給休暇に振り替えることができる。ただし、当該承認は当寺又は所属長の裁
量に属するものとし、必ず行われるものではない。

5 第30条（年次有給休暇）の規定により付与する年次有給休暇（繰越し分を含む。）
のうち、5日を超える分については、労使協定を締結し、当該協定の定めるところに
より年次有給休暇の時季を指定することができる。この場合において職員は、当寺が
特に認めた場合を除き、当該協定の定めるところにより年次有給休暇を取得しなけれ
ばならない。

6 年次有給休暇取得の届出は、年次有給休暇取得届により行う。

（特別休暇）

第33条 職員が次の各号に掲げる事由に該当し、当寺がその必要を認めたときは、当該
各号に定める日数の特別休暇を与える。

(1) 本人が結婚するとき……結婚式又は入籍のいずれか遅い日から起算して6か月以
内の○日

(2) 子が結婚するとき……子の結婚式当日を含む○日

(3) 兄弟姉妹が結婚するとき……結婚式当日○日

(4) 妻が出産するとき……出産予定日又は出産日を含む○日

Ⅱ　労働条件に関する書式

(5)　父母、配偶者又は子が死亡したとき……死亡した日から○日

(6)　祖父母若しくは配偶者の父母又は兄弟姉妹が死亡したとき……死亡した日から○日

(7)　その他前各号に準じ当寺が必要と認めたとき……当寺の認めた日数

2　職員が次の各号に掲げる事由に該当し、当寺がその必要を認めたときは、当該各号に必要な時間又は日数の特別休暇を与えることができる。

(1)　疾病の感染を予防する必要があるとき。

(2)　天災事変等によりその者の出勤が困難又は危険なとき。

(3)　その他当寺が必要と認めるとき。

3　前2項の特別休暇は有給とし、その期間については、通常の賃金を支払うものとする。

4　職員が特別休暇を取得しようとするときは、あらかじめ特別休暇取得届を、当寺に提出しなければならない。この場合において当寺は職員に対し、必要最小限の書類を提出させることができる。

5　第2項第1号及び第2号の事由が長期に及ぶことが見込まれるとき(概ね1週間以上を目安とする。)は、第35条(当寺都合による休業)に定める当寺都合による休業又は在宅勤務若しくは一時異動を命ずることができるものとし、この場合には、特別休暇は付与しない。

(裁判員休暇)

第34条　職員が次のいずれかの事由に該当する場合は、次のとおり休暇を与える。

(1)　裁判員又は補充裁判員として裁判に参加する場合……必要な日数

(2)　裁判員候補者として裁判所に出頭する場合……必要な時間

2　裁判員休暇を取得した日については、所定労働時間労働したときに支払われる通常の賃金を支払う。ただし、旅費及び宿泊費は支給しない。

3　裁判員休暇を取得する職員は、裁判所から第1項に関する通知を受け取ったとき、及び裁判に参加又は裁判所に出頭したときは、出社後速やかに会社に報告しなければならない。

4　裁判員休暇取得の届出は、特別休暇取得届の例による。

(当寺都合による休業)

第35条　事業上又は業務上の必要があるときは、当寺は職員に対し休業(以下、「当寺都合による休業」という。)を命ずることができる。当寺都合による休業を命じられた者は、労働時間中、自宅に待機し、当寺が出勤を求めた場合は直ちにこれに応じられる態勢をとらなければならず、正当な理由なくこれを拒否することはできない。

(公民権行使の時間)

第36条　職員が労働時間中に選挙その他公民としての権利を行使するため、また、公の職務に就くため、あらかじめ届け出た場合は、それに必要な時間又は日を与えるものとする。ただし、業務の都合により、時刻を変更することができる。

2　前項の時間又は日は、原則として無給とする。

3　第1項の時間又は日の届出は、特別休暇取得届の例による。

(産前産後の休暇)

第37条　6週間以内(多胎妊娠の場合は14週間以内。以下本項において同じ。)に出産予定の職員が請求した場合には、産前6週間以内の休暇を与えるものとする。

179

第5章　労働関係法に関する書式

2　産後は、本人の請求の有無にかかわらず、出産日から8週間の休暇を与えるものとする。ただし、産後6週間を経過し、本人から請求があった場合には、医師により支障がないと認められた業務に就かせることができる。

3　産前産後の休暇の期間は無給とする。

4　本条から第39条までの請求は、母性保護等に関する休暇請求書により行う。

（母性健康管理のための休暇）

第38条　妊娠中又は産後1年を経過しない職員が、所定労働時間内に、母子保健法に基づく保健指導又は健康診査を受けるために、通院休暇を請求した場合には、次の範囲で休暇を与えるものとする。ただし、不就労時間に対する部分は無給とする。

（1）産前の場合……次による。ただし、医師等がこれと異なる指示をしたときは、その指示により必要な時間とする。

妊娠23週まで	4週間に1回
妊娠24週から35週まで	2週間に1回
妊娠36週から出産まで	1週間に1回

（2）産後（1年以内）の場合…医師等の指示により必要な時間とする。

2　妊娠中又は産後1年を経過しない職員から、保健指導又は健康診査に基づき勤務時間等について医師等の指導を受けた旨の申出があった場合には、次の措置を講ずるものとする。ただし、不就労時間に対する部分は無給とする。

（1）通勤時の混雑を避けるよう指導された場合は、妊娠中の通勤の緩和措置……1時間以内の時差出勤

（2）休憩時間について指導された場合は、妊娠中の休憩措置……休憩回数の増加、休憩時間の延長

（3）妊娠中、出産後の諸症状の発生又はそのおそれがあると指導された場合は、妊娠中、出産後の諸症状に対応する措置……勤務時間の短縮、休業等

3　第1項の請求及び前項の申出をする者は、医師等の指示又は指導内容が記載された証明書を当寺に提出しなければならない。

（生理日の措置）

第39条　生理日の就業が著しく困難な職員が請求した場合には、1日又は半日若しくは請求があった時間における就労を免除する。

2　前項の措置による不就労時間に対する部分は無給とする。

（育児時間）

第40条　生後1年未満の子を育てる女性職員が請求した場合には、休憩時間のほかに1日2回、各々30分の育児時間を与えるものとする。

2　前項の措置による不就労時間に対する部分は無給とする。

（育児・介護休業等）

第41条　職員のうち必要のある者は、育児・介護休業法に基づく育児休業、介護休業、子の看護休暇、介護休暇、育児・介護のための所定外労働の免除、育児・介護のための時間外労働及び深夜労働の制限並びに所定労働時間の短縮等（以下、「育児・介護休業等」という。）の適用を受けることができる。

2　育児・介護休業等の取扱いについては、「育児・介護休業等に関する規程」で定める。

Ⅱ　労働条件に関する書式

第6章　賃　金

（賃　金）
第42条　職員の賃金の取扱いについては、別に定める「賃金規程」によるものとする。

第7章　休職及び復職

（休　職）
第43条　職員が、次の各号のいずれかに該当したときは、休職とする。ただし、本条の
　　規定は、試用期間中の者には適用しない。
　⑴　業務外の傷病により欠勤が、継続又は断続を問わず日常業務に支障をきたす程度
　　　（概ね○か月を目安とする。）に続くと認められるとき。
　⑵　精神又は身体上の疾患により労務提供が不完全なとき。
　⑶　出向等により、関係寺院又は他の団体の業務に従事するとき。
　⑷　その他業務上の必要性又は特別の事情があって休職させることを適当と認めたと
　　　き。
（休職期間）
第44条　前条の休職期間（第1号にあっては、書面により当寺が指定した日を起算日と
　　する。）は次のとおりとする。ただし、休職の事由又は程度を勘案し、当寺は、その
　　裁量により、休職を認めず、又はその期間を短縮することができる。
　⑴　前条第1号及び第2号のとき……○か月（勤続期間が1年未満の者については、
　　　1か月以上3か月未満の範囲でその都度当寺が定める。）
　⑵　前条第3号及び第4号のとき……当寺が必要と認める期間
　2　職員が復職後6か月以内に同一又は類似の事由により完全な労務提供ができない状
　　況に至ったときは、復職を取り消し、直ちに休職させる。この場合の休職期間は、復
　　職前の休職期間の残存期間とする。なお、残存期間が3か月未満のときは、休職期間
　　を3か月とする。
　3　第1項の規定にかかわらず、休職期間中に第52条に定める退職事由が生じたとき
　　は、その日をもって休職期間が満了したものとみなす。
　4　職員が休職する場合、当寺は、職員に対し休職事由を証明する書類を提出させるこ
　　とができる。また、当該書類に有効期間の定めがある場合は、有効期間満了の都度再
　　提出させることができる。
　5　職員に第43条第1項第1号又は第2号（以下、「私傷病休職」という。）の事由が認
　　められる場合、休職させる必要性の判断をするために、当寺は職員に当寺の指定する
　　医師の診察を受けさせ診断書の提出を命じることができる。また、診断書に記された
　　就業禁止期間満了の都度再提出させることができる。
　6　休職期間、起算日、休職事由等は、休職に関する確認書により、書面で通知する。
（休職期間の取扱い）
第45条　休職期間は、当寺の業務の都合による場合及び当寺が特別な事情を認めた場合
　　を除き、前条の勤続期間、退職金算定における勤続期間に通算しないものとする。た
　　だし、第30条に定める年次有給休暇の付与に関する勤続期間については、通算するも
　　のとする。
　2　休職期間中の健康保険料（介護保険料を含む。）、厚生年金保険料、住民税等であっ

181

第5章 労働関係法に関する書式

て、職員の月例賃金から通常控除されるものについては、当寺は職員に対しあらかじめ請求書を送付する。職員は当該請求書に記載された保険料、税金等を指定期限までに会社に支払わなければならない。

3　休職期間中は、無給とする。

（復　職）

第46条　職員の休職事由が消滅したと当寺が認めた場合、又は休職期間が満了した場合は、原則として、休職前の職務への復職を命ずる。ただし、旧職務への復帰が困難な場合又は不適当と当寺が認める場合には、旧職務とは異なる職務に配置することができる。

2　休職中の職員が復職を希望する場合には、所定の手続により当寺に申し出なければならない。

3　休職期間が満了しても復職できないときは、原則として、休職期間満了の日をもって退職とする。

4　本条に定める手続は、次の各号に掲げるところにより行う。

（1）職員が復職を希望するとき……復職申出書に主治医の意見書を添付して届け出る。

（2）復職を命ずるとき……復職に関する確認書を交付する。

（3）休職期間が満了しても復職できないとき……休職期間満了通知書により通知する。

（私傷病休職中の服務）

第47条　私傷病休職の場合、職員は当該傷病の治療に専念しなくてはならない。治療目的から逸脱する行動及び当寺の信用を失墜させるような行為が認められた場合は、休職を打ち切り、懲戒処分にすることがある。

2　休職期間中に当寺から状況の報告を求められた場合、職員はこれに応じなければならない。当寺からの請求があるにもかかわらず、職員が正当な理由なく状況報告を怠りまたは拒否した場合は、休職を打ち切り、休職期間が満了したものとみなすことがある。

3　当寺は、必要があると認める場合、本人の同意を得た上で、主治医に復職等に関する意見を求め、当寺に報告させることがある。

4　主治医、家族その他社外の者からの情報収集又は情報提供は、原則として本人の同意を得て行うものとし、同意のあった目的以外に使用しない。ただし、次の各号のすべてに該当する場合は、この限りでない。

（1）人の生命、身体又は財産の保護のために個人情報を取得する必要がある場合

（2）個人情報の取得について本人の同意を得ることが困難である場合

（3）個人情報の取得が急を要する場合

5　職員は、適宜当寺の求めに応じて、休職者近況報告書により近況を報告しなければならない。

第8章　解　雇

（解　雇）

第48条　職員が次の各号のいずれかに該当する場合は解雇とする。

（1）精神又は身体に故障があるか、又は虚弱、傷病、その他の理由により職務に堪え

II　労働条件に関する書式

られない、又は労務提供が不完全であると認められるとき。
(2)　協調性がなく、注意及び指導をしても改善の見込みがないと認められるとき。
(3)　職務の遂行に必要な能力を欠き、かつ、他の職務に転換させることができないとき。
(4)　勤務意欲が低く、これに伴い、勤務成績、勤務態度その他の業務能率全般が不良で業務に適さないと認められるとき。
(5)　正当な理由のない遅刻及び早退、並びに欠勤及び直前の休暇請求が多く、労務提供が不完全であると認められるとき。
(6)　特定の地位、職種又は一定の能力を条件として雇い入れられた者で、その能力又は適格性が欠けると認められるとき。
(7)　労働契約の特約によりその職務又は勤務地に限定が設けられている職員について、当該職務又は勤務地がなくなったことにより当該特約を解約することについて、職員の同意を得ることができず、他の職務又は勤務地に転換させることができないとき。
(8)　事業の縮小その他当寺にやむを得ない事由がある場合で、かつ、他の職務に転換させることができないとき。
(9)　重大な懲戒事由に該当するとき。
(10)　前号に該当しない懲戒事由に該当する場合であって、改悛の情が認められなかったり、繰り返したりして、改善の見込みがないと認められるとき。
(11)　非違行為が繰り返し行われたとき。
(12)　当寺の職員としての適格性がないと判断されるとき。
(13)　天災事変その他やむを得ない事由により、事業の継続が不可能となり、雇用を維持することができなくなったとき。
(14)　その他前各号に準ずるやむを得ない事由があるとき。
2　前項各号に該当した場合において、解雇に先立ち、当寺は当該職員に退職を勧奨することがある。
3　退職勧奨による雇用の終了に際しては、当寺は、当該職員と退職合意書を取り交わすものとする

（解雇予告）
第49条　前条の定めにより、職員を解雇するときは、次の各号に掲げる場合を除き、30日前に本人に予告し、又は平均賃金の30日分に相当する解雇予告手当を支給する。
(1)　日々雇い入れられる者で雇用期間が1か月を超えない者を解雇する場合
(2)　2か月以内の期間を定めて雇用した者を当初の契約期間中に解雇する場合
(3)　試用期間中であって採用日から14日以内の者を解雇する場合
(4)　本人の責めに帰すべき事由によって解雇するときであって、所轄労働基準監督署長の認定を受けた場合
(5)　天災事変その他やむを得ない事由のため事業の継続が不可能となったことにより解雇するときであって、所轄労働基準監督署長の認定を受けた場合
2　前項の予告日数については、予告手当を支払った日数だけ短縮することができる。

（解雇制限）
第50条　職員が次の各号に該当するときは、当該各号に定める期間中は解雇しない。ただし、天災事変その他やむを得ない事由のため、事業の継続が不可能となった場合、

183

第5章　労働関係法に関する書式

又は第64条の打切補償を行った場合には、この限りでない。
(1)　業務上の傷病による療養のために休業する期間及びその後30日間
(2)　産前産後の女性職員が休業する期間及びその後30日間
2　職員が療養の開始後3年を経過した日において労働者災害補償保険法に基づく傷病補償年金を受けているときは当該3年を経過した日、又は療養の開始後3年を経過した日後において傷病補償年金を受けることとなった場合は当該傷病補償年金を受けることとなった日において、それぞれ、前項ただし書の打切補償を行ったものとみなす。

(解雇理由証明書)
第51条　職員は、解雇の予告がなされた日から退職の日までの間において、当該解雇の理由について当寺に対し証明書を請求することができ、当寺は当該請求があった場合には、遅滞なくこれを交付するものとする。ただし、解雇の予告がなされた日以後に職員が当該解雇以外の理由で退職した場合は、この限りでない。

第9章　退職及び定年

(退　職)
第52条　職員が、次の各号のいずれかに該当するに至ったときは退職とし、次の各号に定める事由に応じて、それぞれ定められた日を退職の日とする。
(1)　本人が死亡したとき。……死亡した日
(2)　定年に達したとき。……定年年齢に達した日の属する年度の末日
(3)　休職期間が満了しても休職事由が消滅しないとき。……期間満了の日
(4)　本人の都合により退職を申し出て当寺が承認したとき。…当寺が退職日として承認した日
(5)　前号の承認がないとき。……退職を申し出て2週間を経過した日
(6)　役員に就任したとき。……就任日の前日
(7)　職員の行方が不明となり、1か月以上連絡がとれない場合であって、解雇手続をとらないとき。……1か月を経過した日
(8)　解雇されたとき。……解雇の日
(9)　その他、退職につき労使双方が合意したとき。……合意により決定した日

(自己都合による退職手続)
第53条　職員が自己の都合により退職しようとするときは、原則として退職予定日の1か月前までに、当寺に申し出なければならない。退職の申出は、やむを得ない事情がある場合を除き、退職願を提出することにより行わなければならない。
2　退職の申出が、所属長により受理されたときは、当寺がその意思を承認したものとみなす。この場合において、原則として、職員はこれを撤回することはできない。
3　退職を申し出た者は、退職日までの間に必要な業務の引継ぎを完了しなければならず、退職日からさかのぼる2週間は現実に就労しなければならない。これに反して引継ぎを完了せず、業務に支障をきたした場合は、懲戒処分を行うことができる。

(業務の引継義務)
第54条　職員は、退職又は解雇の際は、遅滞なく業務引継書を起案するとともに、当寺の指定する者に業務の引継ぎを行わなければならない。これに反して引継業務を行わない場合は退職金を減額することができる。

Ⅱ　労働条件に関する書式

（定年等）

第55条　職員の定年は満60歳とし、定年に達した日の属する年度の末日をもって退職とする。

2　前項にかかわらず、定年に達した職員が希望する場合は、解雇事由又は退職事由に該当しない限り、1年間の有期労働契約とし、最長65歳まで嘱託職員として継続雇用するものとする。

3　嘱託職員として継続雇用されることを希望する者は、継続雇用規程に定めるところにより、継続雇用申請書を提出しなければならない。

4　嘱託職員に関する事項は別に定める。

5　満60歳を超えて無期転換した職員の定年は満65歳とし、65歳に達した日の属する年度の末日をもって退職とする。

（退職及び解雇時の手続）

第56条　職員が退職し、又は第48条（解雇）の規定により解雇された場合は、当寺から貸与された物品その他当寺に属するものを直ちに返還し、当寺に債務があるときは退職又は解雇の日までに精算しなければならない。また、返還のないものについては、相当額を弁済しなければならない。

2　職員が退職し、又は解雇されたときは、当寺は、賃金等について次の各号に定める時期に支払うものとする。

（1）　通常の賃金……退職日を含む賃金支払期間に係る賃金支払日

（2）　臨時の賃金……原則、前号と同様。ただし、退職又は解雇した者から請求があった場合に限り、請求があった日から7日以内

（3）　退職金……退職日後1か月から〇か月までの範囲内で退職金規程に定める時期

3　当寺は、その他必要な手続を行う。また、職員の権利に属する金品について返還するものとする。

4　退職し、又は解雇された職員が、次の各号に掲げる事項のいずれかについて、退職証明書又は解雇理由証明書を請求したときは、当寺は遅滞なくこれを交付するものとする。

（1）　使用期間

（2）　業務の種類

（3）　その事業における地位

（4）　賃　金

（5）　退職の事由（退職の事由が解雇である場合は、その事由も含む）

5　退職し、又は解雇された職員は、退職し、又は解雇された後もその在職中に行った職務、行為並びに離職後の守秘義務に対して責任を負わなければならない。

6　退職し、又は解雇された職員が、前項に違反し、当寺が損害を受けたときは、その損害を賠償しなければならない。

第10章　退　職　金

（退職金）

第57条　職員の退職金については、別に定める「退職金規程」によるものとする。

第11章　安全衛生及び災害補償

第5章　労働関係法に関する書式

第1節　安全衛生

（遵守事項）

第58条　当寺は、職員の安全衛生の確保及び改善を図り、快適な職場の形成のために必要な措置を講ずる。

2　職員は、安全衛生に関する法令及び当寺の指示を守り、当寺と協力して労働災害の防止に努めなければならない。

（健康診断）

第59条　職員に対しては、採用の際及び毎年1回（深夜労働に従事する者は6か月ごとに1回）、定期に健康診断を行う。

2　長時間の労働により疲労の蓄積が認められる職員に対し、その者の申出により医師による面接指導を行う。

3　第1項及び第2項の健康診断並びに前項の面接指導の結果必要と認めるときは、一定期間の就業禁止、労働時間の短縮、配置転換その他健康保持上必要な措置を命ずることがある。

（ストレスチェック）

第60条　職員に対しては、毎年1回、定期に医師・保健婦等による心理的な負担の程度を把握するための検査（ストレスチェック）を行う。

2　前項のストレスチェックの結果、ストレスが高く、面接指導が必要であると医師・保健婦等が認めた職員に対し、その者の申出により医師による面接指導を行う。

3　前項の面接指導の結果必要と認めるときは、就業場所の変更、作業の転換、労働時間の短縮、深夜業の回数の減少等、必要な措置を命じることがある。

（健康管理上の個人情報の取扱い）

第61条　当寺への提出書類及び身上その他の個人情報（家族状況も含む）並びに健康診断書その他の健康情報は、次の目的のために利用する。

(1)　当寺の労務管理、賃金管理、健康管理

(2)　出向、配置転換等のための人事管理

2　職員の定期健康診断の結果、職員から提出された診断書、産業医等からの意見書、過重労働対策による面接指導結果その他職員の健康管理に関する情報は、職員の健康管理のために利用するとともに、必要な場合には産業医等に診断、意見聴取のために提供するものとする。

（安全衛生教育）

第62条　職員に対し、雇入れの際及び配置換え等により作業内容を変更した場合、その従事する業務に必要な安全及び衛生に関する教育を行う。

2　職員は、安全衛生教育を受けた事項を遵守しなければならない。

第2節　災害補償

（災害補償）

第63条　職員が業務上の事由又は通勤により負傷し、疾病にかかり、又は死亡した場合は、労基法及び労働者災害補償保険法に定めるところにより災害補償を行う。

（打切補償）

第64条　労働基準法に基づく療養補償又は労働者災害補償保険法に基づく療養補償給付

を受ける従業員が療養開始後3年を経過しても、負傷又は疾病が治ゆしない場合は、労働基準法の定めるところにより、打切補償を行い、その後の補償は行わない。

（災害補償と法令との関係）

第65条　職員が同一の事由について、労働者災害補償保険法その他の法令による給付を受ける場合は、その価額の限度において、当寺は第63条（災害補償）の規定に基づく補償を行わない。

第12章　福利厚生

（慶弔金）

第66条　職員の慶事及び弔事に対して、当寺は慶弔金を支給することができる。ただし、試用期間中の職員は、原則として対象者から除外する。

2　当寺は、職員の死亡等（高度障害、傷病等の保険事故を含む。）に係る弔慰金や退職慰労金、上積補償の支払基盤を充実確保するための財源として、当寺を保険契約者及び保険金受取人とする団体生命保険等の保険金を充てることができる。この場合、当該保険金（解約返戻金を含む。）は全額当寺に帰属するものとする。

3　職員等に対して支給する慶弔金は、職員の勤続年数及び当寺に対する貢献度、死亡又は障害、傷病等の経緯等を総合考慮の上、合理的な金額を支払うものとする。

（その他の福利厚生）

第67条　当寺が講ずる福利厚生制度は、毎年度予算の範囲内でこれを行うものとし、その内容は、別に定める福利厚生規程により、職員に周知する。

第13章　表彰及び懲戒

第1節　表　彰

（表彰の基本原則）

第68条　当寺は、当寺の発展に大きく寄与した職員に対し、その優れた功績を周知することにより他の職員とともに栄誉を称え、感謝の意を表するために表彰するものとする。

（表　彰）

第69条　職員が次の各号のいずれかに該当する場合には、審査のうえ表彰することができる。

(1)　品行方正、技術優秀、業務熱心で他の者の模範と認められる者

(2)　災害を未然に防止し、又は災害の際、特に功労のあった者

(3)　業務上有益な発明、改良又は工夫、考案のあった者

(4)　永年にわたり無事故で継続勤務した者

(5)　社会的功績があり、当寺及び職員の名誉となった者

(6)　その他前各号に準ずる程度に善行又は功労があると認められる者

2　前項の表彰は、賞状、賞品又は賞金を授与し、これを行う。

第2節　懲　戒

（懲戒の基本原則）

第5章　労働関係法に関する書式

第70条　当寺は、第3章の服務規律に従わず、是正が必要な職員に対し、適切な指導及び口頭注意を行うものとする。口頭注意は、当該職員に非違行為の内容を口頭で指摘し、必要な助言を行い、改善策を求めることにより行う。

2　前項にかかわらず、なお改善が行われず企業秩序を維持するために必要があると認めるときは、本章に定める懲戒処分を行うことができる。

（懲戒の種類、程度）

第71条　懲戒の種類及び程度は、その情状により次のとおりとする。

(1)　譴責…始末書を提出させ、書面において警告を行い、将来を戒める。

(2)　減給…始末書を提出させて、減給する。ただし1回につき平均賃金の1日分の半額、総額においては一賃金支払期の賃金総額の10分の1を超えない範囲でこれを行う。

(3)　出勤停止…始末書を提出させ、14労働日以内の出勤を停止する。その期間の賃金は支払わない。

(4)　諭旨解雇…懲戒解雇相当の事由がある場合で、本人に反省が認められるときは退職届を提出するように勧告する。ただし、勧告に従わないときは懲戒解雇とする。

(5)　懲戒解雇…予告期間を設けることなく即時解雇する。この場合において、労働基準監督署長の認定を受けたときは、解雇予告手当を支給しない。

2　懲戒は、当該非違行為に関する教育指導とともに前項第1号から第4号又は第5号の順に段階的に行うものであり、各号の懲戒を行ったにもかかわらず、改悛の見込みがなく、かつ、非違行為を繰り返す場合には、上位の懲戒を行うことを原則とする。

（懲戒の事由）

第72条　職員が次の各号のいずれかに該当するときは、情状に応じ、譴責、減給又は出勤停止とする。

(1)　正当な理由なく欠勤をしたとき。

(2)　正当な理由なくしばしば遅刻、早退し、又はみだりに任務を離れる等誠実に勤務しないとき。

(3)　過失により当寺に損害を与えたとき。

(4)　虚偽の届出又は申告を行ったとき。

(5)　重大な報告を疎かにし、又は虚偽の報告を行ったとき。

(6)　職務上の指揮命令に従わず職場秩序を乱したとき。

(7)　素行不良で、当寺内の秩序又は風紀を乱したとき（セクシュアルハラスメント、パワーハラスメント等によるものを含む。）。

(8)　当寺内で暴行、脅迫、傷害、暴言又はこれに類する行為をしたとき。

(9)　当寺に属するコンピュータ、電話（携帯電話を含む。）、ファクシミリ、インターネット、電子メールその他の備品を無断で私的に使用したとき。

(10)　過失により当寺の建物、施設、備品等を汚損、破壊、使用不能の状態等にしたとき、又はサーバ、ハードディスクその他電子媒体に保存された情報を消去又は使用不能の状態にしたとき。

(11)　当寺及び当寺の職員、又は関係団体・個人等を誹謗若しくは中傷し、又は虚偽の風説を流布若しくは喧伝し、当寺業務に支障を与えたとき。

(12)　当寺及び関係団体・個人の秘密及びその他の情報を漏らし、又は漏らそうとしたとき。

Ⅱ　労働条件に関する書式

⒀　職務に対する熱意又は誠意がなく、怠慢で業務に支障が及ぶと認められるとき。

⒁　職務の怠慢又は監督不行届きのため、災害、傷病又はその他の事故を発生させたとき。

⒂　職務権限を越えて重要な契約を行ったとき。

⒃　信用限度を超えて取引を行ったとき。

⒄　偽装、架空、未記帳の取引を行ったとき。

⒅　部下に対して、必要な指示、注意、指導を怠ったとき。

⒆　部下の懲戒に該当する行為に対し、監督責任があるとき。

⒇　第3章（服務規律）に違反したとき。

(21)　その他この規則及び諸規程に違反し、又は非違行為若しくは前各号に準ずる不都合な行為があったとき。

2　職員が次の各号のいずれかに該当するときは、諭旨解雇又は懲戒解雇に処する。ただし、情状により減給又は出勤停止とする場合がある。

　⑴　正当な理由なく、欠勤が14日以上に及び、出勤の督促に応じない又は連絡が取れないとき。

　⑵　正当な理由なく頻繁に遅刻、早退又は欠勤を繰り返し、再三の注意を受けても改めないとき。

　⑶　正当な理由なく頻繁に業務上の指示又は命令に従わないとき。

　⑷　故意又は重大な過失により、当寺に重大な損害を与えたとき。

　⑸　重要な経歴を偽り採用されたとき、及び重大な虚偽の届出又は申告を行ったとき。

　⑹　重大な報告を疎かにした、又は虚偽の報告を行った場合で、当寺に損害を与えたとき又は当寺の信用を害したとき。

　⑺　正当な理由なく配転・出向命令等の重要な職務命令に従わず、職場秩序を乱したとき。

　⑻　素行不良で、著しく当寺内の秩序又は風紀を乱したとき（セクシュアルハラスメント、パワーハラスメント等によるものを含む。）。

　⑼　当寺内で暴行、脅迫、傷害、暴言又はこれに類する重大な行為をしたとき。

　⑽　当寺に属するコンピュータ、電話（携帯電話を含む。）、ファクシミリその他の備品によりインターネット、電子メール等を無断で私的に使用してわいせつ物等を送受信し、又は他人に対する嫌がらせ、セクシュアルハラスメント等反社会的行為に及んだとき。

　⑾　故意又は重大な過失によって当寺の建物、施設、備品等を汚損、破壊、使用不能の状態等にしたとき、又はサーバ、ハードディスクその他電子媒体に保存された当寺の重要な情報を消去若しくは使用不能の状態にしたとき。

　⑿　当寺及び当寺の職員、又は関係団体・個人を誹謗若しくは中傷し、又は虚偽の風説を流布若しくは喧伝し、当寺業務に重大な支障を与えたとき。

　⒀　当寺及び関係団体・個人の重大な秘密及びその他の情報を漏らし、又は漏らそうとしたとき。

　⒁　再三の注意及び指導にもかかわらず、職務に対する熱意又は誠意がなく、怠慢で業務に支障が及ぶと認められるとき。

　⒂　職務の怠慢又は不注意のため、重大な災害、傷病又はその他の事故を発生させた

189

第5章　労働関係法に関する書式

とき。

(16)　職務権限を越えて重要な契約を行い、当寺に損害を与えたとき。

(17)　信用限度を超えて取引を行い、当寺に損害を与えたとき。

(18)　偽装、架空の取引等を行い、当寺に損害を与え又は当寺の信用を害したとき。

(19)　当寺内における窃盗、横領、背任又は傷害等刑法等の犯罪に該当する行為があったとき。

(20)　刑罰法規の適用を受け、又は刑罰法規の適用を受けることが明らかとなり、当寺の信用を害したとき。

(21)　会計、経理、決算、契約にかかわる不正行為又は不正と認められる行為等、金銭、会計、契約等の管理上ふさわしくない行為を行い、当寺の信用を害すると認められるとき。

(22)　前項の懲戒を受けたにもかかわらず、又は再三の注意、指導にもかかわらず改悛又は向上の見込みがないとき。

(23)　第3章（服務規律）に違反する重大な行為があったとき。

(24)　その他この規則及び諸規程に違反し、又は非違行為を繰り返し、あるいは前各号に準ずる重大な行為があったとき。

（懲戒の手続）

第73条　当寺が懲戒処分を行おうとするときは、処分の内容、非違行為、懲戒の事由等を懲戒処分通知書で職員に通知するものとする。

2　懲戒解雇に該当するときであって、行方が知れず懲戒解雇処分の通知が本人に対してできない場合は、届出住所又は家族の住所への郵送により懲戒解雇の通知が到達したものとみなす。

3　諭旨解雇又は懲戒解雇に該当するおそれのあるときは、当該職員に対し、弁明の機会を付与する。

（損害賠償）

第74条　職員及び職員であった者が故意又は重大な過失によって当寺に損害を与えたときは、当該職員又は職員であった者に対し、損害の全部又は一部の賠償を求めることができる。ただし、職員は、損害賠償を行ったことによって懲戒を免れることはできない。また、懲戒処分を受けたことによって損害賠償の責めを免れることはできない。

（自宅待機及び就業拒否）

第75条　この規則に違反する行為があったと疑われる場合で、調査・処分決定までの前置措置として必要があると認められるときは、当寺は、職員に対し自宅待機を命ずることができる。自宅待機を命じられた者は、自宅待機していること自体が労務の提供であり、労働時間中自宅に待機し、当寺が出勤を求めた場合には、直ちにこれに応じられる態勢をとらなければならず、正当な理由なくこれを拒否することはできない。また、当寺は自宅待機中の期間は、通常の賃金を支払うものとする。

2　前項にかかわらず、職員の行為が懲戒解雇事由に該当し、若しくはそのおそれがある場合又は不正行為の再発若しくは証拠隠滅のおそれがある場合においては、当寺は調査及び審議が終了するまでの間、就業を拒否することができる。この場合、その期間中は無給とする。

（管理監督責任）

Ⅱ　労働条件に関する書式

第76条　本章に定める懲戒の対象となった職員の非違行為について、上司の管理監督責任が問われる場合においては、当該上司についても、本章に定める懲戒の対象とすることができる。

第14章　セクシュアルハラスメント等の防止措置

（セクシュアルハラスメント等に関する措置）

第77条　職員は、第14条の定めにより禁止されたすべての事項（以下、「セクシュアルハラスメント等」という。）のいずれかにより被害を受けた場合、又は被害を受けるおそれのある場合は、次条に定める相談窓口に対して相談及び苦情を申し立てることができる。

2　前項の申立てを受けた場合は、当寺は、速やかにその旨の報告、事実関係の調査に着手するとともに、申立人が申立て後もセクシュアルハラスメント等による被害を受けないように対処するものとする。また、対処する過程において、当寺は、申し立てた職員のプライバシー等を配慮し、本人の不利益にならないよう細心の注意を払うものとする。

（セクシュアルハラスメント等に係る相談窓口）

第78条　当寺は、セクシュアルハラスメント等に関する被害の相談に対応するため、○○部に相談窓口を設置する。

2　相談窓口は、次の業務を担当する。

（1）　セクシュアルハラスメント等に関する相談・苦情・通報を受け付けること。

（2）　相談・苦情・通報の内容について事実関係を確認すること。

（3）　セクシュアルハラスメント等が認められる場合は総務部長に報告し、解決への対応と加害者の懲戒委員会への発議を促すこと。

3　相談窓口の担当者はできる限り男女２名で構成する。

4　セクシュアルハラスメント等を受けた又は目撃した職員は、相談窓口に申し出ることができる。

5　セクシュアルハラスメント等に関する相談は、個室での面談、又は電子メールで受け付けることができる。メールで相談をする場合は、事案の発生日時、発生場所、具体的な状況を明示することとする。

6　相談窓口の担当者は、相談があった事実及び相談内容について漏えいしないように細心の注意を払わなければならない。

7　相談窓口を利用する場合は、事実であることが明らかな情報をもって相談しなければならない。情報に虚偽があり、その内容が悪質な場合は、相談依頼者に懲戒処分を行うことができる。

附　　則

1　本規則は、○○○○年○月○日に制定し、同日に施行する。

※　この「就業規則（案）」は、厚生労働省モデル就業規則を参考に退職手当、安全衛生、災害補償、表彰・制裁に関する事項を加えて作成しています。また、育児・介護休業等に関する事項と賃金規程に関する事項は、就業規則上には別に定めることを明記するだけで、付随規程として「育児・介護休業等

第5章　労働関係法に関する書式

に関する規程」と「賃金規程」「退職金規程」を定めています。
　　各寺で就業規則を作成する際には、必ず記載しなければならない事項以外
は実態に即して修正し、不要事項は削除するなどしてコンパクトで明瞭なも
のにしてください。

【書式5-17】　育児・介護休業等に関する規程例

育児・介護休業等に関する規程

第1章　総　則

（目　的）
第1条　本規程は就業規則第41条の規定に基づき、職員の育児・介護休業、子の看護休
　　暇、介護休暇、育児・介護のための所定外労働の免除、育児・介護のための時間外労
　　働および深夜業の制限並びに育児・介護短時間勤務等に関する取り扱いについて定め
　　るものである。

第2章　育児休業制度

（育児休業の対象者）
第2条　育児のために休業することを希望する職員であって、1歳に満たない次の子と
　　同居し、養育する者は、この規程の定めるところにより育児休業をすることができ
　　る。
　(1)　実子
　(2)　養子
　(3)　特別養子縁組のための監護期間中の子
　(4)　養子縁組里親に委託されている子
　(5)　当該職員を養子縁組里親として委託することが適当と認められているにもかかわ
　　らず、実親等が反対したことにより、当該職員を養育里親として委託された子
　　　ただし、期間契約職員にあっては、申出時において、以下のいずれにも該当する者
　　に限り育児休業をすることができる。
　(1)　在職1年以上であること
　(2)　子が1歳6か月（本条第5項の申出にあっては2歳）になるまでに労働契約期間
　　が満了し、更新されないことが明らかでないこと。
2　前項の定めにかかわらず、当寺は労使協定により除外された以下の職員からの休業
　の申出は拒むことができる。
　(1)　在職1年未満の職員
　(2)　申出の日から1年（本条第4項の申出にあっては6か月）以内に雇用関係が終了
　　することが明らかな職員
　(3)　1週間の所定労働日数が2日以下の職員
3　配偶者が職員と同じ日から、または職員より先に育児休業している場合、職員は、
　子が1歳2か月に達するまでの間で、出生日以後の産前・産後休業期間と育児休業期

間との合計が1年を限度として、育児休業をすることができる。
4 次のいずれにも該当する職員は、子が1歳6か月に達するまでの間で必要な日数について育児休業することができる。なお、育児休業を開始しようとする日は、原則として子の1歳の誕生日に限るものとする。
   (1) 職員または配偶者が原則として子の1歳の誕生日の前日に育児休業していること
   (2) 次のいずれかの事情があること
      (ア) 保育所に入所を希望しているが、入所できない場合
      (イ) 職員の配偶者であって育児休業の対象となる子の親であり、1歳以降育児に当たる予定であった者が、死亡、負傷、疾病等の事情により子を養育することが困難になった場合
5 次のいずれにも該当する職員は、子が2歳に達するまでの間で必要な日数について育児休業することができる。なお、育児休業を開始しようとする日は、原則として子の1歳6か月に到達する日(以下、「1歳6ヵ月到達日」という。)の翌日に限るものとする。
   (1) 当該申出に係る子について、当該職員または配偶者が当該子の1歳6か月到達日において育児休業をしている場合
   (2) 次のいずれかの事情があること
      (ア) 保育所に入所を希望しているが、入所できない場合
      (イ) 職員の配偶者であって育児休業の対象となる子の親であり、1歳以降育児に当たる予定であった者が、死亡、負傷、疾病等の事情により子を養育することが困難になった場合

(育児休業の申出の手続等)
第3条 育児休業をすることを希望する職員は、原則として育児休業を開始しようとする日(以下、「育児休業開始予定日」という。)の1か月前(前条第4項及び第5項に基づく1歳を超える休業の場合は、2週間前)までに育児休業申出書を当寺に提出することにより申し出るものとする。
   なお、育児休業中の期間契約職員が労働契約を更新するに当たり、引き続き休業を希望する場合には、更新された労働契約期間の初日を育児休業開始予定日として、育児休業申出書により再度の申出を行うものとする。
2 申出は、以下のいずれかに該当する場合を除き、一子につき1回限りとする。ただし、産後休業をしていない職員が、子の出生日または出産予定日のいずれかの遅い方から8週間以内にした最初の育児休業については、1回の申出にカウントしない。
   (1) 前条第1項に基づく休業をした者が同条第4項及び第5項に基づく休業の申出をしようとした場合、または本条第1項後段の申出をしようとする場合
   (2) 配偶者の死亡等特別に事情がある場合
3 当寺は育児休業申出書を受けるに当たり、必要最小限度の各種証明書の提出を求めることがある。
4 育児休業申出書が提出されたときは、当寺は速やかに当該育児休業申出書を提出した者(以下、この章において「申出者」という。)に対し、育児休業取扱通知書を交付する。
5 申出の日後に申出に係る子が出生したときは、申出者は、出生後2週間以内に当寺に育児休業対象児出生届を提出しなければならない。

193

第5章　労働関係法に関する書式

（育児休業の申出の撤回等）

第4条　申出者は、育児休業開始予定日の前日までは、育児休業申出撤回届を当寺に提
　　出することにより、育児休業の申出を撤回することができる。

2　育児休業申出撤回届が提出されたときは、当寺は速やかに当該育児休業申出撤回届
　を提出した者に対し、育児休業取扱通知書を交付する。

3　育児休業の申出を撤回した者は、特別の事情がない限り同一の子については再度申
　出をすることができない。ただし、第2条第1項に基づく休業の申出を撤回した者で
　あっても、同条第4項及び第5項に基づく休業の申出をすることができる。

4　育児休業開始予定日の前日までに、子の死亡等により申出者が休業申出に係る子を
　養育しないこととなった場合には、育児休業の申出はされなかったものとみなす。こ
　の場合において、申出者は、原則として当該事由が発生した日に、当寺にその旨を通
　知しなければならない。

（育児休業の期間等）

第5条　育児休業の期間は原則として、子が1歳に達するまで（第2条第3項、第4項
　及び第5項に基づく休業の場合は、それぞれ定められた時期まで）を限度として育児
　休業申出書に記載された期間とする。

2　前項の定めにかかわらず、当寺は、育児・介護休業法の定めるところにより育児休
　業開始予定日の指定を行うことができる。

3　職員は、育児休業期間変更申出書により当寺に、育児休業開始予定日の1週間前ま
　でに申し出ることにより、育児休業開始予定日の繰り上げ変更を、また、育児休業を
　終了しようとする日（以下、「育児休業終了予定日」という。）の1か月前（第2条第
　3項に基づく休業の場合は、2週間前）までに申し出ることにより、育児休業終了予
　定日の繰り下げ変更を行うことができる。育児休業開始予定日の繰り上げ変更および
　育児休業終了予定日の繰り下げ変更とも、原則として1回に限り行うことができる
　が、第2条第4項に基づく休業の場合は、第2条第1項に基づく休業とは別に、子が
　1歳から1歳6か月に達するまでの期間内で1回、第2条第5項に基づく休業の場合
　は、子が1歳6か月から2歳に達するまでの期間内で1回、育児休業終了予定日の繰
　り下げ変更を行うことができる。

4　育児休業期間変更届が提出されたときは、当寺は速やかに当該育児休業期間変更届
　を提出した者に対し、育児休業取扱通知書を交付する。

5　以下の各号に掲げるいずれかの事由が生じた場合には、育児休業は終了するものと
　し、当該育児休業の終了日は当該各号に掲げる日とする。

(1)　子の死亡等育児休業に係る子を養育しないこととなった場合
　　　当該事由が発生した日

(2)　育児休業に係る子が1歳に達した場合等
　　　子が1歳に達した日（第2条第4項に基づく休業している場合は、子が1歳6カ
　　月に達した日、第2条第5項に基づく休業をしている場合は、子が2歳に達した
　　日）

(3)　申出者について、産前産後休業、介護休業または新たな育児休業期間が始まった
　　場合
　　　産前産後休業、介護休業または新たな育児休業期間の開始日の前日

(4)　第2条第3項に基づく休業において、出生日以後の産前・産後休業期間と育児休

業期間との合計が1年に達した場合

当該1年に達した日

6 前項第1号の事由が生じた場合には、申出者は原則として当該事由が発生した日に当寺にその旨を通知しなければならない。

第3章　介護休業制度

（介護休業の対象者）

第6条　要介護状態にある家族を介護する職員は、本規程に定めるところにより介護休業をすることができる。ただし、期間契約職員にあっては、申出時において、以下のいずれにも該当する者に限り介護休業をすることができる。

(1) 在職1年以上であること

(2) 介護休業を開始しようとする日（以下、「介護休業開始予定日」という。）から93日を経過する日（93日経過日）から6か月を経過する日までに労働契約期間が満了し、更新されないことが明らかでないこと。

2 前項の定めにかかわらず、当寺は労使協定により除外された以下の職員からの休業の申出は拒むことができる。

(1) 在職1年未満の職員

(2) 申出の日から93日以内に雇用関係が終了することが明らかな職員

(3) 1週間の所定労働日数が2日以下の職員

3 要介護状態にある家族とは、負傷、疾病または身体上もしくは精神上の障害により、2週間以上の期間にわたり常時介護を必要とする状態にある次の者をいう。

(1) 配偶者

(2) 父母

(3) 子

(4) 配偶者の父母

(5) 祖父母、兄弟姉妹または孫

(6) 上記以外の家族で当寺が認めた者

（介護休業の申出の手続等）

第7条　介護休業をすることを希望する職員は、原則として介護休業開始日予定日の2週間前までに、介護休業申出書を当寺に提出することにより申し出るものとする。

なお、介護休業中の期間契約職員が労働契約を更新するに当たり、引き続き休業を希望する場合には、更新された労働契約期間の初日を介護休業開始予定日として、介護休業申出書により再度の申出を行うものとする。

2 申し出は、対象家族1人につき3回までとする。ただし、前項後段の申出をしようとする場合にあっては、この限りではない。

3 当寺は、介護休業申出書を受けるに当たり、必要最小限度の各種証明書の提出を求めることがある。

4 介護休業申出書が提出されたときは、当寺は速やかに当該介護休業申出書を提出した者（以下、この章において「申出者」という。）に対し、介護休業取扱通知書を交付する。

（介護休業の申出の撤回等）

第8条　申出者は、介護休業開始予定日の前日までは、介護休業申出撤回届を当寺に提

第5章　労働関係法に関する書式

出することにより、介護休業の申出を撤回することができる。
2　介護休業申出撤回届が提出されたときは、当寺は速やかに当該介護休業申出撤回届を提出した者に対し、介護休業取扱通知書を交付する。
3　同一対象家族について2回連続して介護休業の申出を撤回した者は、当該家族について再度の申し出をすることができない。ただし、特段の事情がある場合について当寺がこれを適当と認めた場合には、申し出ることができるものとする。
4　介護休業開始予定日の前日までに、申出に係る家族の死亡等により申出者が家族を介護しないこととなった場合には、介護休業の申出はされなかったものとみなす。この場合において、申出者は、原則として当該事由が発生した日に、当寺にその旨を通知しなければならない。

（介護休業の期間等）
第9条　介護休業は、対象家族1人につき、原則として通算93日間の範囲内で、介護休業申出書に記載された期間とする
2　前項の定めにかかわらず、当寺は、育児・介護休業法の定めるところにより介護休業開始予定日の指定をすることができる。
3　職員は介護休業期間変更申出書により、介護休業を終了しようとする日（以下、「介護休業終了予定日」という。）の2週間前までに当寺に申し出ることにより、介護休業終了予定日の繰下げ変更を行うことができる。この場合において、介護休業開始予定日から変更後の介護休業終了予定日までの期間は、通算93日の範囲を超えないことを原則とする。
4　介護休業期間変更申出書が提出されたときは、当寺は速やかに当該介護休業期間変更申出書を提出した者に対し、介護休業取扱通知書を交付する。
5　以下の各号に掲げるいずれかの事由が生じた場合には、介護休業は終了するものとし、当該介護休業の終了日は当該各号に掲げる日とする。
　(1)　家族の死亡等介護休業に係る家族を介護しないこととなった場合
　　　当該事由が発生した日（なお、この場合において本人が出勤する日は、事由発生の日から2週間以内であって、当寺と本人が話し合いの上、決定した日とする。）
　(2)　申出者について、産前産後休業、育児休業または新たな介護休業期間が始まった場合
　　　産前産後休業、育児休業または新たな介護休業の開始日の前日
6　前項第1号の事由が生じた場合には、申出者は原則として当該事由が発生した日に当寺にその旨を通知しなければならない。

第4章　子の看護休暇

（子の看護休暇）
第10条　小学校就学の始期に達するまでの子を養育する職員は、負傷し、または疾病にかかった当該子の世話をするために、あるいは当該子に予防接種や健康診断を受けさせるために、年次有給休暇とは別に、当該子が1人の場合は1年間につき5日、2人以上の場合は1年間につき10日を限度として、子の看護休暇を取得することができる。この場合の1年間とは4月1日から翌年3月31日までの期間とする。ただし、労使協定により除外された以下の職員からの子の看護休暇の申出は拒むことができる。
　(1)　在職6か月未満の職員

Ⅱ　労働条件に関する書式

(2)　1週間の所定労働日数が2日以下の職員

2　子の看護休暇は、半日単位（1日の所定労働時間の2分の1）で始業時刻から連続又は終業時刻まで連続して取得することができる。ただし1日の所定労働時間が4時間以下である職員は1日単位とする。

3　取得しようとする者は、原則として、子の看護休暇申出書を事前に当寺に申し出るものとする。

4　給与、賞与、定期昇給および退職金の算定に当たっては、取得期間は通常の勤務をしたものとみなす。

第5章　介護休暇

（介護休暇）

第11条　要介護状態にある家族の介護その他の世話をする職員は、年次有給休暇とは別に、当該家族が1人の場合は1年間につき5日、2人以上の場合は1年間につき10日を限度として、介護休暇を取得することができる。この場合の1年間とは4月1日から翌年3月31日までの期間とする。ただし、労使協定により除外された以下の職員からの介護休暇の申出は拒むことができる。

(1)　在職6か月未満の職員

(2)　1週間の所定労働日数が2日以下の職員

2　この介護休暇は、半日単位（1日の所定労働時間の2分の1）で始業時刻から連続又は終業時刻まで連続して取得することができる。ただし1日の所定労働時間が4時間以下である職員は1日単位とする。

3　取得しようとする者は、原則として、介護休暇申出書を事前に当寺に申し出るものとする。

4　給与、賞与、定期昇給および退職金の算定に当たっては、取得期間は通常の勤務をしたものとみなす。

第6章　所定外労働の免除

（育児・介護のための所定外労働の免除）

第12条　3歳に満たない子を養育する職員が当該子を養育するため、又は要介護状態にあるに家族を介護する職員が当該家族を介護するために申し出た場合には、事業の正常な運営に支障がある場合を除き、所定労働時間を超えて労働させることはない。

2　前項の定めにかかわらず、労使協定により除外された以下の職員からの所定外労働の免除の申出は拒むことができる。

(1)　在職1年未満の職員

(2)　1週間の所定労働日数が2日以下の職員

3　申出をしようとする者は、1回につき、1か月以上1年以内の期間（以下、この条において「免除期間」という。）について、免除を開始しようとする日（以下、この条において「免除開始予定日」という。）および免除を終了しようとする日を明らかにして、原則として、免除開始予定日の1か月前までに、育児・介護のための所定外労働免除申出書を当寺に提出するものとする。この場合において、免除期間は、次条第3項に規定する制限期間と重複しないようにしなければならない。

4　当寺は、所定外労働免除申出書を受け取るに当たり、必要最小限度の各種証明書の

197

第5章 労働関係法に関する書式

提出を求めることがある。
5 申出の日後に申し出に係る子が出生したときは、所定外労働免除申出書を提出した者（以下、この条において「申出者」という。）は、出生後2週間以内に当寺に所定外労働免除対象児出生届を提出しなければならない。
6 免除開始予定日の前日までに、申出に係る子又は家族の死亡等により申出者が子を養育又は家族を介護しないこととなった場合には、申出されなかったものとみなす。この場合において、申出者は、原則として当該事由が発生した日に、当寺にその旨を報告しなければならない。
7 以下の各号に掲げるいずれかの事由が生じた場合には、免除期間は終了するものとし、当該免除期間の終了日は当該各号に掲げる日とする。
 (1) 子又は家族の死亡等免除に係る子を養育又は家族を介護しないこととなった場合
   当該事由が発生した日
 (2) 免除に係る子が3歳に達した場合
   当該3歳に達した日
 (3) 申出者について、産前産後休業、育児休業または介護休業が始まった場合
   産前産後休業、育児休業または介護休業の開始日の前日
8 前項第1号の事由が生じた場合には、申出者は原則として当該事由が発生した日に、当寺にその旨を通知しなければならない。

第7章 時間外労働の制限

（育児・介護のための時間外労働の制限）
第13条 小学校就学の始期に達するまでの子を養育する職員が当該子を養育するため、または要介護状態にある家族を介護する職員が当該家族を介護するために申出た場合には、就業規則の規定及び時間外労働に関する協定にかかわらず、事業の正常な運営に支障がある場合を除き、1か月について24時間、1年について150時間を超えて時間外労働をさせることはない。
2 前項の定めにかかわらず、以下の各号に掲げるいずれかに該当する職員からの時間外労働の制限の申出は拒むことができる。
 (1) 日雇労働者
 (2) 在職1年未満の職員
 (3) 1週間の所定労働日数が2日以下の職員
3 申出をしようとする者は、1回につき、1か月以上1年以内の期間、（以下、この条において「制限期間」という。）について、制限を開始しようとする日（以下、この条において「制限開始予定日」という。）および制限を終了しようとする日を明らかにして、原則として制限開始予定日の1か月前までに、育児・介護のための時間外労働制限申出書を当寺に提出するものとする。この場合において、制限期間は前条第3項に規定する免除期間と重複しないようにしなければならない。
4 当寺は、時間外労働制限申出書を受けるにあたり、必要最小限度の各種証明書の提出を求めることがある。
5 申出の日後に申出に係る子が出生したときは、時間外労働制限申出書を提出した者（この条において「申出者」という。）は、出生後2週間以内に当寺に時間外労働制限対象児出生届を提出しなければならない。

Ⅱ　労働条件に関する書式

6　制限開始予定日の前日までに、申出に係る家族の死亡等により申出者が子を養育または家族を介護しないこととなった場合には、申出されなかったものとみなす。この場合において、申出者は、原則として当該事由が発生した日に、当寺にその旨を通知しなければならない。

7　以下の各号に掲げるいずれかの事由が生じた場合には、制限期間は終了するものとし、当該制限期間の終了日は当該各号に掲げる日とする。

（1）　家族の死亡等制限に係る子を養育または家族を介護しないこととなった場合
　　　当該事由が発生した日

（2）　制限に係る子が小学校就学の始期に達した場合
　　　子が6歳に達する日の属する年度の3月31日

（3）　申出者について産前産後休業、育児休業または介護休業が始まった場合
　　　産前産後休業、育児休業または介護休業の開始日の前日

8　前項第1号の事由が生じた場合には、申出者は原則として当該事由が発生した日に、当寺にその旨を通知しなければならない。

第8章　深夜業の制限

（育児・介護のための深夜業の制限）

第14条　小学校就学の始期に達するまでの子を養育する職員が当該子を養育するため、または要介護状態にある家族を介護する職員が当該家族を介護するために申し出た場合には、就業規則の規定にかかわらず、事業の正常な運営に支障がある場合を除き、午後10時から午前5時までの間（以下、「深夜」という。）に労働させることはない。

2　前項の定めにかかわらず、以下の各号に掲げるいずれかに該当する職員からの深夜業の制限の申出は拒むことができる。

（1）　日雇労働者

（2）　在職1年未満の職員

（3）　申出に係る家族の16歳以上の同居の家族が以下のいずれにも該当する職員

　　①　深夜において就業していない者であること。

　　②　心身の状況が申出に係る子の保育または家族の介護をすることができる者であること。

　　③　6週間（多胎妊娠の場合にあっては、14週間）以内に出産予定がなく、かつ産後8週間以内でない者であること。

（4）　1週間の所定労働日数が2日以下の職員

（5）　所定労働時間の全部が深夜にある職員

3　申出をしようとする者は、1回につき、1か月以上6か月以内の期間（以下、この条において「制限期間」という。）について、制限を開始しようとする日（以下、この条において「制限開始予定日」という。）および制限を終了しようとする日を明らかにして、原則として制限開始予定日の1か月前までに、育児・介護のための深夜業制限申出書を当寺に提出するものとする。

4　当寺は、深夜業制限申出書を受けるにあたり、必要最小限度の各種証明書の提出を求めることがある。

5　申出の日後に申出に係る子が出生したときは、深夜業制限申出書を提出した者（以下、この条において「申出者」という。）は、出生後2週間以内に当寺に深夜業制限

199

第5章　労働関係法に関する書式

対象児出生届を提出しなければならない。

6　制限開始予定日の前日までに、申出に係る家族の死亡等により申出者が子を養育または家族を介護しないこととなった場合には、申出されなかったものとみなす。この場合において、申出者は、原則として当該事由が発生した日に、当寺にその旨を通知しなければならない。

7　以下の各号に掲げるいずれかの事由が生じた場合には、制限期間は終了するものとし、当該制限期間の終了日は当該各号に掲げる日とする。

(1)　家族の死亡等制限に係る子を養育または家族を介護しないこととなった場合
　　　当該事由が発生した日

(2)　制限に係る子が小学校就学の始期に達した場合
　　　子が6歳に達する日の属する年度の3月31日

(3)　申出者について、産前産後休業、育児休業または介護休業が始まった場合
　　　産前産後休業、育児休業または介護休業の開始日の前日

8　前項第1号の事由が生じた場合には、申出者は原則として当該事由が発生した日に、当寺にその旨を通知しなければならない。

9　制限期間中の給与については、別途定める賃金規程に基づく労務提供のなかった時間分に相当する額を控除した基本給と諸手当の全額を支給する。

10　深夜業の制限を受ける職員に対して、当寺は必要に応じて昼間勤務へ転換させることがある。

第9章　所定労働時間の短縮措置等

（育児短時間勤務）

第15条　3歳に満たない子を養育する職員は、申し出ることにより、所定労働時間について、以下のように変更することができる。

所定労働時間を午前○時から午後○時までの6時間とする。

また、1歳に満たない子を養育する女性職員は更に別途30分ずつ2回の育児時間を請求することができる。

2　前項の定めにかかわらず、以下のいずれかに該当する職員からの育児短時間勤務の申出は拒むことができる。

(1)　日雇労働者

(2)　1日の所定労働時間が6時間以下である職員

(3)　労使協定により除外された以下の職員

①　在職1年未満の職員

②　1週間の所定労働日数が2日以下の職員

③　業務上の性質又は業務の実施体制に照らして所定労働時間の短措置を講ずることが困難と認められる業務として別に定める業務に従事する職員

3　申出をしようとする職員は1回につき、1か月以上1年以内の期間について、短縮を開始しようとする日および短縮を終了しようとする日を明らかにして、原則として短縮開始予定日の1か月前までに育児短時間勤務申出書により当寺に申し出なければならない。

申出書が提出されたときは、当寺は速やかに申出者に対し、育児短時間勤務取扱通知書を交付する。その他適用のための手続等については、第3条から第5条までの規

定（第3条2項及び第4条3項を除く）を準用する。

4　本制度の適用を受ける間の給与については、別途定める賃金規程に基づく労務提供のなかった時間分に相当する額を控除した基本給と諸手当の全額を支給する。

5　賞与については、その算定対象期間に本制度の適用を受ける期間がある場合においては、短縮した時間に対応する賞与は支給しない。

6　定期昇給および退職金の算定にあたっては、本制度の適用を受ける期間は通常の勤務をしているものとみなす。

（育児のための時差出勤）

第16条　前条第2項第3号③の従業員は、申し出ることにより、子が3歳に達するまでの間、就業規則第20条の始業および終業の時刻について、以下のように変更することができる。

　　　　・通常勤務＝午前○○時○○分始業、午後○○時○○分終業
　　　　・時差出勤＝午前○○時○○分始業、午後○○時○○分終業

2　申出をしようとする者は、1回につき、1年以内の期間について、制度の適用を開始しようとする日および終了しようとする日並びに時差出勤に変更することを明らかにして、原則として適用開始予定日の1か月前までに、育児時差出勤申出書により当寺に申し出なければならない。申出書が提出されたときは、当寺は速やかに申出者に対し、育児時差出勤取扱通知書を交付する。その他適用のための手続等については、第3条から第5条までの規定（第3条第2項および第4条第3項を除く）を準用する。

3　本制度の適用を受ける間の給与および賞与については、通常の勤務をしているものとし減額しない。

4　定期昇給および退職金の算定にあたっては、本制度の適用を受ける期間は通常の勤務をしているものとみなす。

（介護短時間勤務）

第17条　要介護状態にある家族を有する職員は、申し出ることにより、対象家族1人あたり利用開始の日から3年間で2回までの範囲内で、所定労働時間を午前○時から午後○時までの6時間とする短時間勤務の措置を受けることができる。

2　前項の定めにかかわらず、以下のいずれかに該当する職員からの介護短時間勤務の申出は拒むことができる。

（1）　日雇労働者
（2）　労使協定により除外された以下の職員
　　①　在職1年未満の職員
　　②　1週間の所定労働日数が2日以下の職員

3　申出をしようとする職員は、1回につき、短縮を開始しようとする日および終了しようとする日を明らかにして、原則として短縮開始予定日の2週間前までに、介護短時間勤務申出書により当寺に申し出なければならない。

　　申出書が提出されたときは、当寺は速やかに申出者に対し、介護短時間勤務取扱通知書を交付する。その他適用のための手続等については、第7条から第9条までの規定を準用する。

4　本制度の適用を受ける間の給与については、別途定める賃金規程に基づく労務提供のなかった時間分に相当する額を控除した基本給と諸手当の全額を支給する。

第5章　労働関係法に関する書式

5　賞与については、その算定対象期間に本制度の適用を受ける期間がある場合においては、短縮した時間に対応する賞与は支給しない。

6　定期昇給および退職金の算定にあたっては、本制度の適用を受ける期間は通常の勤務をしているものとみなす。

第10章　その他の事項

（給与等の取扱い）

第18条　育児・介護休業の期間については、基本給その他の月毎に支払われる給与は支給しない。

2　賞与については、その算定対象期間に育児・介護休業をした期間が含まれる場合には、出勤日数より日割りで計算した額を支給する。

3　定期昇給は、育児・介護休業の期間中は行わないものとし、育児・介護休業期間中に定期昇給日が到来した者については、復帰後に昇給させるものとする。

4　退職金の算定において、育児・介護休業をした期間については勤続年数に算入しない。

（介護休業期間中の社会保険料の取扱い）

第19条　介護休業により給与等が支払われない月における社会保険料の被保険者負担分は、各月に当寺が納付した額を、復帰後、職員に請求するものとし、職員は当寺が指定する日までに支払うものとする。

（教育訓練）

第20条　当寺は3か月以上の育児休業または1か月以上の介護休業をする職員で、休業期間中、職場復帰のための訓練を希望する者に対し教育訓練を実施する。

2　教育訓練の実施に要する費用は当寺が負担する。

（復職後の勤務）

第21条　育児・介護休業後の勤務は原則として、休業直前の部署および職務とする。

2　前項の定めにかかわらず、本人の希望がある場合および組織の変更等やむを得ない事情がある場合には、部署および職務の変更を行うことがある。この場合は、育児休業終了予定日の1か月前または介護休業終了予定日の2週間前までに正式に決定し通知する。

（年次有給休暇）

第22条　年次有給休暇の権利発生のための出勤率の算定において、育児・介護休業をした日ならびに子の看護休暇および家族の介護休暇を取得した日は出勤したものとみなす。

（法令との関係）

第23条　育児・介護休業、子の看護休暇、介護休暇、育児・介護のための所定外労働の免除、育児・介護のための時間外労働および深夜業の制限ならびに所定労働時間の短縮措置等に関して、本規程に定めのないことについては、育児・介護休業法その他の法令の定めるところによる。

付　則

1　この規程は、〇〇〇〇年〇〇月〇〇日から施行する。

II　労働条件に関する書式

【書式5-18】　賃金規程例

賃 金 規 程

第1章　総　則

（目　的）
第1条　この規程は就業規則第42条に基づき、当寺に勤務する寺務職員及び山務職員の
　　賃金に関する事項を定めるものである。
（賃金構成）
第2条　賃金の構成は次のとおりとする。
　(1)　基本給（1か月の基本賃金）
　(2)　諸手当
　　①　役職手当（役職における役割に対する賃金）
　　②　職務手当
　　③　通勤手当（1か月の通勤交通費として支給する賃金）
　　④　家族手当
　　⑤　宿直手当
　　⑥　住宅手当
　　⑦　外法手当
　(3)　割増賃金
　　①　時間外勤務手当（時間外労働に対する割増賃金）
　　②　休日勤務手当（休日労働に対する割増賃金）
　　③　深夜勤務手当（深夜労働に対する割増賃金）
　(4)　賞　与
　(5)　退職金
（賃金の控除）
第3条　次に掲げるものは、賃金から控除する。
　(1)　源泉所得税
　(2)　住民税
　(3)　健康保険料（介護保険料を含む。）及び厚生年金保険料の被保険者負担分
　(4)　雇用保険料の被保険者負担分
　(5)　協定により賃金から控除することとしたもの

第2章　賃　金

（基本給）
第4条　基本給は、職員各人の業務の内容、責任の程度、勤務成績、遂行能力、経験及
　　び年齢等を総合考慮のうえ決定する。
（役職手当）
第5条　役職手当は、次の職位にある者に対し支給する。
　(1)　執事長　　　　　　　月額○○円

第5章　労働関係法に関する書式

- (2)　執事、部長　　　月額○○円
- (3)　執事補　　　　　月額○○円
- (4)　主事　　　　　　月額○○円
- (5)　主事補　　　　　月額○○円
- (6)　書記　　　　　　月額○○円

（職務手当）

第6条　職務手当は、担当する業務における責任の度合い、技能・経験に応じて支給する。

（通勤手当）

第7条　通勤に電車、バス等の交通機関を利用する職員に対して、1か月定期代相当額を通勤手当として支給する。ただし、通勤の経路及び方法は、最も合理的かつ経済的であると当寺が認めたものに限ることとし、所得税の非課税限度額を超える場合には非課税限度額を限度として支給する。

2　住居、通勤経路若しくは通勤方法を変更し、又は通勤のため負担する運賃等の額に変更があった場合には、1週間以内に当寺に届け出なければならない。この届出を怠ったとき、又は不正の届出により通勤手当その他の賃金を不正に受給したときは、その返還を求めるほか、懲戒処分の対象となる。

（家族手当）

第8条　扶養家族のいる職員に対して家族手当を支給する。

2　扶養家族とは、職員と同一世帯にあって、主として職員と生計を一にしているもので、次の各号の一に該当するものをいい、扶養家族であることを証明する書類（住民票記載事項証明書と扶養控除等の申告書）を添えて所定の届出をした者をいう。

- (1)　配偶者　　　　　　　　　　　　月額○○円
- (2)　18歳未満の子及び弟妹　　1名につき月額○○円
- (3)　60歳以上の父母　　　　　1名につき月額○○円
- (4)　身体障害者　　　　　　　　1名につき月額○○円

（宿直手当）

第9条　職員が、宿直勤務をした場合は、別表（省略）の宿直手当を支給する。

（住宅手当）

第10条　当寺施設以外に居住している職員に対し、次の基準により住宅手当を支給する。

- (1)　賃貸住宅に入居している者には、月額○万円又は家賃のいずれか低い額を支給する。
  なお受給の場合は、家賃を証明する書類を提出しなければならない。
- (2)　住宅ローンのある者には、月額○万円又は年間返済額の12分の1のいずれか低い額を支給する。支給期間は、ローン完済まで、ただし、通算20年を限度とする。なお受給の場合は、銀行借入金残高証明書を毎年提出しなければならない。

2　前項の規程にかかわらず、次に該当する者には支給しない。

- (1)　寺院、教会、結社に居住している者
- (2)　親族の所有する住宅・部屋等に、通常の賃貸料より低廉な価格で居住している者
- (3)　所得税源泉徴収が乙欄を適用されている者
- (4)　休職、又は出勤停止以上の懲戒を受けた者

Ⅱ　労働条件に関する書式

（外法手当）
第11条　職員が、通夜外法を行った場合は、別表（省略）の外法手当を支給する。
（賃金の改定）
第12条　基本給及び諸手当等の賃金の改定（昇給及び降給をいう。以下同じ。）につい
　　　ては、原則として毎年４月に行うものとし、改定額については、当寺の業績及び職員
　　　の勤務成績等を勘案して各人ごとに決定する。また、特別に必要があるときは、臨時
　　　に賃金の改定を行うことができる。
（割増賃金の額）
第13条　時間外割増賃金は、次の算式による額とする。ただし、代休を取得したとき
　　　は、それぞれの算式の「１」の部分は支給しない。
　⑴　月間45時間以内の時間外労働がある場合
　　　　通常の労働時間の賃金×（１＋0.25）×当該時間数
　⑵　月間45時間超60時間以内の時間外労働がある場合
　　　　通常の労働時間の賃金×（１＋0.25＋X）×当該時間数
　⑶　前２号にかかわらず年間360時間超の時間外労働（前号による割増賃金の対象と
　　　なった時間外労働を除き、月間60時間以内の時間外労働に限る。）がある場合
　　　　通常の労働時間の賃金×（１＋0.25＋Y）×当該時間数
　⑷　月間60時間超の時間外労働がある場合（労使協定に定める代替休暇に替えた時間
　　　は第１号の算式による。）
　　　　通常の労働時間の賃金×（１＋0.5）×当該時間数
２　休日割増賃金は、次の算式による額とする。
　　　　通常の労働時間の賃金×（１＋0.35）×休日労働時間数
３　時間外労働又は休日労働が深夜に及んだ場合に時間外割増賃金又は休日割増賃金に
　　加算して支払う深夜割増賃金は、次の算式による額とする。
　　　　通常の労働時間の賃金×0.25×深夜労働時間数
（通常の労働時間の賃金）
第14条　前条でいう「通常の労働時間の賃金」とは、次の算式による額とする。
　　　　（基本給＋役職手当＋職務手当）÷１か月平均所定労働時間数
（割増賃金の適用除外）
第15条　就業規則第53条（適用除外）に該当する職員には、第51条（割増賃金を支払う
　　　場合）に定める割増賃金は、深夜割増賃金を除き、支払わないものとする。また、役
　　　職手当に深夜割増賃金相当額が含まれるときは、別途深夜割増賃金は支払わないもの
　　　とする。

第３章　賃金の計算及び支払方法等

（賃金の計算期間及び支払日）
第16条　賃金は、当月１日から当月末日までの分について、その月の25日に支払う。賃
　　　金支払日が休日にあたるときは、その直前の休日でない日に支払う。ただし、次の各
　　　号の賃金については翌月の賃金支払日に支払う。
　⑴　時間外勤務手当
　⑵　休日勤務手当
　⑶　深夜勤務手当

第5章　労働関係法に関する書式

⑷　宿直手当

2　前項の定めにかかわらず、次の各号のいずれかに該当するときは、職員（本人が死亡したときはその者の収入によって生計を維持されていた者）の請求により、賃金支払日以前であっても既往の労働に対する賃金を支払う。

⑴　職員又はその収入によって生計を維持する者が出産し、疾病にかかり、又は災害を受けた場合

⑵　職員又はその収入によって生計を維持する者が結婚し、又は親族の葬儀を行い、その臨時の費用を必要とする場合

⑶　職員が死亡した場合

⑷　職員又はその収入によって生計を維持する者がやむを得ない事情により1週間以上にわたって帰郷する場合その他特別の事情があると当寺が認めた場合

（賃金の支払方法）

第17条　賃金は通貨で直接本人にその全額を支払う。ただし、職員の同意を得たときは、その指定する金融機関等の口座への振込みにより賃金の支払いを行う。

2　前項の同意は、賃金の口座振込に関する同意書により行う。

（中途入社時等の場合の日割計算）

第18条　賃金計算期間の途中に入社、退職、休職又は復職した場合は、1日当たりの基本給を労働日数分支払うものとする。

2　諸手当の扱いについては、当該月の労働日数等を考慮してその都度判断するものとする。

（欠勤等の場合の時間割計算等）

第19条　欠勤、遅刻、早退又は職場離脱をした場合の時間については、1日当たり又は1時間当たりの基本給に欠勤、遅刻、早退及び職場離脱の合計時間数を乗じて得た額を差し引くものとする。ただし、賃金計算期間の全部を休業した場合は、賃金月額のすべてを支給しないものとする。

2　諸手当の扱いについては、当該欠勤等の期間を考慮してその都度判断するものとする。

3　本条及び前条の1日当たりの基本給は、基本給をその月の所定労働日数で除して得た額（円未満の端数は四捨五入とする。以下同じ。）とし、本条の1時間当たりの基本給は、1日当たりの基本給をその日の所定労働時間数で除して得た額とする。

（休暇等の賃金）

第20条　年次有給休暇、特別休暇及び裁判員休暇の期間は、所定労働時間労働したときに支払われる通常の賃金を支給する。

2　次の休暇及び休業期間等は無給とする。

⑴　公民権行使の時間（就業規則第36条）

⑵　産前産後の休暇の期間（同第37条）

⑶　母性健康管理のための休暇等の時間（同第38条）

⑷　生理日の措置の日又は時間（同第39条）

⑸　育児時間（同第40条）

⑹　育児・介護休業期間（勤務時間の短縮の場合は短縮された時間）（同第41条）

⑺　子の看護休暇及び介護休暇の期間（同第41条）

⑻　休職期間（同第44条）

Ⅱ　労働条件に関する書式

3　当寺の責めに帰すべき事由により、休業したときは、休業手当を支給する。休業手当の額は、1日につき平均賃金の6割とする。

4　就業規則第58条（当寺都合による休業）の期間の賃金は次のとおりとする。

(1)　当寺の事業上の理由その他当寺の都合による場合……原則として、前項の休業手当を支払うが、事情により平均賃金の6割を超える額又は通常の賃金を支払うことがある。

(2)　不可抗力等当寺の責めに帰さない事由による自宅待機命令の場合……平均賃金の3分の1以上6割以下の範囲で当寺が定める額を支払う。

(3)　在宅勤務又は一時異動の場合……通常の賃金を支払う。

（賞　与）

第21条　当寺は、当寺の業績、職員各人の査定結果、当寺への貢献度等を考慮して、賞与を支給するものとする。ただし、当寺の業績状況等により支給しないことができる。

2　賞与の支給時期は、原則として、毎年6月及び12月の当寺が定める日とする。

3　賞与支給額の算定対象期間は、次の各号のとおりとする。

(1)　6月支給分…下期決算期（前年10月1日から当年3月31日まで）

(2)　12月支給分…上期決算期（当年4月1日から当年9月30日まで）

4　賞与の支給対象者は、賞与支給日において在籍する者とする。

（退職金）

第22条　職員の退職金については、退職金規程によるものとする。

（規程の改廃）

第23条　この規程は、関係諸法規の改正及び当寺の状況並びに業績等の変化により必要があるときは、職員代表と協議のうえ改定することがある。

附　則

1　この規程は、○○○年○月○日から施行する。

【書式5-19】　退職金規程例①（独自の財源による場合）

退 職 金 規 程

（目的）

第1条　この規程は就業規則第57条の規定に基づき、職員の退職金の支給について定めるものである。

（退職金の支給）

第2条　勤続1年以上の職員が退職し又は解雇されたときは、この規程に定めるところにより退職金を支給する。ただし、自己都合による退職者で、勤続○年未満の者には退職金を支給しない。また、就業規則第72条第2項により懲戒解雇された者には、退職金の全部又は一部を支給しないことがある。

2　継続雇用制度の対象者については、定年時に退職金を支給することとし、その後の

第 5 章　労働関係法に関する書式

再雇用については退職金を支給しない。

（退職金の額）

第 3 条　退職金の額は、退職又は解雇の時の基本給の額に、勤続年数に応じて定めた下表の支給率を乗じた金額とする。

勤続年数	支給率
5 年未満	1.0
5 年～10年	3.0
10年～15年	5.0
15年～20年	7.0
20年～25年	10.0
25年～30年	15.0
35年～40年	20.0
40年～	25.0

2　就業規則第44条により休職する期間については、会社の都合による場合を除き、前項の勤続年数に算入しない。

（退職金の加算）

第 4 条　在職中の勤務成績が特に優秀で、当寺の業績に功労顕著であったと当寺が認めた職員に対し、退職金を特別に加算して支給することがある。

（退職金の支払方法及び支払時期）

第 5 条　退職金は、支給事由の生じた日から 1 か月以内に、退職した職員（死亡による退職の場合はその遺族）に対して支払う。

（附則）

1　この規程は、○○○○年○○月○○日から施行する。

【書式 5 -20】　退職金規程例②（中小企業退職金共済制度を併用する場合）

退 職 金 規 程

（目　的）

第 1 条　この規程は、就業規則第57条に基づき職員の退職金に関する支給条件及び支給基準に関する事項を定めるものである。

（適用範囲）

第 2 条　この規程の適用を受ける職員とは、宗教法人○○山○○寺（以下、「当寺」という。）と所定の手続を経て労働契約を締結した者をいう。ただし、期間を定めて雇用される者には適用しない。

（退職金共済契約）

第 3 条　この規程による退職金の支給を確実にするために、当寺は職員を被共済者とし

II　労働条件に関する書式

て独立行政法人勤労者退職共済機構・中小企業退職金共済事業本部（以下、「中退共」
という。）と退職金共済契約を締結する。

2　新たに雇い入れた職員については、試用期間を経過し、本採用となった日より1年
を経過した日の属する月の翌月に中退共と退職金共済契約を締結する。

（退職金の算定方式）

第4条　退職金は退職日現在の基本給に、退職事由及び勤続年数により定められたそれ
ぞれの支給率を乗じて算出する。なお、勤続年数が35年を超えるときは35年とする。

（退職金額）

第5条　この規程の適用を受ける職員が1年以上勤務した場合であって、次の各号のい
ずれかに該当する事由により退職したときは、別表1の支給率を適用する。

(1)　定年に達したとき。

(2)　役員に就任したとき。

(3)　業務上の傷病によるとき。

(4)　当寺都合によるとき。

2　この規程の適用を受ける職員が、次の各号のいずれかに該当する事由により退職し
たときは、別表2の支給率を適用する。

(1)　自己都合によるとき。

(2)　休職期間が満了して復職できないとき。

(3)　業務外の私傷病により担当職務に堪え得ないと当寺が認めたとき。

3　中退共から支給される退職金の額が、前2項の規定により算出された額より少ない
ときは、その差額を当寺が直接支給し、中退共から支給される額が多いときはその額
を本人の退職金の額とする。

（退職金の減額）

第6条　就業規則第72条第2項により、懲戒処分があった場合には退職金の不支給若し
くは減額をすることがある。この場合、中退共から支給される退職金について、当寺
はその減額を申し出ることがある。

（退職金支給の取り消し及び変換）

第7条　職員の退職後、その在職中の期間において懲戒解雇に相当する事由が確認され
た場合は、当寺は第5条第3項の規定による差額の支給を取り消し、又は支給済の退
職金の返還を請求することがある。この場合、その者は速やかに当寺に対して返還し
なければならない。

（勤続年数の計算）

第8条　第4条の勤続年数の計算は、雇い入れた月から退職の月までとし、1年に満た
ない端数月は切り捨てる。

2　就業規則第43条の規定に基づく休職期間及び業務上の負傷又は疾病以外の理由によ
る欠勤が1か月を超えた期間は勤続年数に算入しない。

（退職金の支払方法）

第9条　退職金は、当寺が職員（職員が死亡した場合は、その遺族）に交付する退職金
共済手帳により、職員又は遺族が中退共から直接支給を受けるものとする。

2　職員が退職又は死亡したときは、やむを得ない理由がある場合を除き、本人又は遺
族が退職又は死亡後速やかに中退共に対して退職金を請求できるよう、当寺は本人の
退職又は死亡後遅滞なく退職金共済手帳を本人又は遺族に交付する。

第5章　労働関係法に関する書式

3　第5条第3項の規定により差額を当寺が支給する場合は、やむを得ない理由がある
　　場合を除き、本人の退職又は死亡後30日以内に本人又は遺族にその差額を支給する。
（退職金の加算）
第10条　在職中の勤務成績が特に優秀で、当寺の業績に功労顕著であったと当寺が認め
　　た職員に対し、退職金を特別に加算して支給することがある。
（規定の改廃）
第11条　この規程は、関係諸法規の改定及び当寺状況並びに業績等の変化により必要が
　　ある場合には、職員代表と協議のうえ改定・廃止することがある。

附　則
1　この規程は、△△○○年○○月○○日から施行する。

　※　独立行政法人勤労者退職共済機構・中小企業退職金共済事業本部による退
　　職金共済制度については、中退協のホームページを参照

別表1

勤続年数	支　給　率
1年	0.9か月
2	1.4
3	2
4	2.6
5	3.3
6	4
7	4.7
8	5.6
9	6.3
10	7
11	7.8
12	8.7
13	9.6
14	10.5
15	11.6
16	12.7
17	13.8
18	14.9

別表2

勤続年数	支　給　率
3年	1.5か月
4	1.9
5	2.4
6	3
7	3.6
8	4.2
9	4.8
10	5.5
11	6.3
12	7.1
13	7.9
14	8.7
15	9.7
16	10.7
17	11.7
18	12.7

19	16
20	17
21	18
22	19
23	20
24	21
25	22
26	23
27	24
28	25
29	26
30	27
31	28
32	29
33	30
34	30
35	30

19	13.7
20	14.8
21	15.8
22	16.8
23	17.8
24	18.8
25	19.8
26	20.8
27	21.8
28	22.8
29	23.9
30	25
31	26.2
32	27.3
33	28.1
34	28.9
35	30

【書式5-21】 継続雇用規程例

継 続 雇 用 規 程

（目　的）

第1条　この規程は、宗教法人○○山○○寺（以下、「当寺」という。）の就業規則第55条に基づき、職員の定年後の継続雇用制度について定めるとともに、継続雇用される職員（以下、「嘱託職員」という。）の労働条件等について定めるものである。

（嘱託職員）

第2条　嘱託職員は、職員としての地位を有する者とする。

2　嘱託職員としての労働契約（以下、「嘱託職員契約」という。）は、有期労働契約とする。

3　嘱託職員の所属部門及び労働条件は、本人の希望・意欲・能力・経験及び経営環境・職場の要員状況等を総合的に勘案し、契約締結時に決定する。

4　嘱託職員の役割は、正職員の職務遂行の補佐及び後進職員の育成を主とするものとする。

（契約の手続）

第3条　定年後の継続雇用を希望する者は、原則として、定年退職日の6か月前まで

第5章　労働関係法に関する書式

に、当寺に対して嘱託職員契約の申込みをしなければならない。

2　当寺は、前項の職員について、解雇事由又は退職事由に該当しないと認めるとき
　は、当該職員と定年退職日の翌日を起算日とする嘱託職員契約を締結する。

（契約期間）

第4条　嘱託職員契約の期間は、原則として1年間とし、最長65歳に到達する日まで契
　約を更新する。

（出向先における継続雇用）

第5条　当寺が関係寺院と高年齢者雇用安定法第9条第2項に基づく継続雇用制度の特
　例措置に関する契約書を締結する場合、職員を関係寺院に出向させ、関係寺院におい
　て継続雇用をすることがある。

（賃　金）

第6条　嘱託職員の賃金は、嘱託職員契約締結時に決定する。

（労働時間、休日）

第7条　嘱託職員の労働時間及び休日は、嘱託職員本人の希望・意欲・能力・経験及び
　経営環境・職場の要員状況等を総合的に勘案して、嘱託職員契約締結時に決定する。

（その他の労働条件）

第8条　嘱託職員の労働条件については、次のとおりとする。

　⑴　年次有給休暇は、就業規則第30条（年次有給休暇）を適用し、定年退職時の有給
　　休暇残日数の繰越し及び継続勤務期間の通算を行う。

　⑵　定期昇給は原則として行わない。ただし、契約更新時に基本給を改定することが
　　ある。

　⑶　賞与は支給しない。ただし、当寺の業績及び契約期間中の貢献度等を勘案して、
　　役員会においてその都度決定することがある。

　⑷　退職金は支給しない。ただし、契約期間中勤務成績が特に良好であった者及び当
　　寺の事業の発展に著しく貢献した者に対して、相応の慰労金を支給することがあ
　　る。

　⑸　健康保険、厚生年金保険、労災保険、雇用保険は、加入要件に該当する限り継続
　　して加入する。

　⑹　休職は適用しない。ただし、特別の事情により当寺が認めた場合は適用すること
　　がある。

　⑺　就業規則等の適用は、この規程及び嘱託職員契約書に定めのない事項について
　　は、就業規則の規定を準用する。

（出向により継続雇用される場合の労働条件）

第9条　前3条にかかわらず、出向により継続雇用された職員の労働条件については、
　出向先において定めるものとする。

（規定の改廃）

第10条　この規程は、関係諸法規の改定及び当寺状況並びに業績等の変化により必要が
　あるときは、職員代表と協議のうえ改定又は廃止することがある。

附　則

1　この規程は、○○○○年○○月○○日に施行する。

Ⅱ　労働条件に関する書式

【書式5 -22】　パートタイム職員就業規則例

パートタイム職員就業規則

第1章　総　　則

（目　的）

第1条　この規則は、○○山○○寺（以下、「当寺」という。）就業規則第3条に基づき
パートタイム職員の労働条件、服務規律その他の就業に関することを定めるものであ
る。

2　この規則に定めのないことについては、労働基準法その他の法令の定めるところに
よる。

（定　義）

第2条　この規則においてパートタイム職員とは、所定労働時間が1日○時間以内、1
週○○時間以内または1か月○○○時間以内の契約内容で採用された者をいう。

（規則の遵守）

第3条　当寺及びパートタイム職員は、この規則を守り、お互いに協力して業務の運営
に当たらなければならない。

第2章　採用および労働契約

（採　用）

第4条　当寺は、パートタイム職員の採用に当たっては、就職希望者のうちから選考し
て採用する。

（労働契約の期間）

第5条　当寺は、労働契約の締結に当たって期間の定めをする場合には、1年（満60歳
以上のパートタイム職員との契約については3年）の範囲内で、契約時に本人の希望
を考慮のうえ各人別に決定し、別紙の雇入通知書で示すものとする。ただし、必要に
応じて契約を更新することができるものとする。

（労働条件の明示）

第6条　当寺は、パートタイム職員の採用に際しては、別紙の雇入通知書及びこの規則
の写しを交付して採用時の労働条件を明示するものとする。

第3章　服務規律

（服　務）

第7条　パートタイム職員は、業務の正常な運営を図るため、当寺の指示命令を守り、
誠実に服務を遂行するとともに、次の各事項をよく守り、職場の秩序の保持に努めな
ければならない。

　①　当寺の名誉または信用を傷つける行為をしないこと。

　②　当寺、取引先等の機密を他に漏らさないこと。

　③　みだりに遅刻、早退、私用外出及び欠勤をしないこと。やむを得ず遅刻、早
　　退、私用外出及び欠勤をするときは、事前に届け出ること。

213

第 5 章　労働関係法に関する書式

④　勤務時間中は、みだりに定められた場所を離れないこと。
⑤　許可なく職務以外の目的で当寺の施設、物品等を使用しないこと。
⑥　職務を利用して自己の利益を図り、また不正な行為を行わないこと。

第 4 章　労働時間、休憩及び休日

（労働時間及び休憩）
第 8 条　労働時間は 1 日 8 時間以内とし、始業及び終業の時刻並びに休憩時間は、次の
とおりとし、労働契約を結ぶときに各人別に定める。

勤　務	始業時間	終業時間	休憩時間
A　班	○時○分	○時○分	○時○分から○時まで
B　班	○時○分	○時○分	○時○分から○時まで
C　班	○時○分	○時○分	○時○分から○時まで

2　前項の規定にかかわらず、業務の都合その他やむを得ない事情により始業及び終業
の時刻並びに休憩時間を繰り上げ、又は繰り下げることがある。
3　休憩時間は、自由に利用することができる。
（休　日）
第 9 条　休日は、次のとおりとする。
①　日曜日及び土曜日
②　国民の祝日（振替休日を含む）及び国民の休日
③　年末年始（12 月○○日より、 1 月○日まで）
（休日の振替）
第 10 条　前条の休日については、業務の都合により必要やむを得ない場合はあらかじめ
他の日と振り替えることがある。ただし、休日は 4 週間を通じ 8 日を下回らないもの
とする。
（時間外・休日労働）
第 11 条　当寺は、第 8 条第 1 項で定める労働時間を超えて労働させ、また第 9 条で定め
る休日に労働させないものとする。
2　前項の規定にかかわらず、業務の都合上、やむを得ない場合には、従業員の所定労
働時間を超えない範囲内で労働させることができる。
（出退勤手続）
第 12 条　パートタイム職員は、出退勤に当たって、各自のタイムカードにより、出退勤
の時刻を記録しなければならない。
2　タイムカードは自ら打刻し、他人にこれを依頼してはならない。

第 5 章　休暇等

（年次有給休暇）
第 13 条　 6 か月以上継続して勤務し、当寺の定める所定労働日数の 8 割以上を出勤した
ときは、次表のとおり年次有給休暇を与える。
2　年次有給休暇を取得しようとするときは、所定の用紙によりその期日を指定して事
前に届け出るものとする。

214

Ⅱ　労働条件に関する書式

3　パートタイム職員が指定した期日に年次有給休暇を与えると事業の正常な運営に著しく支障があると認められるときは、他の日に変更することがある。

4　従業員の過半数を代表する者との協定により、前項の規定にかかわらず、あらかじめ期日を指定して計画的に年次有給休暇を与えることがある。ただし、各人の持つ年次有給休暇付与日数のうち5日を超える日数の範囲とする。

5　年次有給休暇を10日以上与えられたパートタイム職員に対して、当寺は毎年年次有給休暇のうち5日について、パートタイム職員の意見を尊重したうえで、あらかじめ時季を指定して取得させる。ただし、パートタイム職員が申出により取得した場合は、当該取得した日数分を5日から控除する。

6　当該年度の年次有給休暇で取得しなかった残日数については、翌年度に限り繰り越すことができる。

年次有給休暇の付与日数表

短時間職員の週所定労働時間	短時間職員の所定労働日数	短時間職員の1年間の所定労働日数（週以外の期間によって労働日数が定められている場合）	雇入れの日から起算した継続勤務期間の区分に応ずる年次有給休暇の日数						
			6カ月	1年6カ月	2年6カ月	3年6カ月	4年6カ月	5年6カ月	6年6カ月以上
30時間以上			10日	11日	12日	14日	16日	18日	20日
30時間未満	5日以上	217日以上							
	4日	169日～216日	7日	8日	9日	10日	12日	13日	15日
	3日	121日～168日	5日	6日	6日	8日	9日	10日	11日
	2日	73日～120日	3日	4日	4日	5日	6日	6日	7日
	1日	48日～72日	1日	2日	2日	2日	3日	3日	3日

（産前産後の休業）

第14条　6週間（多胎妊娠の場合は14週間）以内に出産する予定の女性は、その請求によって休業することができる。

2　産後8週間を経過しない女性は就業させない。ただし、産後6週間を経過した女性から請求があった場合には、医師が支障ないと認めた業務に就かせることがある。

（育児時間等）

第15条　生後1年未満の生児を育てる女性から請求があったときは、休憩時間のほか1日について2回、1回について30分の育児時間を与える。

2　生理日の就業が著しく困難な女性から請求があったときは、必要な期間休暇を与える。

（妊娠中及び出産後の健康管理に関する措置）

第16条　妊娠中及び出産後1年以内の女性が母子保健法による健康診査等のために勤務時間内に通院する必要がある場合は、請求により次の時間内通院を認める。

　　①　妊娠23週まで　　　　　　4週間に1回
　　②　妊娠24週から35週まで　　2週間に1回

215

第5章　労働関係法に関する書式

　　　③　妊娠36週以降　　　　　　　1週間に1回
　　ただし、医師等の指示がある場合は、その指示による回数を認める。
2　妊娠中の女性に対し、当寺は出社、退社時各々30分の遅出、早退を認める。ただ
　し、この遅出、早退を出社時あるいは退社時のいずれか一方にまとめ計60分として取
　得する場合は、あらかじめ届け出るものとする。
3　妊娠中の女性が業務を長時間継続することが身体に負担になる場合、請求により所
　定の休憩以外に適宜休憩をとることを認める。
4　妊娠中及び出産後1年以内の女性が、医師等から、勤務状態が健康状態に支障を及
　ぼすとの指導を受けた場合は、「母性健康管理導事項連絡カード」の症状等に対応す
　る次のことを認める。
　　　①　業務負担の軽減
　　　②　負担の少ない業務への転換
　　　③　勤務時間の短縮
　　　④　休業

（育児休業及び介護休業等）
第17条　パートタイム職員のうち必要のある者は、育児・介護休業法に基づく育児休
　業、介護休業、子の看護休暇、介護休暇、育児・介護のための所定外労働の免除、育
　児・介護のための時間外労働及び深夜業の制限並びに所定労働時間の短縮措置等（以
　下、「育児・介護休業等」という。）の適用を受けることができる。
2　育児・介護休業等の取扱いについては、「育児・介護休業等に関する規程」を準用
　する。

<h2 style="text-align:center">第6章　賃　金</h2>

（賃　金）
第18条　賃金は、次のとおりとする。
　　　①　基本給　時間給（または日給、月給）とし職務内容、技能、経験、職務遂行
　　　　能力等を考慮して各人別に決定する。
　　　②　諸手当
　　　　通勤手当　通勤実費を支給する。
　　　　　　　　　自転車通勤者は月額○○円を支給する。
　　　　所定時間外労働手当
　　　　　　　　　第8条第1項の所定労働時間を超えて労働させたときは、その時
　　　　　　　　　間について通常の賃金を、8時間を超えた時間については25％増
　　　　　　　　　しの割増賃金を支給する。
　　　　休日労働手当
　　　　　　　　　第9条の所定休日に労働させたときは、その時間について通常の
　　　　　　　　　賃金の35％増しの割増賃金を支給する。

（休暇等の賃金）
第19条　第13条第1項で定める年次有給休暇については、所定労働時間労働したときに
　支払われる通常の賃金を支給する。
2　第14条で定める産前産後の休業期間については、有給（無給）とする。
3　第15条第1項で定める育児時間については、有給（無給）とする。

Ⅱ　労働条件に関する書式

4　第15条第2項で定める生理日の休暇については、有給（無給）とする。

5　第16条第1項で定める時間内通院の時間については、有給（無給）とする。

6　第16条第2項で定める遅出、早退により就業しない時間については、有給（無給）とする。

7　第16条第3項で定める勤務中の休憩時間については、有給（無給）とする。

8　第16条第4項で定める勤務時間の短縮により就業しない時間及び休業の期間については、有給（無給）とする。

9　第17条第1項で定める育児休業・介護休業の期間については、有給（無給）とする。

（欠勤等の扱い）

第20条　欠勤、遅刻、早退、及び私用外出の時間については、1時間当たりの賃金額に欠勤、遅刻、早退、及び私用外出の合計時間数を乗じた額を差し引くものとする。

（賃金の支払い）

第21条　賃金は、前月○○日から当月○○日までの分について、当月○○日（支払日が休日に当たる場合はその前日）に通貨で直接その金額を本人に支払う。

2　次に掲げるものは賃金から控除するものとする。

　　①　源泉所得税

　　②　住民税

　　③　雇用保険及び社会保険の被保険者については、その保険料の被保険者の負担分

　　④　その他従業員の過半数を代表する者との書面による協定により控除することとしたもの。

（昇　給）

第22条　期間の定めのない労働契約を締結したパートタイム職員のうち、1年以上勤続し、成績の優秀な者は、その勤務成績、職務遂行能力等を考慮し昇給を行う。

2　昇給は、原則として年1回とし、○月に実施する。

（賞　与）

第23条　期間の定めのない労働契約を締結したパートタイム職員のうち、毎年○月○日及び○月○日に在籍し○カ月以上勤続したパートタイム職員に対しては、その勤務成績、職務内容及び勤務期間等を考慮し賞与を支給する。

2　賞与は、原則として年2回、○月○日及び○月○日に支給する（支払日が休日にあたる場合はその前日に支給する）。

3　支給基準等は、その期の当寺の業績等によりその都度定める。

（退職金の支給）

第24条　期間の定めのない労働契約を締結したパートタイム職員のうち、勤続○年以上のパートタイム職員が退職し、または解雇されたときは、退職金を支給する。ただし第38条第2項により懲戒解雇された場合は、退職金の全部または一部を支給しないことがある。

（退職金額等）

第25条　退職金は、退職または解雇時の基本給に勤続年数に応じて定めた別表（略）の支給率を乗じて計算した金額とする。

2　退職金は、支給事由の生じた日から○か月以内に支払う。

217

第5章　労働関係法に関する書式

第7章　退職及び解雇

（退　　職）
第26条　パートタイム職員が次のいずれかに該当するときは、退職とする。
　　　　①　労働契約に期間の定めのある場合は、その期間が満了したとき
　　　　②　本人の都合により退職を申し出て当寺が認めたとき、または退職の申し出を
　　　　　してから14日を経過したとき
　　　　③　本人が死亡したとき
2　パートタイム職員が退職の場合において、使用期間、業務の種類、その事業におけ
　る地位、賃金又は退職の事由について証明書を請求した場合は、遅滞なくこれを交付
　する。
（雇止め）
第27条　労働契約に期間の定めがあり、労働条件通知書にその契約を更新する場合があ
　る旨を予め明示していたパートタイム職員の労働契約を更新しない場合には、少なく
　とも契約が満了する日の30日前までに予告する。
2　前項の場合において、当該パートタイム職員が、雇止めの予告後に雇止めの理由に
　ついて証明書を請求した場合には、遅滞なくこれを交付する。雇止めの後においても
　同様とする。
（解　　雇）
第28条　パートタイム職員が、次のいずれかに該当するときは解雇する。この場合にお
　いては、少なくとも30日前に予告をするか、または予告に代えて平均賃金の30日分の
　予告手当を支払う。
　　　　①　勤務成績又は業務能率が著しく不良で向上の見込みがなく、他の職務にも転
　　　　　換できない等、就業に適しないと認められたとき
　　　　②　業務上の負傷又は疾病による療養の開始後3年を経過しても当該負傷又は疾
　　　　　病が治らない場合であって、パートタイム職員が傷病補償金を受けているとき
　　　　　又は受けることとなったとき
　　　　③　身体または精神に障害がある場合で、適正な雇用管理を行い、雇用の継続に
　　　　　配慮してもなお業務に耐えられないと認められたとき
　　　　④　事業の運営上やむを得ない事情又は天災事変その他これに準ずるやむを得な
　　　　　い事情により、事業の継続が困難となったとき又は事業の縮小・転換又は部門
　　　　　の閉鎖等を行う必要が生じ、他の職務に転換させることが困難なとき
　　　　⑤　その他前各号に準ずるやむを得ない事由があるとき
2　前項の予告の日数は、平均賃金を支払った日数だけ短縮する。
3　パートタイム職員が、解雇の予告がされた日から退職の日までの間に当該解雇の理
　由について証明書を請求した場合には、遅滞なくこれを交付する。

第8章　福利厚生等

（福利厚生）
第29条　当寺は、福利厚生施設の利用及び行事への参加については、職員と同様の取り
　扱いをするように配慮する。
（雇用保険等）

Ⅱ　労働条件に関する書式

第30条　当寺は、雇用保険、健康保険及び厚生年金保険の被保険者に該当するパートタイム職員については、必要な手続をとる。

（教育訓練の実施）
第31条　当寺は、職員に実施する教育訓練で当該職員が従事する職務の遂行に必要な能力を付与するものについては、職務内容が同一のパートタイム職員に対して、職員と同様に実施する。
2　当寺は、前項のほか、パートタイム職員の職務内容、成果、能力、経験等に応じ教育訓練を実施する。

第9章　安全衛生及び災害補償

（安全衛生の確保）
第32条　当寺は、パートタイム職員の作業環境の改善を図り安全衛生教育、健康診断の実施その他必要な措置を講ずる。
2　パートタイム職員は、安全衛生に関する法令、規則並びに当寺の指示を守り、当寺と協力して労働災害の防止に努めなければならない。

（健康診断）
第33条　期間の定めのない労働契約を締結したパートタイム職員のうち、引き続き1年以上（労働安全衛生規則第13条第1項第2号に定める業務に従事する者については6か月以上）使用され、または使用することが予定されている者に対しては、採用の際及び毎年定期に健康診断を行う。
2　有害な業務に従事するパートタイム職員に対しては特殊健康診断を行う。

（安全衛生教育）
第34条　パートタイム職員に対し、採用の際及び配置換え等により作業内容を変更した際には、必要な安全衛生教育を行う。

（災害補償）
第35条　パートタイム職員が業務上の事由もしくは通勤により負傷し、疾病にかかり、または死亡した場合は、職員災害補償保険法に定める保険給付を受けるものとする。
2　パートタイム職員が業務上負傷しまたは疾病にかかり休業する場合の最初の3日間については、当寺は平均賃金の60%の休業補償を行う。

第10章　職員への転換

（職員への転換）
第36条　1年以上勤続し、職員への転換を希望するパートタイム職員については、次の要件を満たす場合、職員として採用し、労働契約を締結するものとする。
　　①　1日8時間、1週40時間の勤務ができること
　　②　所属長の推薦があること
　　③　面接試験に合格したこと
2　前項の場合において、当寺は当該パートタイム職員に対して必要な教育訓練を行う。
3　年次有給休暇の付与日数の算定及び退職金の算定において、パートタイム職員としての勤続年数を通算する。
4　転換時期は、毎年4月1日とする。

219

第5章　労働関係法に関する書式

第11章　無期労働契約への転換

（無期労働契約への転換）

第37条　期間の定めのある労働契約で雇用するパートタイム職員のうち、通算契約期間が５年を超える者は、別に定める様式で申し込むことにより、現在締結している有期労働契約の契約期間の末日の翌日から、期間の定めのない労働契約での雇用に転換することができる。

2　前項の通算契約期間は、労働契約が締結されていない期間が連続して６か月以上ある場合については、それ以前の契約期間は通算契約期間に含めない。

3　この規則に定める労働条件は、第１項の規定により期間の定めのない労働契約での雇用に転換した後も引続き適用する。ただし、無期労働契約へ転換した職員に係る定年は、満〇歳とし、定年に達した日の属する月の末日をもって退職とする。

第12章　表彰及び懲戒

（表　彰）

第38条　パートタイム職員が次の各号のいずれかに該当するときは表彰をする。
① 　永年勤続し、勤務成績が優れているとき
② 　勤務成績が優れ、業務に関連して有益な改良、改善、提案等を行い、業績の向上に貢献したとき
③ 　重大な事故、災害を未然に防止し、または事故災害等の非常の際に適切な行動により災害の拡大を防ぐ等特別の功労があったとき
④ 　人命救助その他社会的に功績があり、当寺の名誉を高めたとき
⑤ 　その他前各号に準ずる行為で、他の従業員の模範となり、または当寺の名誉信用を高めたとき

（表彰の種類）

第39条　表彰は、表彰状を授与し、あわせて表彰の内容により賞品もしくは賞金の授与、特別昇給または特別休暇を付与する。

2　表彰は、個人またはグループを対象に、原則として当寺創立記念日に行う。

（懲戒の種類）

第40条　懲戒は、その情状に応じ次の区分により行う。
① 　けん責　始末書を提出させて将来を戒める。
② 　減　給　始末書を提出させ減給する。ただし、減給は、１回の額が平均賃金の１日分の５割（２分の１）を超え、総額が一賃金支期間における賃金の１割（10分の１）を超えることはない。
③ 　出勤停止　始末書を提出させるほか、〇日間を限度として出勤を停止し、その間の賃金は支給しない。
④ 　懲戒解雇　即時に解雇する。

（懲戒の事由）

第41条　パートタイム職員が次のいずれかに該当するときは、けん責、減給または出勤停止とする。
① 　正当な理由なく無断欠勤〇日以上に及ぶとき
② 　正当な理由なくしばしば欠勤、遅刻、早退をするなど勤務に熱心でないとき

Ⅱ　労働条件に関する書式

③　過失により当寺に損害を与えたとき
④　素行不良で当寺内の秩序または風紀を乱したとき
⑤　寺内において、性的な言動によって他人に不快な思いをさせたり、職場の環境を悪くしたとき
⑥　寺内において、性的な関心を示したり、性的な行為をしかけたりして、他に職員の業務に支障を与えたとき
⑤　その他この規則に違反し、又は前各号に準ずる不都合な行為があったとき
2　パートタイム職員が次のいずれかに該当するときは、懲戒解雇とする。
①　正当な理由なく無断欠勤○日以上に及び、出勤の督促に応じないとき
②　正当な理由なく遅刻、早退及び欠勤を繰り返し、数回にわたって注意を受けても改めないとき
③　当寺内における窃取、横領、傷害等刑法犯に該当する行為があったとき、またはこれらの行為が当寺外で行われた場合であっても、それが著しく当寺の名誉もしくは信用を傷つけたとき
④　故意または重大な過失により当寺に損害を与えたとき
⑤　素行不良で著しく当寺内の秩序または風紀を乱したとき
⑥　職責を利用して交際を強要したり、性的な関係を強要したとき
⑦　重大な経歴詐称あったとき
⑧　その他前各号に準ずる重大な行為があったとき

附　則
1　この規則は、○○○○年○○月○○日から実施する。

(4)　就業規則の作成・変更の際の意見聴取

　使用者は、就業規則を作成または変更する場合、必ず労働者を代表する者（事業場に労働者の過半数で組織する労働組合がある場合はその労働組合、労働組合がない場合は労働者の過半数を代表する者）の意見を聴かなければなりません（労働基準法90条1項）。

　意見聴取とは、労働者に就業規則の内容を説明し、質問を受けるなどの周知活動を行ったうえで労働者の意見集約を図るためのもので、必ずしも同意を得なければならないものではありません。したがって、意見書の内容が、就業規則に全面的に反対するものであると、特定部分に関して反対するものであるとを問わず、またその反対事由のいかんを問わず、その効力の発生についての他の要件が備わっている限り、就業規則の効力には影響はありません。

　過半数代表者は、原則として次の要件を満たす者であることが必要です。

221

第5章 労働関係法に関する書式

① 労働基準法に規定する監督または管理の地位にあるものでないこと
② 法に基づく労使協定の締結当事者、就業規則の作成・変更の際に使用者から意見を聴取される者等を選出することを明らかにして実施される投票、挙手等の方法による手続により選出された者であり、使用者の意向によって選出された者ではないこと

【書式5-23】 就業規則届記載例

就 業 規 則 届

○○○○年○○月○○日

○ ○ ○ ○労働基準監督署長　殿

　今回、別添のとおり当寺の就業規則を作成いたしましたので、従業員代表の意見書（別紙）を添えて提出します。

届出規則
1．就業規則
2．育児・介護休業等に関する規程
3．賃金規程
4．退職金規程
5．継続雇用規程
6．パートタイム労働者就業規則

ふ り が な 事 業 場 名	しゅうきょうほうじん　まるまるじ 宗教法人　○　○　寺		
所 在 地	○○○○○○　　　　　TEL		
使用者職氏名	代表役員　○○○○		㊞
業種・労働者数	宗教団体	企 業 全 体 事 業 場 の み	人 人

222

Ⅱ　労働条件に関する書式

【書式 5 -24】　職員代表者の意見書例

意　見　書

○○○○年○○月○○日

宗教法人　○○寺
代表役員
　　　　　　○　○　○　○　殿

　○○○○年○○月○○日付をもって意見を求められた就業規則案について、下記のとおり意見を提出いたします。

記

意見

例 1　異議ありません。

例 2　同意します。

例 3　総体的には異議ありませんが、次の事項については改正をお願いします。
　(1)　就業規則第30条の年次有給休暇は、入職時に付与してほしい。
　(2)　育児・介護休業等に関する規程第10条の子の看護休暇及び介護休暇については、有給にしてほしい。

労働者代表
職　名　寺務部庶務課
氏　名　○　○　○　○　　　㊞

　労働者の過半数を代表する者の選出方法
　　　　(例)　選挙により選出
　　　　(例)　推薦を受け信任による選出

223

第5章　労働関係法に関する書式

【書式 5 -25】　就業規則変更届記載例

就業規則（変更）届

○○○○年○○月○○日

　○　○　○　○　労働基準監督署長　殿

　今回、別添のとおり当寺の就業規則を変更いたしましたので、意見書（別紙）を添えて提出します。

　　主な変更事項

条文	改　正　前	改　正　後
（例） 就業規則 第33条第1項	第1号、第2号及び第3号中の「結婚」	「結婚（同性カップルの結婚に相当する関係を含む)」に改める。
（例） 退職金規程	別表（別紙1のとおり）	別表（別紙2のとおり）

労働保険番号	都道府県	所轄	管轄	基　幹　番　号	枝番号	被一括事業番号

ふ　り　が　な 事　業　場　名	しゅうきょうほうじん　まるまるてら 宗教法人　　○　　○　　寺	
所　在　地	○○○○○○○○○○○○○○　　　TEL	
使用者職氏名	代表役員　　○　○　○　○　　　　　　　㊞	
業種・労働者数	宗教団体	企業全体　　　　　　人 事業場のみ　　　　　人

［前回届出から名称変更があれば旧名称
また、住所変更もあれば旧住所を記入］

224

Ⅱ　労働条件に関する書式

2　労使協定書

　前記の就業規則を作成または変更する場合に必ず意見を聴かなければならない労働者代表は、労働者を代表して使用者と協議し、書面による協定（労使協定）を締結する権限をもちます。

　労働者代表が労使協定の締結で関与する規定は、労働基準法上、就業規則作成手続の意見聴取のほかに次のように多岐にわたっています。

　①労働者の貯蓄金の管理、②賃金の一部控除、③賃金の預金口座振込み、④休暇中の賃金、⑤１カ月単位の変形労働時間制、⑥フレックスタイム制、⑦１年単位の変形労働時間制、⑧１週間単位の変形労働時間制、⑨一斉休憩の例外、⑩時間外・休日労働、⑪事業場外労働のみなし時間（法定時間外）、⑫専門業務型裁量労働制、⑬企画業務型裁量労働制、⑭年次有給休暇の計画的付与、⑮その他、育児・介護休業法でも、一定の範囲の労働者を育児介護休業の対象から除外するためには労使協定の締結をすることが定められています。

　これらの労使協定が締結された場合は、下線のついた協定は労働基準監督署長に届出をしなければなりません。協定書の書式は定められていませんが、届出の書式は定められており、厚生労働省や都道府県労働局のホームページからダウンロードすることができます。

【書式5-26】　賃金控除に関する労使協定書例

賃金控除に関する労使協定書

　宗教法人○○山○○寺（以下、「当寺」という。）と当寺の職員代表○○○○は、労働基準法第24条第１項ただし書に基づき、賃金控除に関し、下記のとおり協定する。

（控除の対象）
第１条　当寺は毎月25日の賃金支払の際、及び賃金規程第21条の定めによる賞与支払の際、法令等に定めるもののほか、次に掲げるものを控除して支払うことができる。
　(1)　当寺立替金又は当寺内貸付制度による返済金及び利息

225

第 5 章　労働関係法に関する書式

(2)　団体生命保険・損害保険の保険料
(3)　当寺施設の利用代金
(4)　財形制度等の積立金
2　前項の法令等に定めるものとは、次のものをいう。
(1)　所得税、地方税の源泉徴収分、雇用・社会保険料の本人負担分
(2)　遅刻、欠勤等に伴う控除
(3)　前月分の過払い賃金の精算分
(4)　就業規則第71条の減給
(控除の時期)
第 2 条　前条第 1 項の控除は、毎月25日の賃金支払の際に行うことを原則とする
　　が、職員の希望により賞与支払の際に行うことができる。また、前条第 1 項各
　　号について未払金を残したまま職員が死亡又は退職したときは、退職金支払の
　　際、それぞれ控除することができる。
(協議事項)
第 3 条　本協定に基づく賃金控除の取扱いに関し、運用上の疑義が生じた場合に
　　は、その都度当寺と職員代表で対応を協議し、決定する。
(有効期間)
第 4 条　本協定の有効期間は、○○○○年○○月○○日から○○○○年○○月○
　　○日までとし、満了日の 1 か月前までに協定当事者のいずれからも申出がない
　　ときは、同一条件をもって 1 年まで更新するものとする。

　　以上の協定を証するため、本書 2 通を作成し、記名押印のうえ協定当事者が
　各々 1 通ずつ所持する。

　　○○○○年○○月○○日
　　　　　　　　　　　　　　宗教法人○○山○○寺　職員代表　　○○○○　㊞
　　　　　　　　　　　　　　宗教法人○○山○○寺　代表役員　　○○○○　㊞

【書式 5 -27】　賃金の預金口座振込に関する労使協定書例

賃金の預金口座振込に関する労使協定書

　宗教法人○○山○○寺（以下、「当寺」という。）と当寺の職員代表○○○○と
は、職員の賃金の預金口座振込による支払方法に関し、下記のとおり協定する。

(賃金の口座振込払い)
第 1 条　当寺は、職員各人の同意を得て、本人の指定する預貯金口座に賃金を振
　　り込むことができる。
(対象職員)

II 労働条件に関する書式

第2条　口座振込払いの対象となる職員は、当寺のすべての職員とする。
（対象賃金）
第3条　口座振込払いの対象とする賃金は、毎月の給料、賞与及び退職金とし、その金額は各職員の申し出た額とする。
（対象金融機関の指定）
第4条　職員は、自由に口座振込の対象金融機関を指定することができる。ただし、金融機関を変更する場合は、振込を予定する日から15日以上前に会社に申し出るものとする。
（実施日）
第5条　口座振込による賃金の支払いは、○○○○年○○月○○日以降実施する。
（有効期間）
第6条　本協定の有効期間は、○○○○年○○月○○日から○○○○年○○月○○日までとし、満了日の1か月前までに協定当事者のいずれからも申出がないときは、同一条件をもって1年まで更新するものとする。

　以上の協定を証するため、本書2通を作成し、記名押印のうえ協定当事者が各々1通ずつ所持する。

　○○○○年○○月○○日

　　　　　　　　　宗教法人○○山○○寺　職員代表　　○○○○　㊞
　　　　　　　　　宗教法人○○山○○寺　代表役員　　○○○○　㊞

【書式5-28】　時間外労働及び休日労働に関する労使協定書例

時間外労働及び休日労働に関する労使協定書

　宗教法人○○山○○寺（以下、「当山」という。）と当山の職員代表○○○○は、労働基準法第36条第1項に基づき、法定労働時間を超える労働（以下、「時間外労働」という。）及び法定休日における労働（以下、「休日労働」という。）に関し、下記のとおり協定する。

（時間外労働及び休日労働を必要とする場合）
第1条　当山は、次の各号のいずれかに該当するときは、就業規則第○条の規定に基づき、時間外労働を命ずることができるものとする。
　(1)　月末、期末処理等の経理事務等が繁忙なとき。
　(2)　決算及び中間決算等、時季的に業務が集中し、法定労働時間内の勤務では処理が困難なとき。

227

第5章　労働関係法に関する書式

(3)　業務が輻輳し、法定労働時間内の勤務では処理が困難なとき。
(4)　葬儀・法要・行事の施行。
(5)　その他前各号に準ずる事由が生じたとき。
2　当山は、次の各号のいずれかに該当するときは、就業規則第○条の規定に基づき、休日労働を命ずることができるものとする。
(1)　季節的繁忙及び檀家等の需要に応ずるために業務が集中し、休日労働をしなくては処理が困難なとき。
(2)　その他前号に準ずる事由が生じたとき。

(時間外労働及び休日労働を必要とする業務の種類及び対象従業員数)
第2条　時間外労働及び休日労働を必要とする業務の種類及び対象職員数は次のとおりとする。

区　分	業務の種類	対象従業員数
僧籍を有しない職員	総務・庶務	2名
	管財・経理	2名
僧籍を有する職員	葬儀・法要の施行	5名
	行事の施行	5名

(延長時間及び休日労働日数)
第3条　法定労働時間を超えて延長させることができる時間(以下、「延長時間」という。)及び休日労働をさせることができる休日並びに始業及び終業の時刻は、次のとおりとする。

	延長時間(起算日)			休日労働
	1日	1か月 (毎月○日)	1年間 (○月○日)	
僧籍を有しない職員	15時間	30時間	250時間	1か月に4日
僧籍を有する職員	3時間	30時間	250時間	1か月に4日

2　前項により、休日労働を命ずる場合の始業及び終業の時刻、休憩時間は次のとおりとする。ただし、業務の進捗状況等により、あらかじめ指定して、この時間を短縮することがある。
(1)　始業時刻…午前9時00分
(2)　終業時刻…午後6時00分
(3)　休憩時間…正午から午後1時まで
3　第1項の延長時間は、時間外労働時間数の上限を示すものであり、常に当該時間まで時間外労働を命ずるものではない。通常の延長時間は1日当たり2時間、1か月当たり30時間を目安とする。
4　第1項の休日労働の回数は、休日労働の上限を示すものであり、常に当該回数まで休日労働を命ずるものではない。休日労働は、緊急やむを得ない場合に

限るものとし、少なくとも１週間に１回の休日は確保するよう努めるものとする。

（特別延長時間）

第４条　通常の葬儀・法事・その他の行事を大幅に超える予約が発生し、特に時期が集中ひっ迫したときは、当山は、職員代表にあらかじめ通告して、１か月当たりの延長時間を「50時間」とすることができる。ただし、これを適用することができる月数の限度は、１人当たり、１年間のうち６か月とする。

2　前項の延長時間とは、特別な事情がある場合における時間外労働時間数の上限を示すものであり、常に当該時間まで時間外労働を命ずるものではない。

3　第１項を適用する場合、１年間の延長時間の限度は、400時間とする。

4　当山及び職員は、常に業務の配分等に注意を払いできる限り第１項に基づく時間外労働が生じないように努めなければならない。また、会社は、職員の健康を考慮して、１か月当たり60時間を超える時間外労働が生じないように配慮しなければならない。

（時間外割増賃金率）

第５条　時間外割増賃金率は、月間及び年間の時間外労働に応じて定める次の各号の率とする。

（1）　月間45時間以内の時間外労働…0.25

（2）　月間45時間を超え60時間以内の時間外労働…0.3

（3）　前２号にかかわらず年間360時間を超える時間外労働（前号による割増賃金率の対象となった時間外労働を除き、月間60時間以内の時間外労働に限る。）…0.3

（4）　月間60時間を超え80時間以内の時間外労働…0.5

（代替休暇）

第６条　0.5の時間外割増率が適用される従業員が代替休暇を取得したときは、当該時間外割増率は0.25とする。

2　代替休暇の取扱いについては、別途締結する労使協定による。

（健康確保措置）

第７条　業務上のやむを得ない理由から１か月当たりの時間外労働及び休日労働の累計が80時間以上となった従業員については、本人からの申出により、会社は医師による面接指導を行うものとする。また、疲労の蓄積が認められる場合には、必要な日数の特別休暇を与えるものとする。

（有効期間）

第８条　本協定の有効期間は、○○○○年○○月○○日から○○○○年○○月○○日までとする。

　　以上の協定を証するため、本書２通を作成し、記名押印のうえ協定当事者が各々１通ずつ所持する。

　　○○○○年○○月○○日

第5章　労働関係法に関する書式

　　　　　　　　　　　　○○山○○寺　職員代表　○○○○　㊞
　　　　　　　　　　　　○○山○○寺　代表役員　○○○○　㊞

【書式5-29】　１年単位の変形労働時間制に関する労使協定書（区分期間なし）例

１年単位の変形労働時間制に関する労使協定書

　宗教法人○○山○○寺（以下、「当寺」という。）と当寺の職員代表○○○○
は、労働基準法第32条の４第１項に基づき、△△○○年度の所定労働時間等に関
し、下記のとおり協定する。

（対象期間）
第１条　○○○○年○○月○○日から○○○○年○○月○○日までの１年間（以
　　下、「対象期間」という。）の所定労働時間については、本協定の定めるところ
　　によるものとし、所定労働時間は１年間を平均して週40時間を超えないものと
　　する。
（１日の所定労働時間）
第２条　１日の所定労働時間（休憩時間を除く。）は○時間○○分とし、始業及
　　び終業の時刻、休憩時間は次のとおりとする。
　(1)　始業時刻……午前○時○○分
　(2)　終業時刻……午後○時○○分
　(3)　休憩……正午から午後１時まで
（特定期間）
第３条　次の各号に掲げる期間は、特に業務が繁忙な期間（以下「特定期間」と
　　いう。）とする。
　(1)　○○○○年○○月○○日から○○○○年○○月○○日まで
　(2)　○○○○年○○月○○日から○○○○年○○月○○日まで
（連続労働日数）
第４条　対象期間における連続労働日数の上限は、６日とする。ただし、特定期
　　間については、12日とする。
２　前項の上限を超えて労働させたとき、又は休日に労働させたことにより１週
　　間について休日が１日も確保できなくなったときは、当該労働した日について
　　て、給与規程第13条の定めるところにより、休日割増賃金を支払う。
（時間外割増賃金を支払う場合）
第５条　所定労働時間を超えて労働させた場合において、次の各号に掲げる時間
　　があるときは、給与規程第13条の定めるところにより、時間外割増賃金を支払
　　う。
　(1)　１日については、８時間（勤務カレンダーにより８時間を超える所定労働

230

Ⅱ　労働条件に関する書式

時間が定められている日は、その時間）を超えて労働した時間
- (2)　1週間（日曜日を起算日とする。）については、40時間（勤務カレンダーにより40時間を超える所定労働時間が定められている週は、その時間）を超えて労働した時間（前号の時間を除く。）
- (3)　対象期間中の法定労働時間の総枠を超えて労働した時間（前2号の時間を除く。）

（適用対象者）

第6条　本協定による変形労働時間制は、当寺に勤務する職員を対象とする。

（適用除外）

第7条　前条にかかわらず、妊娠中又は産後1年以内の女性職員のうち請求した者及び18歳未満の年少者には、本協定を適用しない。

（家庭的責任を有する者等への配慮）

第8条　育児を行う者、家族等の介護を行う者、その他特別の配慮を要する職員に対する本協定の適用に当たっては、当寺は職員代表と協議するものとする。

（有効期間）

第9条　本協定の有効期間は、○○○○年○○月○○日から○○○○年○○月○○日までとする。

　以上の協定を証するため、本書2通を作成し、記名押印のうえ協定当事者が各々1通ずつ所持する。

○○○○年○○月○○日

　　　　　　　　　　　宗教法人○○山○○寺　　職員代表　　　○○○○　㊞
　　　　　　　　　　　宗教法人○○山○○寺　　代表役員　　　○○○○　㊞

【書式5-30】　育児・介護休業等に関する労使協定書例

育児・介護休業等に関する労使協定書

　宗教法人○○山○○寺（以下、「当寺」という。）と当寺の職員代表○○○○は、当寺における育児・介護休業等に関し、以下のとおり協定する。

（育児休業の申出を拒むことができる職員）

第1条　以下の職員から1歳に満たない子を養育するための育児休業の申出があったときは、当寺はその申出を拒むことができるものとする。
- ①　在職1年未満の職員
- ②　申出の日から1年以内（1歳6か月までの休業の場合は6か月以内）に雇用関係が終了することが明らかな職員

231

第5章　労働関係法に関する書式

③　１週間の所定労働日数が２日以下の職員

（介護休業の申出を拒むことができる職員）

第２条　以下の職員から介護休業の申出があったときは、当寺はその申出を拒むことができるものとする。

①　在職１年未満の職員

②　介護休業申出の日から93日以内に雇用関係が終了することが明らかな職員

③　１週間の所定労働日数が２日以下の職員

（子の看護休暇および介護休暇の申出を拒むことができる職員）

第３条　以下の職員から子の看護休暇の申出あるいは介護休暇の申出があったときは、当寺はその申出を拒むことができるものとする。

①　在職６か月未満の職員

②　１週間の所定労働日数が２日以下の職員

（育児・介護のための所定外労働の免除の申出を拒むことができる職員）

第４条　以下の職員から育児・介護のための所定外労働の免除の申出があったときは、当寺はその申出を拒むことができるものとする。

①　在職１年未満の職員

②　１週間の所定労働日数が２日以下の職員

（育児短時間勤務の申出を拒むことができる職員）

第５条　以下の職員から育児短時間勤務の申出があったときは、当寺はその申出を拒むことができるものとする。

①　在職１年未満の職員

②　１週間の所定労働日数が２日以下の職員

③　業務の性質または業務の実施体制に照らして所定労働時間の短縮措置を講ずることが困難と認められる業務として別に定める業務に従事する職員

（介護短時間勤務の申出を拒むことができる職員）

第６条　以下の職員から介護短時間勤務の申出があったときは、当寺はその申出を拒むことができるものとする。

①　在職１年未満の職員

②　１週間の所定労働日数が２日以下の職員

（職員への通知）

第７条　第１条から第６条までのいずれかの規定により、職員の申出を拒むときは、当寺はその旨を職員に通知するものとする。

（有効期間）

第８条　本協定の有効期間は、○○○○年○○月○○日から○○○○年○○月○○日までとする。ただし、有効期間満了の１か月前までに、当寺、職員代表いずれからも申出がないときには、さらに１年間有効期間を延長するものとし、以降も同様とする。

○○○○年○○月○○日

Ⅱ　労働条件に関する書式

宗教法人○○山○○寺　代表役員		印
宗教法人○○山○○寺　職員代表		印

【書式5-31】　時間単位年休に関する労使協定書例

時間単位年休に関する労使協定書

　宗教法人○○寺（以下、「当寺」という。）と当寺の職員代表○○○○は、労働基準法第39条第4項に基づき、時間単位年休に関し、下記のとおり協定する。
（時間単位年休の付与）
第1条　当寺は、職員のワーク・ライフ・バランスを図るため、職員（次項に掲げる者を除く。）から請求があったときは、一の年度における年次有給休暇（繰越し分を含む。）のうち5日を限度として、時間単位の年次有給休暇（以下、「時間単位年休」という。）としてこれを付与するものとする。
（時間単位年休の単位）
第2条　時間単位年休は、1時間を1単位とし、8単位をもって1労働日の年次有給休暇に相当するものとする。
（取得手続）
第3条　時間単位年休を取得しようとする職員は、取得する2日前までに、取得する時間帯を明らかにして、就業規則に定める手続に従い、所属長に届け出なければならない。
2　遅刻早退の時間を事後において時間単位年休に振り替えることはできない。
3　時間単位年休を取得した職員が、これを取得した日に当該時間単位年休を1日単位の年次有給休暇に変更することはできない。
（時間単位年休の取得をした日の勤務）
第4条　時間単位年休を取得した職員は、その趣旨に従い、できる限り始業時刻前又は終業時刻後の勤務はしないようにしなければならない。やむを得ず始業時刻前又は終業時刻後に勤務した場合であっても、実労働時間8時間までの勤務は時間外手当の対象としない。
（時季変更権）
第5条　職員が届け出た時間帯に時間単位年休を与えることが事業の正常な運営を妨げる場合においては、当寺は他の時間帯又は時季に変更することがある。
2　職員が1日単位の年次有給休暇を届け出た場合において、当寺は、これを時間単位年休に変更することはできない。
（時間単位年休の賃金）
第6条　賃金の計算に当たっては、時間単位年休の時間については、通常の勤務をした時間として扱う。
（時間外労働との関係）

第5章　労働関係法に関する書式

第7条　時間外労働時間数の計算に当たっては、時間単位年休の時間は勤務しな
　　かった時間として扱う。
（有効期間）
第8条　本協定の有効期間は、○○○○年○○月○○日から○○○○年○○月○
　　○日までとし、満了日の1か月前までに協定当事者のいずれからも申出がない
　　ときは、同一条件をもって1年まで更新するものとする。

　　以上の協定を証するため、本書2通を作成し、記名押印のうえ協定当事者が
　各々1通ずつ所持する。

　○○○○年○○月○○日

　　　　　　　　　　　　　　　　○○株式当寺　職員代表　○○○○　㊞
　　　　　　　　　　　　　　　　○○株式当寺　代表役員　○○○○　㊞

3　内部届出書類等

　就業規則の定めにより、職員が法人に申請・届出をする書類や法人が職員
に交付する書類も数多く必要となります。これらの様式は法定ではありませ
んので、明瞭で、簡潔な使い勝手のよいものを作成しておく必要がありま
す。

⑴　就業規則の定めにより必要な書式

【書式5-32】　特定個人情報等の取扱いに関する同意書例

特定個人情報等の取扱いに関する同意書

　　　　　　　　　　　　　　　　　　　　　　　○○○○年○○月○○日

宗教法人○○寺
代表役員　○　○　○　○　様

　　　　　　　　　　　　　　　　　　　　氏名　○　○　○　○　㊞

　私は、下記の定めに従い、宗教法人○○寺が私の特定個人情報等を収集・保管・利
用・提供すること及び私が特定個人情報等を提供すること（個人番号の提供に当たり本
人確認に応じることを含みます。）に同意いたします。

　　　　　　　　　　　　　　　　　記

Ⅱ　労働条件に関する書式

１．特定個人情報等の利用目的

　宗教法人○○寺（以下、「当寺」といいます。）は、あなたが就業するうえで必要となる特定個人情報等（個人番号など人事労務管理に必要な個人情報をいいます。）を、次の目的にのみ収集し、それ以外の目的には利用しません。

　なお、⑴、⑵については、あなたの個人番号を利用することになりますので、併せてご了解ください。個人番号については、本人確認のうえ、適正に収集いたします。

　⑴　法令に定める社会保険に係る諸手続（健康保険・厚生年金保険資格取得届の作成等）

　⑵　法令に定める所得税、地方税に係る諸手続（給与の源泉徴収事務等）

　⑶　前２号以外の当寺が行う給与計算（各種手当支給）及び支払手続

　⑷　法令に従った医療機関又は健康保険組合からの健康情報の取得

　⑸　当寺内における人員配置

　⑹　昇降給の決定

　⑺　教育管理

　⑻　福利厚生等の各種手続

　⑼　万が一のことがあった際の緊急連絡先の把握

　⑽　前各号のほか、当寺の人事政策及び雇用管理の目的を達成するために必要な事項

２．特定個人情報等責任者

　当寺の特定個人情報等責任者は、次の者とします。

　　総務部長　　○○○○

３．特定個人情報等の第三者への提供

　当寺が取得した個人番号以外の特定個人情報等については、本書の同意のもと、４．の各号に掲げる目的のため、第三者へ提供することがあります。これ以外の事項について、４．のただし書に該当する場合及び個別のみなさんの同意がない限り、第三者への提供は行いません。

　また、１．⑴、⑵の目的のために収集した個人番号を含む特定個人情報等は、第三者に提供することはありません。

４．第三者への提供の例外

　⑴　賃金の振込のため、本人の氏名、口座番号等を郵送・電送で銀行、郵便事業会社等に提供することがあります。

　⑵　社会保険関連の手続のため、本人の氏名、勤務先等を社会保険関連機関に提供することがあります。

　⑶　健康管理のため、本人の氏名、健康保険証番号等を医療機関又は医師に提供することがあります。

　⑷　他寺への出向・移籍手続のため、本人の氏名、人事情報等を出向先・移籍先寺院に提供することがあります。

　ただし、次の各号に掲げる場合は、関係法令に反しない範囲で、本人の同意なく本人の特定個人情報等（個人番号を含む場合は第１号及び第２号に限ります。）を開示・提供することがあります。

　⑴　法令に基づく場合

235

第5章　労働関係法に関する書式

(2)　人の生命、身体又は財産の保護のために必要がある場合であって、本人の同意を得ることが困難であるとき。

(3)　公衆衛生の向上又は児童の健全な育成の推進のために特に必要がある場合であって、本人の同意を得ることが困難であるとき。

(4)　国の機関又は地方公共団体又はその委託を受けた者が法令の定める事務を遂行することに対して協力する必要がある場合であって、本人の同意を得ることにより当該事務の遂行に支障を及ぼすおそれがあるとき。

　　なお、人事労務管理業務等を目的として、個人番号を含む特定個人情報等を外部に業務委託する場合があります。

5．扶養親族等の個人番号の収集等

　　法令に定めるところにより、あなたの扶養親族の個人番号の収集（本人確認を含みます。）は、あなた自身で行っていただきます。また、第三号被保険者たる配偶者の個人番号の収集（本人確認を含みます。）については、当寺があなたに委任いたします。

6．あなたが特定個人情報等を提供することの任意性とこれを拒んだ場合に生じる結果

　　等について当寺が要求する特定個人情報等の提供に応じるか否かは任意ですが、提供いただけない特定個人情報等がある場合、利用目的に掲げてある業務に支障が生じ、その影響がみなさんに及ぶことがあることにご留意ください。

　　なお、給与・賞与・各種手当等の支給、税務・社会保険事務等、当寺が使用者として当然に義務を負う業務に必要な特定個人情報等については、就業規則等に定めるところにより、提供しなければなりません。

7．特定個人情報等の開示等について

　　当寺は、あなたの求めにより、開示対象となる特定個人情報等の利用目的の通知・開示、内容の訂正・追加・削除、利用の停止・消去、第三者への提供の停止（番号法に基づき提供された個人番号を除きます。）に応じます。やむを得ず応じられないときは、その理由を明らかにして通知します。

8．メール等のモニタリングの実施について

　　当寺は、あなたが使用するパソコンからの特定個人情報等その他の個人情報及び企業秘密の流出を防止するため、不適切な WEB ページへのアクセスが行われていないかについて、常に監視を行います。また、必要に応じて、あなたが送受信するメールの内容をチェックしますのでご留意ください。

9．特定個人情報等の取扱いに関する苦情・問合せ、開示等請求先

　　特定個人情報等責任者　総務部長　〇〇〇〇

【書式5-33】　身元保証書例

身　元　保　証　書

II 労働条件に関する書式

宗教法人○○寺
代表役員　○○○○　　様

本　人　　現住所　○○○○
氏　名　　○○○○
生年月日　○○○○年○○月○○日

　この度、上記の者が貴法人の職員として採用されるにあたりまして、身元保証人として、本人が法人の就業規則及び諸規定を遵守して、誠実に勤務することを保証いたします。

　万一、本人がこれに反して、故意又は重大な過失によって貴法人に損害をおかけした場合は、本人と連帯して、その損害を賠償する責任を負うことを誓約いたします。

　なお、本身元保証期間は、本日より5年間といたします。

○○○○年○○月○○日

身元保証人　住　　所　○○○○
氏　　名　○　○　○　○　　㊞
生年月日　○○○○年○○月○○日
本人との続柄　　○○

【書式5-34】　賃金の口座振込に関する同意書例

○○○○年○○月○○日

給与振込先届兼振込同意書

（法人名）　宗教法人○○寺　御中

所　属		職　名	
氏　名			㊞

237

第5章　労働関係法に関する書式

私は、給与・賞与の振込支給に同意し、振込先を下記の通り

（　届け出　・　変更し　）ます。

（注）　該当する方にマルをつけること。

金　融 機　関 名　称	銀　行 信託銀行 信用金庫 信用組合 その他	本支 店名	店　名	店番号
口座番号 （右詰で記入）	普通預金 その他（　　　　）			
フリガナ 口座名義 （本　人）				

（注）　親族等であっても、本人以外の口座へは振込みできません。
　　　　店番号は、確認できる場合のみ記入してください。

【書式5-35】　試用期間満了・本使用決定通知書例

〇〇〇〇年〇〇月〇〇日

〇　〇　〇　〇　様

宗教法人　〇〇寺

代表役員　〇　〇　〇　〇　㊞

試用期間満了・本採用決定通知書

　就業規則に定める試用期間（〇〇〇〇年〇〇月〇〇日から〇〇〇〇年〇〇月〇〇日まで）が終了いたしました。
　貴方のこの間の勤務態度や勤務実績は、当法人の職員として相応しいと判断いたしましたので、〇〇〇〇年〇〇月〇〇日付けをもって本採用することを通知いたします。

238

Ⅱ　労働条件に関する書式

　今後も、当法人の発展と、自己の成長のために精勤されることを期待いたします。

　なお、本採用後の労働条件は、試用期間中と同じです。

以上

【書式5-36】　転勤・移動・出向命令書例

転勤・異動・出向命令書

氏　　名　　　　　○　　○　　○　　○
現所属・役職　　　寺務部　庶務係長
異動内容
（例）　　　寺務部　経理課長補佐を命ずる。
（例）　　　付属施設　○　　○　　施設長を命ずる。
（例）　　　△△山　○　○　寺へ出向を命ずる。

○○○○年○○月○○日

　　　　　　　　　　　　　　宗教法人　○○寺
　　　　　　　　　　　　　　代表役員　○　○　○　○　　㊞

【書式5-37】　届出事項異動届例

○○○○年○○月○○日

宗教法人○○寺
　代表役員　○　○　○　○　様

　　　　　　　　　　　　　所　属　○　○　課
　　　　　　　　　　　　　氏　名　○　○　○　○　㊞

届出事項異動届

　次の事項に異動が生じましたので、就業規則第15条に基づき届出をいたします。

239

第 5 章　労働関係法に関する書式

事　　　項	異　動　内　容
氏　　　名	
住　　　所	
通勤経路	
扶養家族	氏名　　　　　　　　　　　　（続柄） 生年月日 異動事由
学　　　歴	
資格・免許	資格・免許 取得年月日
そ の 他	

【書式 5 -38】　欠勤・遅刻・早退・外出許可申請書・届出書例

○○○○年○○月○○日

宗教法人○○寺
　代表役員　　○○○○　　　様

所　属　　○　○　課
氏　名　　○　○　○　○　　印

欠勤・遅刻・早退・外出許可申請書・届出書

　就業規則（第17条・第18条・第19条）に定める事態が生じましたので、同条に基づき申請・届出をいたします。

事　　　項	異　動　内　容
1．遅刻 2．早退 3．欠勤　の日・時間 4．面会 5．外出	○○○○年○○月○○日 午前・午後○○時○○分〜午前・午後○○時○○分

240

II　労働条件に関する書式

上 記 の 理 由	
事 前 連 絡	なし ・ あり（連絡先：　　　　　方法：　　　　）
証明書等の有無	なし ・ あり（　　　　　　　　　　　　　　　　）

【書式5-39】　業務命令書例

業　務　命　令　書

現所属・役職　　　寺務部　庶務係長
氏　　　名　　　○　　○　　○　　○

（例）　当寺の年中行事を円滑に執行するため、
　　　　○○○○年○○月○○日（休日）に出勤し就業することを命ずる。

（例）　○○○○年○○月○○日～○○○○年○○月○○日（休日を含む）まで、
　　　　業務研修のため　　○○○○　への出張を命ずる。

○○○○年○○月○○日

　　　　　　　　　　　　　　宗教法人　○○寺
　　　　　　　　　　　　　　寺務部庶務課長　　○　○　○　○　　㊞

【書式5-40】　所定外労働・休日出勤命令・許可申請書例

所定外労働・休日勤務命令・許可申請書

年度	月	所　属	職　名	氏　名

241

第5章　労働関係法に関する書式

所属長命令印	就労日	時間外・休日の別	業務内容	時間	命令・承認・確認 申請・届出			備考	従事者印	承認・確認印
					勤務時間	休憩時間				
		外・休		自　： 至　：						
		外・休		自　： 至　：						
		外・休		自　： 至　：						
		外・休		自　： 至　：						
		外・休		自　： 至　：						
		外・休		自　： 至　：						
		外・休		自　： 至　：						
		外・休		自　： 至　：						
		外・休		自　： 至　：						
		外・休		自　： 至　：						
		外・休		自　： 至　：						
		外・休		自　： 至　：						
		外・休		自　： 至　：						
		外・休		自　： 至　：						
		外・休		自　： 至　：						

【書式5-41】　代休取得届例

○○○○年○○月○○日

Ⅱ　労働条件に関する書式

宗教法人○○寺
　　代表役員　○○○○　　　様

所　属　○　○　課
氏　名　○　○　○　○　㊞

代　休　取　得　届

就業規則（第28条）の定めに基づき下記のとおり届出をいたします。

代休取得希望日	○○○○年○○月○○日（　）
種　　　　別	・所定外労働に対する代休 ・休日勤務に対する代休
代休の根拠となる 勤　務　実　態	○○○○年○○月○○日 午前・午後○○時○○分〜午前・午後○○時○○分 ○○○○年○○月○○日 午前・午後○○時○○分〜午前・午後○○時○○分

【書式5-42】　年次有給休暇取得届例

○○○○年度

年次有給休暇取得届

所　属	職　名	氏　名	前年度繰越日数		日　　時間
			本年度付与日数		日　　時間
			本年度取得可能日数		日　　時間

宗教法人○○寺
　　代表役員　○○○○　　　様

下記のとおり、年次有給休暇の取得を申し出ます。

申出日		取　得　希　望　日				申出 印	本年度取得累計	
月	日	期　　　　　間		日	時間		日	時間
		月　　日　　時　　分から 　月　　日　　時　　分まで						

243

		月　　日　　時　　分から				
		月　　日　　時　　分まで				
		月　　日　　時　　分から				
		月　　日　　時　　分まで				
		月　　日　　時　　分から				
		月　　日　　時　　分まで				
		月　　日　　時　　分から				
		月　　日　　時　　分まで				
		月　　日　　時　　分から				
		月　　日　　時　　分まで				
		月　　日　　時　　分から				
		月　　日　　時　　分まで				
		月　　日　　時　　分から				
		月　　日　　時　　分まで				
		月　　日　　時　　分から				
		月　　日　　時　　分まで				
		月　　日　　時　　分から				
		月　　日　　時　　分まで				
		月　　日　　時　　分から				
		月　　日　　時　　分まで				
		月　　日　　時　　分から				
		月　　日　　時　　分まで				
		月　　日　　時　　分から				
		月　　日　　時　　分まで				
		月　　日　　時　　分から				
		月　　日　　時　　分まで				

【書式５-43】　特別休暇取得届例

〇〇〇〇年〇〇月〇〇日

宗教法人〇〇寺
　　代表役員　　〇〇〇〇　　　様

　　　　　　　　　　所　属　　〇　〇　課
　　　　　　　　　　氏　名　　〇　〇　〇　〇　㊞

II　労働条件に関する書式

特別休暇取得届

　就業規則（第33条・第34条・第36条）の定めに基づき下記のとおり届出をいたします。

特別休暇 取得希望日	○○○○年○○月○○日　（　）から ○○○○年○○月○○日　（　）まで	日間
取得事由	(1)　本人の結婚　（入籍日・結婚式の日：　　　　月　　　日） (2)　子の結婚　　　　　（結婚式の日：　　　　月　　　日） (3)　兄弟姉妹の結婚　　（結婚式の日：　　　　月　　　日） (4)　妻の出産　　　　（出産（予定）日）：　　　月　　　日） (5)　家族の死亡　　　（続柄：　　　死亡日：　　月　　　日） (6)　裁判員休暇　　　　（参加日・出頭日：　　月　　　日） (7)　公民権行使の時間　　（権利を行使する日：　　月　　　日） 　　　　　　　　　　　　　　　　　（時間：　　　時間） (8)　その他の事由（　　　　　　　　　　　　　　　　　　　）	
備　　考	

【書式5-44】　母性保護に関する休暇請求書例

　　　　　　　　　　　　　　　　　　　　　　○○○○年○○月○○日

宗教法人○○寺
　代表役員　○○○○　　様

　　　　　　　　　　　　　　　所　属　　○　○　課
　　　　　　　　　　　　　　　氏　名　　○　○　○　○　㊞

　　　　　　　　　　母性保護に関する休暇請求書

　就業規則（第37条・第38条・第39条）の定めに基づき下記のとおり請求いたします。

245

第 5 章　労働関係法に関する書式

特別休暇 取得希望日	○○○○年○○月○○日（　）から ○○○○年○○月○○日（　）まで	日間
取得事由	(1)　産前産後の休暇　　　　（出産（予定）日）：　　　月　　　日） (2)　産後の休暇　　　　　　　　　（出産日）：　　　月　　　日） (3)　通院休暇　　　　　　　（通院の日：　　　　月　　　日） (4)　生理休暇　　　　　　（就労免除の日：　　　　月　　　日） 　　　　　　　　　　　　（就労免除の時間：　　　　　　　時間） (5)　妊娠中の時差出勤（1時間以内） (6)　妊娠中の休憩措置　（休憩時間の延長・休憩回数の増加） (7)　妊娠中・出産後の諸症状に対する措置 　　　　　　　　　　　　　　（勤務時間の短縮・休業等） (8)　その他の事由（　　　　　　　　　　　　　　　　　　）	
備　　　考	添付書類 　（医師の診断書・証明書）	

【書式 5 -45】　休職に関する確認書例

　　現所属・役職　　　○○部　○○係
　　氏　　　名　　　　○　○　○　○　　　様

　　　　　　　　　　休職に関する確認書

　貴方から提出された書類等によって、就業規則第43条第○号に該当することを
確認しましたので、下記のとおり休職を命じます。
1．休職の起算日　　　○○○○年○○月○○日
2．休職の期間　　　　起算日より　○か月間
　　　　　　　　　　　○○○○年○○月○○日を期限とします。
3．休職中の給与　　　無給とします。
4．復職命令　　　　　休職事由が消滅したと当寺が認めた場合、又は休職期間
　　　　　　　　　　　が満了した場合は、原則として休職前の職務への復職を
　　　　　　　　　　　命じます。
5．復職不可の場合　　休職期間が満了しても復職できないときは、原則として
　　　　　　　　　　　休職期間満了の日をもって退職とします。

II　労働条件に関する書式

6．休職者近況報告　　休職期間中に当寺から報告を求められた場合は、休職者
　　　　　　　　　　　近況報告書を提出しなければなりません。
7．復職を希望するとき　　復職申出書に休職事由が消滅したことを証する書類
　　　　　　　　　　　を添付して届け出てください。

　　　○○○○年○○月○○日

　　　　　　　　　　宗教法人　○○寺
　　　　　　　　　　寺務部庶務課長　○　○　○　○　　　㊞

【書式 5 -46】　復職申出書例

　　　　　　　　　　　　　　　　　　　○○○○年○○月○○日

宗教法人○○寺
　代表役員　○○○○　　　様

　　　　　　　　　　　　　所　属　　○　○　課
　　　　　　　　　　　　　氏　名　　○　○　○　○　㊞

　　　　　　　復　職　申　出　書

　私は、○○○○年○○月○○日から休職を命じられていましたが、添付書類の
とおり休職事由が消滅し就労が可能となったため、復職することを希望し、○○
○○年○○月○○日から復職することを申し出いたします。

添付書類
　○　診断書
　○　その他（　　　　　　　　　　　　　　　　　　）

【書式 5 -47】　復職に関する確認書例

　　現所属　　　　○○部　○○係
　　氏　名　　　　○　○　○　○　　　様

247

第5章　労働関係法に関する書式

復職に関する確認書

　貴方から提出された書類等によって、就業規則第46条第1項に該当することを確認しましたので、下記のとおり復職を命じます。

1．復職日　　　　　　○○○○年○○月○○日
2．配属部署　　　　　・原職復帰　　・配置の措置を講ずる
3．労働時間　　　　　・所定どおり　・勤務時間短縮等の措置を講ずる
4．業務制限　　　　　・あり　（　　　　　　　　　　　　　　　　　）
　　　　　　　　　　　・なし
5．賃金　　　　　　　基本給：　　　　　　　円（休職前：　　　　　円）
6．年休残日数　　　　　　　　　　日
7．その他の条件　　　・あり　（　　　　　　　　　　　　　　　　）
　　　　　　　　　　　・なし

　　　○○○○年○○月○○日
　　　　　　　　　　　　　　宗教法人　○○寺
　　　　　　　　　　　　　　寺務部庶務課長　○　○　○　○　　　㊞

【書式5-48】　休職期間満了通知書例

　　　　　　　　　　　　　　　　　　　○○○○年○○月○○日

　所　属　　○　○　課
　氏　名　　○　○　○　○　㊞

　　　　　　　　　　　　　　宗教法人○○寺
　　　　　　　　　　　　　　代表役員　○○○○　　様

休職期間満了通知書

　貴方の休職期間が○○○○年○○月○○日をもって満了いたしますので、就業規則（第46条第4項第3号）の定めに基づき通知をいたします。

Ⅱ　労働条件に関する書式

　なお、休職期間満了となっても復職できないときは、就業規則第46条第3項により、休職期間満了の日をもって退職となりますので、本書をもってこの旨通知します。

【書式5-49】　休職者近況報告書例

　　　　　　　　　　　　　　　　　　　　　　　　○○○○年○○月○○日

宗教法人○○寺
　代表役員　○○○○　　　様

　　　　　　　　　　　　　　　　　　　　所　属　○　○　課
　　　　　　　　　　　　　　　　　　　　氏　名　○　○　○　○　㊞

休職者近況報告書

　貴寺から求められた休職期間における近況について、以下のとおり報告いたします。

現在の治療状況	医療機関名（　　　　　　　　　　）に　・入院中・通院中		
入院の場合の治療予定	手術は		
	リハビリは		
	退院予定は、		
通院の場合の治療内容	通院回数（月　　　　回） 　　　・診察　・治療　・リハビリ　・その他（　　　　　）		
軽い運動は	1日約　　時間位　　　　　　　　　をしている　・できない		
最近の体調は			
通常の1日の生活のリズムは	活動内容	時　分～　時　分	活動で感じることは
	睡眠時間 （　　　　　）	：　　～　：	
	朝　食 （　　　　　）	：　　～　：	
	（　　　　　）	：　　～　：	
	（　　　　　）	：　　～　：	
	昼　食 （　　　　　）	：　　～　：	
	（　　　　　）	：　　～　：	
	（　　　　　）	：　　～　：	

249

第 5 章　労働関係法に関する書式

	夕　　食	：	〜	：	
	（　　　　）	：	〜	：	
	（　　　　）	：	〜	：	
	（　　　　）	：	〜	：	
		：	〜	：	
	就　　寝	：	〜		

【書式 5 -50】　懲戒事由該当警告書例

　　　　　　　　　　　　　　　　　　　　　　　○○○○年○○月○○日

○　○　○　○　様

　　　　　　　　　　　　　宗教法人　○○寺
　　　　　　　　　　　　　代表役員　○　○　○　○　　　㊞

懲戒事由該当警告書

　貴方は、就業規則第72条第 1 項第○項に該当する行為をしましたので、同規則第71条に定める譴責といたします。
　今後、同様の行為を繰り返さないよう反省し、○○○○年○○月○○日までに始末書を提出してください。

参　考
就業規則第72条第 1 項
　職員が次の各号のいずれかに該当するときは、情状に応じ、譴責、減給又は出勤停止とする。
　（1）　正当な理由なく欠勤をしたとき
　（2）　正当な理由なく、しばしば遅刻、早退し、又はみだりに任務を離れる等誠実に勤務しないとき
　（3）　重大な報告を疎かにし、又は虚偽の報告を行ったとき
（以下略）

II 労働条件に関する書式

【書式 5 -51】 懲戒処分通知書例

〇〇〇〇年〇〇月〇〇日

〇 〇 〇 〇 様

宗教法人 〇〇寺
代表役員 〇 〇 〇 〇 ㊞

懲 戒 処 分 通 知 書

この度、貴方を懲戒処分することを決定いたしましたので、下記のとおり通知します。

記

1. 処分の種類及び程度

2. 就業規則根拠条文
　　　第〇条第〇号
　　　第〇条第〇号

3. その他の違反事項

4. 処分の理由

以上

251

第5章　労働関係法に関する書式

(2)　育児・介護休業等に関する規程の定めにより必要な書式

【書式5−52】　育児休業申出書例

育児休業申出書

宗教法人△△寺
代表役員　　　　　　　　　殿

　　　　　　　　　　　　　　　　［申出日］　　　　年　　月　　日
　　　　　　　　　　　　　　　　［申出者］所属
　　　　　　　　　　　　　　　　　　　　　氏名

　私は、育児・介護休業等に関する規則（第3条）に基づき、下記のとおり育児休業の申出をします。

記

1　休業に係る子の状況	(1)　氏名	
	(2)　生年月日	
	(3)　本人との続柄	
	(4)　養子の場合、縁組成立の年月日	年　　　月　　　日
	(5)　(1)の子が、特別養子縁組の監護期間中の子・養子縁組里親に委託されている子・養育里親として委託された子の場合、その手続が完了した年月日	年　　　月　　　日
2　1の子が生まれていない場合の出産予定者の状況	(1)　氏名 (2)　出産予定日 (3)　本人との続柄	
3　休業の期間	年　　月　　日から　　年　　月　　日まで （職場復帰予定日　　　　年　　月　　日）	
4　申出に係る状況	(1)　1歳までの育児休業の場合は休業開始予定日の1か月前、1歳を超えての休業の場合は2週間前に申し出て	いる・いない→申出が遅れた理由 〔　　　　　　　　　　　　　　〕

252

II 労働条件に関する書式

(2)	1の子について育児休業の申出を撤回したことが	ない・ある→再度申出の理由〔　　　　　　　　　　　　　　　〕
(3)※	1の子について育児休業をしたことが1歳を超えての休業の場合は記入の必要はありません	ない・ある再度休業の理由〔　　　　　　　　　　　　　　　〕
(4)	配偶者も育児休業をしており、規則第　条第　項に基づき1歳を超えて休業しようとする場合	配偶者の休業開始（予定）日　　　　年　　　月　　　日
(5)	(4)以外で1歳を超えての休業の申出の場合	休業が必要な理由〔　　　　　　　　　　　　　　　〕
(6)	1歳を超えての育児休業の申出の場合で申出者が育児休業中でない場合	配偶者が休業　している・していない

【書式5-53】 〔育児・介護〕休業取扱通知書例

〔育児・介護〕休業取扱通知書

殿

　　　　　　　　　　　　　　　　　　　　　年　　　月　　　日

　　　　　宗教法人△△寺
　　　　　代表役員

　あなたから　　　年　　月　　日に〔育児・介護〕休業の〔申出・期間変更の申出・申出の撤回〕がありました。育児・介護休業等に関する規則（第3条、第4条、第5条、第7条、第8条及び第9条）に基づき、その取扱いを下記のとおり通知します（ただし、期間の変更の申出があった場合には下記の事項の若干の変更があり得ます。）。

記

(1)	適正な申出がされていましたので申出どおり　　　年　　月　　日から　　　年　　月　　日まで休業してください。職場復帰予定日は、　　　年　　月　　日です。

253

第5章　労働関係法に関する書式

1　休業の期間等	(2)　申し出た期日が遅かったので休業を開始する日を　　　　年　　　月　　　日にしてください。 (3)　あなたは以下の理由により休業の対象者でないので休業することはできません。 [　　　　　　　　　　　　　　　　　　　　　　　　　　　　　　　　　　　　] (4)　あなたが　　　　年　　　月　　　日にした休業申出は撤回されました。 (5)　（介護休業の場合のみ）申出に係る対象家族について介護休業ができる日数は通算93日です。今回の措置により、介護休業ができる残りの回数及び日数は、（　　　）回（　　　）日になります。
2　休業期間中の取扱い等	(1)　休業期間中については給与を支払いません。 (2)　所属は　　　　　　　　課のままとします。 (3)　・（育児休業の場合のみ）あなたの社会保険料は免除されます。 　　・（介護休業の場合のみ）あなたの社会保険料本人負担分は、　　　月現在で1月約　　　円ですが、休業を開始することにより、　　　　月からは給与から天引きができなくなりますので、月ごとに会社から支払い請求書を送付します。指定された日までに下記へ振り込むか、　　　　　　に持参してください。 　　振込先： (4)　税については市区町村より直接納税通知書が届きますので、それに従って支払ってください。 (5)　毎月の給与から天引きされる社内融資返済金がある場合には、支払い猶予の措置を受けることができますので、　　　　　　　　に申し出てください。
3　休業後の労働条件	(1)　休業後のあなたの基本給は、　　　級　　　号　　　　　　円です。 (2)　　　　　年　　　月の賞与については算定対象期間に　　　日の出勤日がありますので、出勤日数により日割りで計算した額を支給します。 (3)　退職金の算定に当たっては、休業期間を勤務したものとみなして勤続年数を計算します。 (4)　復職後は原則として　　　課で休業をする前と同じ職務についていただく予定ですが、休業終了1か月前までに正式に決定し通知します。 (5)あなたの　　　年度の有給休暇はあと　　　日ありますので、これから休業期間を除き　　　年　　　月　　　日までの間に消化してください。 　　次年度の有給休暇は、今後　　　日以上欠勤がなければ、繰り越し分を除いて　　　日の有給休暇を請求できます。
4　その他	(1)　お子さんを養育しなくなる、家族を介護しなくなる等あなたの休業に重大な変更をもたらす事由が発生したときは、なるべくその日に　　　　　　　課あて電話連絡をしてください。この場合の休業終了後の出勤日については、事由発生後2週間以内の日を会社と話し合って決定していただきます。 (2)　休業期間中についても会社の福利厚生施設を利用することができます。

Ⅱ　労働条件に関する書式

（注）　上記のうち、1(1)から(4)までの事項は事業主の義務となっている部分、
　　それ以外の事項は努力義務となっている部分です。

【書式5-54】　〔育児休業・育児のための所定外労働制限・育児のための時間外労
　　　　　　働制限・育児のための深夜業制限・育児短時間勤務〕対象児出生届
　　　　　　例

〔育児休業・育児のための所定外労働制限・育児のための時間外労働制限・
　育児のための深夜業制限・育児短時間勤務〕対象児出生届

宗教法人△△寺
代表役員　　　　　　　　　殿
　　　　　　　　　　　　　　　　　　〔申出日〕　　　年　　月　　　日
　　　　　　　　　　　　　　　　　　〔申出者〕所属
　　　　　　　　　　　　　　　　　　　　　　　氏名

　　私は、　　　　年　　月　　　日に行った〔育児休業の申出・所定外労働制限の申出・
時間外労働制限の申出・深夜業制限の申出・育児短時間勤務の申出〕において出生して
いなかった〔育児休業・所定外労働制限・時間外労働制限・深夜業制限・育児短時間勤
務〕に係る子が出生しましたので、育児・介護休業等に関する規則（第3条、第12条、
第13条、第14条及び第15条）に基づき、下記のとおり届け出ます。

　　　　　　　　　　　　　　　　　　　記

1　　出生した子の氏名

2　　出生の年月日

255

第5章　労働関係法に関する書式

【書式5-55】〔育児・介護〕休業申出撤回届例

〔育児・介護〕休業申出撤回届

宗教法人△△寺
代表役員　　　　　　　　殿

[申出日]　　　　年　　月　　　日
[申出者] 所属
　　　　　　氏名

　私は、育児・介護休業等に関する規則（第4条及び第8条）に基づき、　　　　年　　月　　　日に行った〔育児・介護〕休業の申出を撤回します。

【書式5-56】〔育児・介護〕休業期間変更申出書例

〔育児・介護〕休業期間変更申出書

宗教法人△△寺
代表役員　　　　　　　　殿

[申出日]　　　　年　　月　　　日
[申出者] 所属
　　　　　　氏名

　私は、育児・介護休業等に関する規則（第5条及び第9条）に基づき、　　　　年　　月　　　日に行った〔育児・介護〕休業の申出における休業期間を下記のとおり変更します。

記

1　当初の申出における休業期間	年　　月　　日から 　　年　　月　　日まで
2　当初の申出に対する貴寺の対応	休業開始予定日の指定 ・　有　→　指定後の休業開始予定日 　　　　　　　　年　　月　　日

256

II 労働条件に関する書式

	・ 無
3 変更の内容	(1) 休業〔開始・終了〕予定日の変更 (2) 変更後の休業〔開始・終了〕予定日 　　　　　年　　　　月　　　　日
4 変更の理由 　（休業開始予定日の変更の場合のみ）	

(注)　1歳6か月まで及び2歳までの育児休業及び介護休業に関しては休業開始予定日
　　の変更はできません。

【書式5-57】　介護休業申出書例

介護休業申出書

宗教法人△△寺
代表役員　　　　　　　　　殿

　　　　　　　　　　　　　　　　［申出日］　　　　年　　　　月　　　　日
　　　　　　　　　　　　　　　　［申出者］所属
　　　　　　　　　　　　　　　　　　　　　氏名

　私は、育児・介護休業等に関する規則（第7条）に基づき、下記のとおり介護休業の
申出をします。

記

1 休業に係る家族の状況	(1) 氏名	
	(2) 本人との続柄	
	(3) 介護を必要とする理由	
2 休業の期間	年　　　月　　　日から　　　年　　　月　　　日まで （職場復帰予定日　　　　年　　　月　　　日）	
3 申出に係る状況	(1) 休業開始予定日の2週間前に申し出て	いる・いない→申出が遅れた理由 〔　　　　　　　　　　　　　　　　〕

第5章　労働関係法に関する書式

	(2)　1の家族について、これまでの介護休業をした回数及び日数	回　　　　　日
	(3)　1の家族について介護休業の申出を撤回したことが	ない・ある（　　回） 既に2回連続して撤回した場合、再度申出の理由 〔　　　　　　　　　　　　　　　〕

【書式5-58】〔子の看護休暇・介護休暇〕申出書例

〔子の看護休暇・介護休暇〕申出書

宗教法人△△寺
　　代表役員　　　　　　　　　殿

[申出日]　　　　年　　月　　日
[申出者] 所属
　　　　　氏名

　私は、育児・介護休業等に関する規則（第10条及び第11条）に基づき、下記のとおり〔子の看護休暇・介護休暇〕の申出をします。

記

			〔子の看護休暇〕　〔介護休暇〕
1　申出に係る家族の状況	(1)　氏名		
	(2)　生年月日		
	(3)　本人との続柄		
	(4)　養子の場合、縁組成立の年月日		
	(5)　(1)の子が、特別養子縁組の監護期間中の子・養子縁組里親に委託されている子・養育里親として委託された子の場		

Ⅱ　労働条件に関する書式

			合、その手続が完了した年月日	
		(6)　介護を必要とする理由		
2	申出理由			
3	取得する日	1日　・　半日	年　　月　　日　　時　　分から 年　　月　　日　　時　　分まで	
4	備　　考	年　月　日〜　年　月　日(1年度)の期間において 育児　　対象　　人　　日　　介護　　対象　　人　　日 取得済日数・時間数　　日　　時間　　取得済日数・時間数　　日　　時間 今回申出日数・時間数　　日　　時間　　今回申出日数・時間数　　日　　時間 残日数・残時間数　　日　　時間　　残日数・残時間数　　日　　時間		

（注1）　当日、電話などで申し出た場合は、出勤後すみやかに提出してください。

　　　　3については、複数の日を一括して申し出る場合には、申し出る日をすべて記入してください。

（注2）　子の看護休暇の場合、取得できる日数は、小学校就学前の子が1人の場合は年5日、2人以上の場合は年10日となります。半日単位で取得できます。

　　　　介護休暇の場合、取得できる日数は、対象となる家族が1人の場合は年5日、2人以上の場合は年10日となります。半日単位で取得できます。

【書式5-59】　〔育児・介護〕のための所定外労働免除申出書例

〔育児・介護〕のための所定外労働免除申出書

宗教法人△△寺
代表役員　　　　　　　　　　殿

　　　　　　　　　　　　　　　[申出日]　　　　　年　　月　　日
　　　　　　　　　　　　　　　[申出者] 所属
　　　　　　　　　　　　　　　　　　　　氏名

　私は、育児・介護休業等に関する規則（第12条）に基づき、下記のとおり〔育児・介護〕のための所定外労働の免除の申出をします。

記

259

第5章　労働関係法に関する書式

		〔育児〕	〔介護〕
1　申出に係る家族の状況	(1)　氏名		
	(2)　生年月日		
	(3)　本人との続柄		
	(4)　養子の場合、縁組成立の年月日		
	(5)　(1)の子が、特別養子縁組の監護期間中の子・養子縁組里親に委託されている子・養育里親として委託された子の場合、その手続が完了した年月日		
	(6)　介護を必要とする理由		
2　育児の場合、1の子が生まれていない場合の出産予定者の状況	(1)　氏名 (2)　出産予定日 (3)　本人との続柄		
3　免除の期間	年　　　月　　　日から　　　年　　　月　　　日まで		
4　申出に係る状況	免除開始予定日の1か月前に申出をしている・いない→申出が遅れた理由 〔　　　　　　　　　　　　　　　　　　　　　　　　〕		

【書式5-60】〔育児・介護〕のための時間外労働制限申出書例

〔育児・介護〕のための時間外労働制限申出書

宗教法人△△寺
代表役員　　　　　　　　殿

　　　　　　　　　　　　　　　〔申出日〕　　　年　　　月　　　日
　　　　　　　　　　　　　　　〔申出者〕所属
　　　　　　　　　　　　　　　　　　　　氏名

260

Ⅱ　労働条件に関する書式

　私は、育児・介護休業等に関する規則（第13条）に基づき、下記のとおり〔育児・介護〕のための時間外労働の制限の申出をします。

記

		〔育児〕	〔介護〕
1　申出に係る家族の状況	(1)　氏名		
	(2)　生年月日		
	(3)　本人との続柄		
	(4)　養子の場合、縁組成立の年月日		
	(5)　(1)の子が、特別養子縁組の監護期間中の子・養子縁組里親に委託されている子・養育里親として委託された子の場合、その手続が完了した年月日		
	(6)　介護を必要とする理由		
2　育児の場合、1の子が生まれていない場合の出産予定者の状況	(1)　氏名 (2)　出産予定日 (3)　本人との続柄		
3　制限の期間	年　　　月　　　日から　　年　　　月　　　日まで		
4　申出に係る状況	制限開始予定日の1か月前に申出をしている・いない→申出が遅れた理由 〔　　　　　　　　　　　　　　　　　　　　　　　　〕		

261

第5章　労働関係法に関する書式

【書式5-61】〔育児・介護〕のための深夜業制限申出書例

〔育児・介護〕のための深夜業制限申出書

宗教法人△△寺
代表役員　　　　　　　　　殿

〔申出日〕　　　　年　　月　　日
〔申出者〕所属
　　　　　氏名

　私は、育児・介護休業等に関する規則（第14条）に基づき、下記のとおり〔育児・介護〕のための深夜業の制限の申出をします。

記

		〔育児〕	〔介護〕
1　申出に係る家族の状況	(1)　氏名		
	(2)　生年月日		
	(3)　本人との続柄		
	(4)　養子の場合、縁組成立の年月日		
	(5)　(1)の子が、特別養子縁組の監護期間中の子・養子縁組里親に委託されている子・養育里親として委託された子の場合、その手続が完了した年月日		
	(6)　介護を必要とする理由		
2　育児の場合、1の子が生まれていない場合の出産予定者の状況	(1)　氏名		
	(2)　出産予定日		
	(3)　本人との続柄		
3　制限の期間	年　　月　　日から　　　年　　月　　日まで		

II　労働条件に関する書式

| 4　申出に係る状況 | (1)　制限開始予定日の1か月前に申出をしている・いない→申出が遅れた理由〔　　　　　　　　　　　　　　　　　　　　　　〕 |
| | (2)　常態として1の子を保育できる又は1の家族を介護できる16歳以上の同居の親族がいる・いない |

【書式 5 -62】　育児短時間勤務申出書例

育児短時間勤務申出書

宗教法人△△寺
　　代表役員　　　　　　　　殿

　　　　　　　　　　　　　　　　　[申出日]　　　　年　　月　　日
　　　　　　　　　　　　　　　　　[申出者] 所属
　　　　　　　　　　　　　　　　　　　　　　氏名

　私は、育児・介護休業等に関する規則（第15条）に基づき、下記のとおり育児短時間勤務の申出をします。

記

1　短時間勤務に係る子の状況	(1)　氏名	
	(2)　生年月日	
	(3)　本人との続柄	
	(4)　養子の場合、縁組成立の年月日	
	(5)　(1)の子が、特別養子縁組の監護期間中の子・養子縁組里親に委託されている子・養育里親として委託された子の場合、その手続が完了した年月日	

263

第5章　労働関係法に関する書式

2　1の子が生まれて 　いない場合の出産予 　定者の状況	(1)　氏名 (2)　出産予定日 (3)　本人との続柄		
3　短時間勤務の期間	年　　　月　　　日から　　　年　　　月　　　日		
	※　　　時　　　分から　　　時　　　分まで		
4　申出に係る状況	(1)　短時間勤務開始予定 　日の1か月前に申し出 　て	いる・いない→申出が遅れた理由 〔　　　　　　　　　　　　　　〕	
	(2)　1の子について短時 　間勤務の申出を撤回し 　たことが	ない・ある 再度申出の理由 〔　　　　　　　　　〕	

(注)　3-※欄は、労働者が個々に労働する時間を申し出ることを認める制度である場合には、
　　　必要となります。

【書式5-63】　介護短時間勤務申出書例

介護短時間勤務申出書

宗教法人△△寺
　　代表役員　　　　　　　　殿

　　　　　　　　　　　　　　［申出日］　　　　年　　　月　　　日
　　　　　　　　　　　　　　［申出者］所属
　　　　　　　　　　　　　　　　　　　氏名

　私は、育児・介護休業等に関する規則（第16条）に基づき、下記のとおり介護短時間
勤務の申出をします。

記

1　短時間勤務に係る 　家族の状況	(1)　氏名	
	(2)　本人との続柄	
	(3)　介護を必要とする 　理由	
2　短時間勤務の期間	年　　　月　　　日から　　　年　　　月　　　日まで	

Ⅱ　労働条件に関する書式

		※　　時　　分から　　　時　　分まで □毎日　　□その他〔　　　　　　　　　　　　〕
3　申出に係る状況	(1)　短時間勤務開始予定日の2週間前に申し出て	いる・いない→申出が遅れた理由 〔　　　　　　　　　　　　　　　　　　〕
	(2)　1の家族について最初の介護短時間勤務を開始した年月日、及びこれまでの利用回数	〔最初の開始年月日〕 　　　　年　　　　月　　　　日 〔回数〕 　　　　　　　　　　回
	(3)　1の家族について介護短時間勤務の申出を撤回したことが	ない・ある（　　　回） →既に2回連続して撤回した場合、再度申出の理由 〔　　　　　　　　　　　　　　　　　　〕

(注)　2 -※欄は、労働者が個々に勤務しない日又は時間を申し出ることを認める制度である場合には必要となります。

【書式5-64】〔育児・介護〕短時間勤務取扱通知書例

〔育児・介護〕短時間勤務取扱通知書

　　殿

　　　　　　　　　　　　　　　　　　　　　　　年　　　月　　　日

　　　　　　　　　　宗教法人△△寺
　　　　　　　　　　代表役員

　あなたから　　　年　　　月　　　日に〔育児・介護〕短時間勤務の申出がありました。育児・介護休業等に関する規則（第15条及び第16条）に基づき、その取扱いを下記のとおり通知します（ただし、期間の変更の申出があった場合には下記の事項の若干の変更があり得ます。）。

　　　　　　　　　　　　　　記

265

第5章 労働関係法に関する書式

1 短時間勤務の期間等	・適正な申出がされていましたので申出どおり　　　年　　月　　日から　　　年　　月　　日まで短時間勤務をしてください。 ・申し出た期日が遅かったので短時間勤務を開始する日を　　　年　　月　　日にしてください。 ・あなたは以下の理由により対象者でないので短時間勤務をすることはできません。 [　　　　　　　　　　　　　　　　　　　　　　　　　　　　　　　　] ・今回の措置により、介護短時間勤務ができる期限は、　　　年　　月　　日までで、残り（　　　）回になります。
2 短時間勤務期間の取扱い等	(1) 短時間勤務中の勤務時間は次のとおりとなります。 　　　始業（　　時　　分）　　終業（　　時　　分） 　　　休憩時間（　　時　　分～　　時　　分（　　分）） (2) （産後1年以内の女性従業員の場合）上記の他、育児時間1日2回30分の請求ができます。 (3) 短時間勤務中は原則として所定時間外労働は行わせません。 (4) 短時間勤務中の賃金は次のとおりとなります。 　　　1　基本賃金 　　　2　諸手当の額又は計算方法 (5) 賞与の算定に当たっては、短縮した時間に対応する賞与は支給しません。 (6) 退職金の算定に当たっては、短時間勤務期間中も通常勤務をしたものとみなして計算します。
3 その他	お子さんを養育しなくなる、家族を介護しなくなる等あなたの勤務に重大な変更をもたらす事由が発生したときは、なるべくその日に　　　　　　　　　課あて電話連絡をしてください。この場合の通常勤務の開始日については、事由発生後2週間以内の日を会社と話し合って決定していただきます。

Ⅲ　使用者が備え付けなければならない書類

1　労働者名簿

　厚生労働省令で定める労働者名簿に記入しなければならない事項は、氏名、生年月日、履歴、のほか、性別、住所、従事する業務の種類、雇入れの年月日、退職の年月日およびその事由、死亡の年月日およびその原因等です。

　使用者は、各事業場ごとに労働者名簿を各労働者について調製し、労働者

の氏名、生年月日、履歴その他厚生労働省令で定める事項を記入しなければなりません。また、記入すべき事項に変更があった場合においては、遅滞なく訂正しなければなりません（労基107条）。

2　賃金台帳

厚生労働省令で定める賃金台帳に記入しなければならない事項は、氏名、性別、賃金計算期間、労働日数、労働時間数、延長した労働時間数、休日労働時間数、深夜労働時間数、基本給、手当その他賃金の額、賃金の一部を控除した場合のその額等で、その都度記入しなければなりません。労働者名簿と賃金台帳を合わせて調製することもできます。

使用者は各事業場ごとに賃金台帳を調整し、賃金計算の基礎となる事項および賃金の額、その他厚生労働省令で定める事項を賃金の支払いの都度遅滞なく記入しなければなりません（労基108条）。

3　出勤簿

使用者は、労働時間を適正に把握のため、労働者の労働日ごとの始業・終業時刻を確認し、これを記録することを義務づけており、原則として次のいずれかの方法によることとしています（厚生労働省「労働時間の適正な把握のために使用者が講ずべき措置に関するガイドライン」）。

①　使用者が、自ら現認することにより確認し、適正に記録する。
②　タイムカード、IC カード、パソコンの使用時間の記録等の客観的な記録を基礎として確認し、適正に記録する。

4　記録の保存

使用者は、労働者名簿、賃金台帳および雇入れ、解雇、災害補償、賃金その他労働関係に関する重要な書類を３年間保存しなければなりません（労基109条）。

記録保存期間の起算日は、厚生労働省令で次のように定められています。

①　労働者名簿については、労働者の死亡、退職または解雇の日
②　賃金台帳については、最後の記入をした日

第5章　労働関係法に関する書式

③　雇入れまたは退職に関する書類については、労働者の退職または死亡の日

④　災害補償に関する書類のついては、災害補償を終わった日

⑤　賃金その他労働関係に関する重要な書類については、その完結の日

【書式5-65】　労働者名簿例

労働者名簿

宗教法人　○○寺

フ　リ　ガ　ナ		ナカムラ　ハナコ	性別
氏　　　　　名		中村　花子	男・⑲女
生　年　月　日		昭和54年5月16日	
現　　住　　所		〒192-0000 東京都八王子市架空町1-1-2	
雇　入　年　月　日		平成18年4月1日	
業　務　の　種　類		経理	
履　　　　　歴		履歴書参考 平成18年4月　経理配属　以上	
解雇・退職 または死亡	年月日	平成26年5月1日	
	事　由	一身上の都合による退職	
備　　　　　考			

268

Ⅲ　使用者が備え付けなければならない書類

【書式 5 -66】　賃金台帳例

賃 金 台 帳

雇 入 年 月 日	所　属	職　　名	氏　　名	性別
平成18年4月1日	本寺　経理部		中村　花子	男・⦅女⦆

賃金計算期間	4月分	5月分	6月分	7月分	8月分	9月分	10月分	11月分	12月分	1月分	2月分	3月分	月賞与	月賞与	月賞与	合計
労 働 日 数	21															
労 働 時 間 数	173															
休日労働時間数	5															
残 業 時 間 数	10															
深夜労働時間数	10															
基 本 給	200,000															
休日労働割増賃金	8,170															
時間外割増賃金	15,130															
深夜労働割増賃金	3,030															
手当　通 勤 手 当	5,000															
手当　家 族 手 当	5,000															
手当　資 格 手 当	5,000															
手当　職 務 手 当	5,000															
小　　　計	246,330															
合　　　計	269,224															
非 課 税 支 給 額	5,000															
課 税 対 象 額	264,224															
控除額　健康保険料	10,967															
控除額　介護保険料	0															
控除額　厚生年金保険料	18,832															
控除額　雇用保険料	1,346															
控除額　市町村民税	9,920															
控除額　所 得 税	8,000															
控 除 合 計 額	49,065															
実 物 給 与	0															
差 引 支 給 額	220,159															

269

第6章　情報関連書式

Ⅰ　個人情報保護法に関する書式

1　個人情報保護法の適用判断

　個人情報の有用性に配慮しつつ個人の権利利益を保護するために、個人情報の保護に関する法律（以下、「個人情報保護法」または「個情法」といいます）が制定されていいます。

　「個人情報データベース等を事業の用に供している者」である「個人情報取扱事業者」（個情法2条5項・4項）は、「個人情報取扱事業者の義務」（同法第4章第1節）を遵守する必要があります。また、個人情報に対して非識別措置・非復元措置を施した「匿名加工情報」（同条9項）を取り扱うような「匿名加工情報取扱事業者」（同条10項）に該当する場合には、「匿名加工情報取扱事業者等の義務」（同章第2節）を遵守する必要がありますが、寺院の通常業務において匿名加工情報を用いることは想定しがたいため、本書では割愛します。

　宗教団体の場合、「宗教活動（これに付随する活動を含む。）の用に供する目的」であれば、個人情報保護法第4章の各義務は適用されません（同法76条1項4号）。ここで適用除外になる「宗教団体」[1]とは、宗教の教義を広め、儀式行事を行い、および信者を教化育成することを主たる目的とする、①礼拝の施設を備える団体（神社、寺院、教会、修道院その他これらに類する団体）、または、②単位宗教団体を包括する団体（教派、宗派、教団、教会、修道会、司教区その他これに類する団体）をいいます。宗教活動を行う個人は適用除外とされていません。また、「宗教活動」とは、宗教の教義を広め、儀式行事を行い、および信者を教化育成することであり、「これに付随する活

1　「宗教団体」等の意義につき、個人情報保護委員会「個人情報の保護に関する法律についてのガイドライン（通則編）」（平成28年11月。平成31年1月一部改正。以下、「通則編」といいます）84頁。

I　個人情報保護法に関する書式

動」とは、霊園、宿坊の経営や他宗派の人々に対する葬儀の運営のように、宗教活動を主たる目的とする活動とまではいえないものの、その活動の副次的効果として教義を広める等の効果を期待して行われているものをいいます。なお、宗教法人法上の認証を受けていない場合でも、適用除外の対象となります。

　以上のことから、通常の宗教活動のみを行っている宗教団体においては個人情報保護法の適用が除外されることが多いといえますが、収益事業などを行っている場合などは自らの実施している事業が個人情報保護法の適用を受ける可能性があります。また、仮に個人情報保護法の適用除外に該当したとしても、「個人データ又は匿名加工情報の安全管理のために必要かつ適切な措置、個人情報等の取扱いに関する苦情の処理その他の個人情報等の適正な取扱いを確保するために必要な措置を自ら講じ、かつ、当該措置の内容を公表するよう努めなければならない」（同法76条3項）とされています。この規定の趣旨に照らせば、本書で定めるような書式を参考として規則を整備しておくことは、社会の信頼性を確保する観点から有益でしょう。

2　個人情報保護法の段階的規制

　個人情報保護法は、①「個人情報」（個情法2条1項）、②「個人情報」のうち、個人情報データベース等（特定の個人情報を検索できるように体系的に構成したもの）を構成する「個人データ」（同法2条6項・4項）、③「個人データ」のうち、個人情報取扱事業者が開示、訂正、削除等の権限を有するもの（その存否が明らかになることにより公益その他の利益が害されるものとして政令で定めるもの、または6月以内に消去することとなるものを除く）である「保有個人データ」（同法2条7項）の3類型を用意し、各類型に応じた段階的な規制を設けています。各類型の概念図は、〈図6-1〉のとおりです。

271

〈図6-1〉 段階的規制の全体像

①個人情報
●従来型個人情報　●個人識別符号型個人情報
（例）　顔画像　　（例）　指紋データ

②個人データ
●①のうち、個人情報データベース等に含まれる個人情報

③保有個人データ
●②のうち、開示、訂正、消去等の権原を有するもの
●その存否が明らかになることにより公益その他の利益が害されるものとして政令で定めるものを除く
●6カ月以内に消去するものを除く

①個人情報
・利用目的の特定（15条）
・利用目的による制限（16条）
・適正な取得（17条）
・取得に際しての利用目的の通知等（18条）
・苦情の処理（35条）

②個人データ
・データ内容の正確性の確保（19条）
・安全管理措置（20条）
・従業者の監督（21条）
・委託先の監督（22条）
・第三者提供の制限（23条）
・外国にある第三者への提供の制限（24条）
・第三者提供に係る記録の作成等（25条）
・第三者提供を受ける際の確認等（26条）

③保有個人データ
・保有個人データに関する事項の公表等（27条）
・開示（28条）
・訂正等（29条）
・利用停止等（30条）
・理由の説明（31条）
・開示等の請求等に応じる手続（32条）
・手数料（33条）

3　個人情報保護法に関する書式

　個人情報保護法が適用される宗教団体の活動に関しては、以下の点に留意する必要があります。また、個人情報保護法上の義務について適用除外とされる場合であっても、個人情報保護法と同等の個人情報保護措置をとる場合には、以下の留意事項は参考になります。

Ⅰ　個人情報保護法に関する書式

(1)　利用目的の公表（個情法18条1項）

　個人情報保護法18条1項は「個人情報取扱事業者は、個人情報を取得した場合は、あらかじめその利用目的を公表している場合を除き、速やかに、その利用目的を、本人に通知し、又は公表しなければならない」と規定していますので、ウェブサイト上であらかじめ利用目的を公表しておくとよいでしょう。個人情報保護指針の中で利用目的の公表事項を併せて規定し、公表しておくことも考えられます（【書式6-1】）。

【書式6-1】　個人情報保護指針（プライバシーポリシー）例

個人情報保護指針[2]

宗教法人　○○寺

　宗教法人○○寺（以下「当寺」という。）は、個人情報保護の重要性を認識し、個人情報の適正な取扱いの確保について組織として取り組むために、以下のとおり個人情報保護指針を定めます。

　なお、当寺は「個人情報の保護に関する法律」の適用除外に該当する宗教団体ですが、個人情報の重要性に鑑みて、個人データの安全管理のために必要かつ適切な措置、個人情報等の取扱いに関する苦情の処理その他の個人情報等の適正な取扱いを確保するために「個人情報の保護に関する法律」と同等の必要な措置を講じ、当該措置の内容を公表するよう努めてまいります。

1　関係法令・ガイドライン等の遵守

　　当寺は、個人情報の取扱いに関して、個人情報の保護に関する法令、国が定める指針その他の規範を遵守いたします。

2　利用目的

　　当寺は、個人情報について、宗教活動に利用するほか、以下の利用目的の範囲内で利用いたします。

　　①　行事案内及び告知

2　「プライバシーポリシー」、「個人情報保護方針」等の名称でもよい。具体的に定めるべき内容については通則編8-1参照。

273

第6章　情報関連書式

```
　　②　寺報購読者の管理及び発送事務
　　③　各種問い合わせに対する回答


３　安全管理措置に関する事項
　　当寺は、個人データについて、漏えい、滅失又はき損の防止等、その管理の
　ために必要かつ適切な安全管理措置を講じます。また、個人データを取り扱う
　従業者や委託先に対して、必要かつ適切な監督を行います。


４　質問及び苦情窓口
　　当寺における個人データの取扱いに関するご質問やご苦情に関しては下記の
　窓口にご連絡ください。
　　【窓口】
　　　〒○○○─○○○○　　　○県○市○○　○─○─○
　　　宗教法人　○○寺　個人情報相談窓口　TEL　○○○─○○○─○○○○
```

(2)　**安全管理措置**（個情法20条）

　個人情報取扱事業者は「個人データ」について安全管理措置（個情法20条）
をとる必要があり、安全管理措置の内容としては組織的安全管理措置・人的
安全管理措置・物理的安全管理措置・技術的安全管理措置の４つがあげられ
ます。安全管理措置の具体的な措置・手法に関しては通則編「８　（別添）
講ずべき安全管理措置の内容」に記載がありますが、従業員の数100人以下
の個人情報取扱事業者は「中小規模事業者[3]」として安全管理措置の内容が緩
和されています。通常の規模の寺院の営む活動・事業であれば「中小規模事
業者」を想定しておけば足りると思われます。そこで本書では、「中小規模
事業者」に相当する規模の寺院に関する個人情報保護指針（プライバシーポ
リシー。通則編８-１。【書式６-１】）および個人情報保護規程（通則編８-２。
【書式６-２】）の書式を示すことにします。

3　ただし、①その事業の用に供する個人情報データベース等を構成する個人情報によって識別
　される特定の個人の数の合計が過去６月以内のいずれかの日において5000を超える者、②委託
　を受けて個人データを取り扱う者は「中小規模事業者」から除外されています（通則編86頁）。

Ⅰ　個人情報保護法に関する書式

【書式6-2】　個人情報取扱規程例

個人情報取扱規程

〇〇〇〇年〇月〇日制定
宗教法人〇〇〇

第1章　総則

（目的）
第1条　本規程は、個人情報保護指針に基づき、当寺が、個人情報を適正に取り扱うために必要な事項を定めるものである。
（定義）
第2条　本規程において、次に掲げる用語の意義は、それぞれ当該各号に定めるところによる。
　一　個人情報　個人情報の保護に関する法律（平成15年法律第57号。以下「法」という。）第2条1項に規定する個人情報をいう。
　二　要配慮個人情報　法第2条3項に規定する要配慮個人情報をいう。
　三　個人情報データベース等　法第2条4項に規定する個人情報データベース等をいう。
　四　個人情報取扱事業者　法第2条5項に規定する個人情報取扱事業者をいう。
　五　個人データ　法第2条6項に規定する個人データをいう。
　六　保有個人データ　法第2条7項に規定する保有個人データをいう。
　七　本人　法第2条8項に規定する本人をいう。

第2章　個人情報の取扱い

（利用目的の特定）
第3条　当寺は、個人情報を取り扱うに当たっては、その利用の目的（以下、「利用目的」という。）をできる限り特定する。
2　当寺は、利用目的を変更する場合には、変更前の利用目的と関連性を有すると合理的に認められる範囲を超えて行わない。
（利用目的による制限）
第4条　当寺は、あらかじめ本人の同意を得ないで、前条の規定により特定された利用目的の達成に必要な範囲を超えて、個人情報を取り扱わない。
2　当寺は、合併その他の事由により他の個人情報取扱事業者から事業を承継することに伴って個人情報を取得した場合は、あらかじめ本人の同意を得ないで、承継前における当該個人情報の利用目的の達成に必要な範囲を超えて、当該個人情報を取り扱わない。
3　前2項の規定は、次に掲げる場合については、適用しない。
　一　法令に基づく場合

275

第 6 章　情報関連書式

　　二　人の生命、身体又は財産の保護のために必要がある場合であって、本人の同意を
　　　得ることが困難であるとき。
　　三　公衆衛生の向上又は児童の健全な育成の推進のために特に必要がある場合であっ
　　　て、本人の同意を得ることが困難であるとき。
　　四　国の機関若しくは地方公共団体又はその委託を受けた者が法令の定める事務を遂
　　　行することに対して協力する必要がある場合であって、本人の同意を得ることによ
　　　り当該事務の遂行に支障を及ぼすおそれがあるとき。

（適正な取得）
第 5 条　当寺は、偽りその他不正な手段により個人情報を取得しない。
2　当寺は、次に掲げる場合を除くほか、あらかじめ本人の同意を得ないで、要配慮個
　人情報を取得しない。
　　一　法令に基づく場合
　　二　人の生命、身体又は財産の保護のために必要がある場合であって、本人の同意を
　　　得ることが困難であるとき。
　　三　公衆衛生の向上又は児童の健全な育成の推進のために特に必要がある場合であっ
　　　て、本人の同意を得ることが困難であるとき。
　　四　国の機関若しくは地方公共団体又はその委託を受けた者が法令の定める事務を遂
　　　行することに対して協力する必要がある場合であって、本人の同意を得ることによ
　　　り当該事務の遂行に支障を及ぼすおそれがあるとき。
　　五　当該要配慮個人情報が、本人、国の機関、地方公共団体、法第76条第 1 項各号に
　　　掲げる者、外国政府、外国の政府機関、外国の地方公共団体又は国際機関、外国に
　　　おいて法第76条第 1 項各号に掲げる者に相当する者により公開されている場合
　　六　本人を目視し、又は撮影することにより、その外形上明らかな要配慮個人情報を
　　　取得する場合
　　七　法第23条第 5 項各号に掲げる場合において、個人データである要配慮個人情報の
　　　提供を受けるとき。

（利用目的の通知等）
第 6 条　当寺は、個人情報を取得した場合は、あらかじめその利用目的を公表している
　場合を除き、速やかに、その利用目的を、本人に通知し、又は公表する。
2　当寺は、前項の規定にかかわらず、本人との間で契約を締結することに伴って契約
　書その他の書面（電子的記録を含む。以下この項において同じ。）に記載された当該
　本人の個人情報を取得する場合その他本人から直接書面に記載された当該本人の個人
　情報を取得する場合は、あらかじめ、本人に対し、その利用目的を明示する。ただ
　し、人の生命、身体又は財産の保護のために緊急に必要がある場合は、この限りでな
　い。
3　当寺は、利用目的を変更した場合は、変更された利用目的について、本人に通知
　し、又は公表する。
4　前 3 項の規定は、次に掲げる場合については、適用しない。
　　一　利用目的を本人に通知し、又は公表することにより本人又は第三者の生命、身
　　　体、財産その他の権利利益を害するおそれがある場合

I　個人情報保護法に関する書式

二　利用目的を本人に通知し、又は公表することにより当該個人情報取扱事業者の権利又は正当な利益を害するおそれがある場合

三　国の機関又は地方公共団体が法令の定める事務を遂行することに対して協力する必要がある場合であって、利用目的を本人に通知し、又は公表することにより当該事務の遂行に支障を及ぼすおそれがあるとき。

四　取得の状況からみて利用目的が明らかであると認められる場合

（データ内容の正確性の確保等）

第7条　当寺は、利用目的の達成に必要な範囲内において、個人データを正確かつ最新の内容に保つとともに、利用する必要がなくなったときは、当該個人データを遅滞なく消去するよう努める。

（第三者提供の制限）

第8条　当寺は、次に掲げる場合を除くほか、あらかじめ本人の同意を得ないで、個人データを第三者に提供しない。

一　法令に基づく場合

二　人の生命、身体又は財産の保護のために必要がある場合であって、本人の同意を得ることが困難であるとき。

三　公衆衛生の向上又は児童の健全な育成の推進のために特に必要がある場合であって、本人の同意を得ることが困難であるとき。

四　国の機関若しくは地方公共団体又はその委託を受けた者が法令の定める事務を遂行することに対して協力する必要がある場合であって、本人の同意を得ることにより当該事務の遂行に支障を及ぼすおそれがあるとき。

2　次に掲げる場合において、当該個人データの提供を受ける者は、第1項の規定の適用については、第三者に該当しないものとする。

一　個人情報取扱事業者が利用目的の達成に必要な範囲内において個人データの取扱いの全部又は一部を委託することに伴って当該個人データが提供される場合

二　合併その他の事由による事業の承継に伴って個人データが提供される場合

三　特定の者との間で共同して利用される個人データが当該特定の者に提供される場合であって、その旨並びに共同して利用される個人データの項目、共同して利用する者の範囲、利用する者の利用目的及び当該個人データの管理について責任を有する者の氏名又は名称について、あらかじめ、本人に通知し、又は本人が容易に知り得る状態に置いているとき。

3　当寺は、前項第3号に規定する利用する者の利用目的又は個人データの管理について責任を有する者の氏名若しくは名称を変更する場合は、変更する内容について、あらかじめ、本人に通知し、又は本人が容易に知り得る状態に置く。

（第三者提供に係る記録の作成等）

第9条　当寺は、個人データを第三者（法第2条第5項各号に掲げる者を除く。以下この条及び次条において同じ。）に提供したときは、次項に定める方法により、当該個人データを提供した年月日、当該第三者の氏名又は名称その他の本条第3項で定める事項に関する記録を作成する。ただし、当該個人データの提供が前条第1項各号又は同条第2項各号のいずれかに該当する場合は、この限りでない。

277

第6章　情報関連書式

2　前項の記録の作成方法は、次の各号のとおりとする。
一　前項の記録を作成する方法は、文書、電磁的記録又はマイクロフィルムを用いて作成する方法とする。
二　前項の記録は、個人データを第三者に提供した都度、速やかに作成しなければならない。ただし、当該第三者に対し個人データを継続的に若しくは反復して提供したとき、又は当該第三者に対し個人データを継続的に若しくは反復して提供することが確実であると見込まれるときの記録は、一括して作成することができる。
三　前号の規定にかかわらず、前条第1項の規定により、本人に対する物品又は役務の提供に関連して当該本人に係る個人データを第三者に提供した場合において、当該提供に関して作成された契約書その他の書面に次項各号に定める事項が記載されているときは、当該書面をもって前項の当該事項に関する記録に代えることができる。
3　本条第1項の記録において記録すべき事項は、次の各号に掲げる場合の区分に応じ、それぞれ当該各号に定める事項とする。ただし、既に前項に規定する方法により作成した本条第1項の記録（当該記録を保存している場合におけるものに限る。）に記録されている事項と内容が同一であるものについては、本条第1項の記録を省略することができる。
一　前条第1項の本人の同意を得ている旨
二　当該第三者の氏名又は名称その他の当該第三者を特定するに足りる事項（不特定かつ多数の者に対して提供したときは、その旨）
三　当該個人データによって識別される本人の氏名その他の当該本人を特定するに足りる事項
四　当該個人データの項目
4　当寺は、本条第1項の記録を、当該記録を作成した日から次の各号に定める期間保存するものとする。
一　本条第2項第3号に規定する方法により記録を作成した場合　最後に当該記録に係る個人データの提供を行った日から起算して1年を経過する日までの間
二　本条第2項第2号ただし書に規定する方法により記録を作成した場合　最後に当該記録に係る個人データの提供を行った日から起算して3年を経過する日までの間
三　前2号以外の場合　3年

（第三者提供を受ける際の確認等）
第10条　当寺は、第三者から個人データの提供を受けるに際しては、次項に定める方法により、次に掲げる事項の確認を行う。ただし、当該個人データの提供が法第23条第1項各号又は第5項各号のいずれかに該当する場合は、この限りでない。
一　当該第三者の氏名又は名称及び住所並びに法人にあっては、その代表者（法人でない団体で代表者又は管理人の定めのあるものにあっては、その代表者又は管理人）の氏名
二　当該第三者による当該個人データの取得の経緯
2　前項の確認を行う方法は、それぞれ次のとおりとする。
一　前項1号に該当する事項の確認を行う方法は、個人データを提供する第三者から

申告を受ける方法その他の適切な方法とする。

　二　前項 2 号に該当する事項の確認を行う方法は、個人データを提供する第三者から当該第三者による当該個人データの取得の経緯を示す契約書その他の書面の提示を受ける方法その他の適切な方法とする。

　三　前 2 号の規定にかかわらず、第三者から他の個人データの提供を受けるに際して既に前 2 号の方法による確認（当該確認について記録の作成及び保存をしている場合におけるものに限る。）を行っている事項の確認を行う場合は、当該事項の内容と当該提供に係る確認事項の内容が同一であることの確認を行う方法によるものとする。

3　当寺は、本条第 1 項の規定による確認を行ったときは、次項に定める方法により、当該個人データの提供を受けた年月日、当該確認に係る事項その他の本条第 5 項で定める事項に関する記録を作成する。

4　前項の記録の作成方法は、次の各号のとおりとする。

　一　前項の記録を作成する方法は、文書、電磁的記録又はマイクロフィルムを用いて作成する方法とする。

　二　前項の記録は、第三者から個人データの提供を受けた都度、速やかに作成しなければならない。ただし、当該第三者から継続的に若しくは反復して個人データの提供（法第23条第 2 項の規定による提供を除く。以下この条において同じ。）を受けたとき、又は当該第三者から継続的に若しくは反復して個人データの提供を受けることが確実であると見込まれるときの記録は、一括して作成することができる。

　三　前号の規定にかかわらず、本人に対する物品又は役務の提供に関連して第三者から当該本人に係る個人データの提供を受けた場合において、当該提供に関して作成された契約書その他の書面に次項各号に定める事項が記載されているときは、当該書面をもって前項の当該事項に関する記録に代えることができる。

5　本条第 3 項の記録において記録すべき事項は、次の各号に掲げる場合の区分に応じ、それぞれ当該各号に定める事項とする。ただし、既に前項に規定する方法により作成した本条第 3 項の記録（当該記録を保存している場合におけるものに限る。）に記録されている事項と内容が同一であるものについては、本条第 3 項の記録を省略することができる。

　一　個人情報取扱事業者から法第23条第 2 項の規定による個人データの提供を受けた場合　次のイからホまでに掲げる事項

　　イ　個人データの提供を受けた年月日

　　ロ　本条第 1 項各号に掲げる事項

　　ハ　当該個人データによって識別される本人の氏名その他の当該本人を特定するに足りる事項

　　ニ　当該個人データの項目

　　ホ　法第23条第 4 項の規定により公表されている旨

　二　個人情報取扱事業者から法第23条第 1 項又は法第24条の規定による個人データの提供を受けた場合　次のイ及びロに掲げる事項

　　イ　法第23条第 1 項又は法第24条の本人の同意を得ている旨

第6章　情報関連書式

　　ロ　前号ロからニまでに掲げる事項
　三　第三者（個人情報取扱事業者に該当する者を除く。）から個人データの提供を受けた場合　第1号ロからニまでに掲げる事項
6　当寺は、本条第3項の記録を、当該記録を作成した日から次の各号に定める期間保存するものとする。
　一　本条第4項第3号に規定する方法により記録を作成した場合　最後に当該記録に係る個人データの提供を受けた日から起算して1年を経過する日までの間
　二　本条第4項第2号ただし書に規定する方法により記録を作成した場合　最後に当該記録に係る個人データの提供を受けた日から起算して3年を経過する日までの間
　三　前2号以外の場合　3年

（保有個人データに関する事項の公表等）
第11条　当寺は、保有個人データに関し、次に掲げる事項について、「個人情報保護指針」をインターネットのホームページで掲載し、又は寺務所の窓口等での掲示、備付け等を行う方法により公表する。
　一　当寺の名称
　二　すべての保有個人データの利用目的（第6条第4項第1号から第3号までに該当する場合を除く。）
　三　当寺が行う保有個人データの取扱いに関する苦情の申出先
2　当寺は、本人から、当該本人が識別される保有個人データの利用目的の通知を求められたときは、本人に対し、遅滞なく、これを通知するものとする。ただし、次の各号のいずれかに該当する場合は、この限りでない。
　一　前項の規定により当該本人が識別される保有個人データの利用目的が明らかな場合
　二　第6条第4項第1号から第3号までに該当する場合
3　当寺は、前項の規定に基づき求められた保有個人データの利用目的を通知しない旨の決定をしたときは、本人に対し、遅滞なく、その旨を通知する。

（保有個人データの開示）
第12条　当寺は、本人から、当該本人が識別される保有個人データの開示の請求を受けたときは、本人に対し、書面の交付による方法（開示の請求を行った者が同意した方法があるときは、当該方法）により、遅滞なく、当該保有個人データを開示する。ただし、開示することにより次の各号のいずれかに該当する場合は、その全部又は一部を開示しないことができる。
　一　本人又は第三者の生命、身体、財産その他の権利利益を害するおそれがある場合
　二　当寺の業務の適正な実施に著しい支障を及ぼすおそれがある場合
　三　他の法令に違反することとなる場合
2　当寺は、前項の規定による請求に係る保有個人データの全部又は一部について開示しない旨の決定をしたときは、本人に対し、遅滞なく、その旨を通知する。
3　他の法令の規定により、本人に対し本条第1項本文に規定する方法に相当する方法により当該本人が識別される保有個人データの全部又は一部を開示することとされている場合には、当該全部又は一部の保有個人データについては、同項の規定は、適用

しない。

（保有個人データの訂正等）

第13条　当寺は、当該本人が識別される保有個人データの内容が事実でないことを理由に当該本人から訂正、追加又は削除（以下「訂正等」という。）の請求を受けた場合には、その内容の訂正等に関して他の法令の規定により特別の手続が定められている場合を除き、利用目的の達成に必要な範囲において、遅滞なく必要な調査を行い、その結果に基づき、当該保有個人データの内容の訂正等を行う。

2　当寺は、前項の請求に係る保有個人データの内容の全部又は一部について訂正等を行ったとき、又は訂正等を行わない旨を決定したときは、本人に対し、遅滞なく、その旨（訂正等を行ったときは、その内容を含む。）を通知するものとする。

（保有個人データの利用停止等）

第14条　当寺は、本人から、当該本人が識別される保有個人データが、第4条違反の取扱い又は第5条違反の取得がなされていることを理由として当該保有個人データの利用の停止又は消去（以下、「利用停止等」という。）の請求を受けた場合であって、利用停止等に理由があることが判明したときは、違反を是正するために必要な限度で、遅滞なく、当該保有個人データの利用停止等を行う。ただし、当該保有個人データの利用停止等に多額の費用を要する場合その他の利用停止等を行うことが困難な場合であって、本人の権利利益を保護するため必要なこれに代わるべき措置をとるときは、この限りではない。

2　当寺は、本人から、当該本人が識別される保有個人データが第8条第1項の規定に違反して第三者に提供されているという理由によって、当該保有個人データの第三者への提供の停止の請求を受けた場合であって、その請求に理由があることが判明したときは、遅滞なく、当該保有個人データの提供を停止する。ただし、当該保有個人データの第三者への提供の停止に多額の費用を要する場合その他の第三者への提供を停止することが困難な場合であって、本人の権利利益を保護するため必要なこれに代わるべき措置をとるときは、この限りでない。

3　当寺は、本条第1項の規定に基づく請求に係る保有個人データの全部若しくは一部について利用停止等を行ったとき若しくは利用停止等を行わない旨の決定をしたとき、又は前項の規定に基づく請求に係る保有個人データの全部若しくは一部について第三者への提供を停止したとき若しくは第三者への提供を停止しない旨の決定をしたときは、本人に対し、遅滞なく、その旨を通知する。

（理由の説明）

第15条　当寺は、第11条第3項、第12条第2項、第13条第2項又は前条第3項の規定により、本人から求められ、又は請求された措置の全部又は一部について、その措置をとらない旨を通知する場合又はその措置と異なる措置をとる旨を通知する場合は、本人に対し、その理由を説明するよう努める。

第3章　安全管理措置

第1節　組織的安全管理措置

第6章　情報関連書式

（組織体制等）

第16条　代表役員は、個人データを取り扱う責任者とする。

2　代表役員は、本規程第2章の取扱方法に従って個人データが取り扱われていることを確認する。

3　代表役員は、代表役員以外の者に個人データを取り扱わせるに当たっては、当該個人データの安全管理が図られるよう、当該者に対する必要かつ適切な監督を行う。

（漏えい等の事案への対応）

第17条　個人データの漏えい、滅失又は毀損（以下、「漏えい等」という。）の事案の発生又は兆候を把握した場合、当寺の従業員は代表役員に対して、漏えい等の事実を報告する。

2　代表役員は、漏えい等の事案に関して、二次被害の防止、類似事案の発生防止等の観点から、事案に応じて、必要な措置を採る。

（定期的な点検）

第18条　代表役員は、個人データの取扱状況について、定期的に点検を行う。

第2節　人的安全管理措置

（教育・研修）

第19条　代表役員は、代表役員以外の者に本規程を遵守させるために、定期的な研修等を行う方法により教育を行う。

第3節　物理的安全管理措置

（個人データを取り扱う区域の管理）

第20条　当寺は、代表役員及び本人以外が容易に個人データを閲覧等できないような措置を講ずる。

（機器及び電子媒体等の盗難等の防止）

第21条　当寺は、個人データを取り扱う機器、電子媒体及び書類等の盗難又は紛失等を防止するために、次の各号に掲げる措置を講じる。

一　個人データを取り扱う機器、個人データが記録された電子媒体又は個人データが記載された書類等を、施錠できるキャビネット・書庫等に保管する。

二　個人データを取り扱う情報システムが機器のみで運用されている場合は、セキュリティワイヤー等により固定する。

（電子媒体等を持ち運ぶ場合の漏えい等の防止）

第22条　当寺は、個人データが記録された電子媒体又は個人データが記載された書類等を持ち運ぶ場合、パスワードの設定、封筒に封入し鞄に入れて搬送する等、紛失・盗難等を防ぐための安全な方策を講ずる。

（個人データの削除及び機器、電子媒体等の廃棄）

第23条　個人データを削除し、又は、個人データが記録された機器、電子媒体等を廃棄した場合、代表役員がこれを確認する。

Ⅰ　個人情報保護法に関する書式

第 4 節　技術的安全管理措置

（アクセス制御）

第24条　当寺は、個人データを取り扱うことのできる機器及び当該機器を取り扱う者を明確化し、個人データへの不要なアクセスを防止する。

（アクセス者の識別と認証）

第25条　当寺は、機器に標準装備されているユーザー制御機能（ユーザーアカウント制御）により、個人情報データベース等を取り扱う情報システムを使用する者を識別・認証する。

（外部からの不正アクセス等の防止）

第26条　当寺は、情報システムを外部からの不正アクセス又は不正ソフトウェアから保護するために、次の各号の措置を講ずる。

　一　個人データを取り扱う機器等のオペレーティングシステムを最新の状態に保持する。

　二　個人データを取り扱う機器等にセキュリティ対策ソフトウェア等を導入し、自動更新機能等の活用により、これを最新状態とする。

（情報システムの使用に伴う漏えい等の防止）

第27条　当寺は、メール等により個人データの含まれるファイルを送信する場合に、当該ファイルへのパスワードを設定する。

第 4 章　窓口及び苦情処理

（窓口の設置等）

第28条　当寺は、保有個人データの開示請求、訂正請求、利用停止請求及びその他相談等に対応する窓口として、個人情報保護相談窓口（以下、「相談窓口」という。）を設置する。

（苦情処理）

第29条　当寺は、相談窓口において苦情を受け付け、当寺における保有個人データの取扱いに関する苦情の適切かつ迅速な処理に努めるものとする。

附　則

　この規程は、○○○○年○月○日から施行する。

*　本規程は、オプトアウトによる個人データの第三者提供や外国との個人情報の授受を想定しない小規模な寺院を想定したものです。個々の寺院の事情により条項を調整する必要がある場合があります。

⑶　従業者の監督（個情法21条）

　個人情報取扱事業者は、その従業者に個人データを取り扱わせるにあたっては、当該個人データの安全管理が図られるよう、当該従業者に対する必要

283

第6章　情報関連書式

かつ適切な監督を行わなければならない、とされています（同法21条）。

(4)　委託先の監督（個情法22条）

　個人情報取扱事業者は、個人データの取扱いの全部または一部を委託する場合は、その取扱いを委託された個人データの安全管理が図られるよう、委託を受けた者に対する必要かつ適切な監督を行わなければならない、とされています（同法22条）。具体的には、①適切な委託先の選定、②委任契約の締結、③委託先における個人データ取扱状況の把握を行う必要があります（通則編3-3-4）。③の取扱状況の把握は監査等の実施によることが考えられますが、その内容を②の委任契約に盛り込んでおくことが考えられるでしょう。そこで、委任契約書の書式を示すことにします（【書式6-3】）。

【書式6-3】　委任契約書例

個人データの取扱いに係る委託契約書

　宗教法人○○（以下、「甲」という。）及び株式会社○○（以下、「乙」という。）は、甲が乙に取扱いを委託する個人データの取扱いに関して、次のとおり業務委託契約（以下、「本契約」という。）を締結する。

（目的、適用範囲）
第1条　本契約は、○○○○年○月○日付け○○契約（以下、「原契約」という。）に基づく業務のうち個人データを取り扱う業務（以下、「本件業務」という。）について、個人データの取扱いの条件を定めることを目的とする。
（定義）
第2条　本契約において、「個人データ」とは、個人情報の保護に関する法律（平成15年法律第57号。以下、「法」という。）第2条第6項に定める「個人データ」をいう。
（個人データの取扱いの委託）
第3条　甲は乙に対して、原契約の業務を遂行するために必要な限度において、本件業務を委託する。
（委託料）
第4条　本件業務の委託料は、原契約に定めた委託料に含まれるものとする。
（個人データの秘密保持義務）
第5条　乙は、本件業務の全部又は一部を第三者に再委託をする場合を除き、本件業務に係る個人データを第三者に提供、開示、漏えいをしてはならない。
（目的外利用の禁止）
第6条　乙は、本件業務を遂行する目的以外で、本件業務を遂行するに当たって取扱い

Ⅰ　個人情報保護法に関する書式

を委託された個人データを取り扱ってはならない。

（安全管理措置）

第7条　乙は、本件業務の遂行にあたり、個人データの漏えい、滅失又は毀損（以下、「漏えい等」という。）の防止その他の個人データの安全管理のため、乙の個人データに関する基本方針及び個人データの取扱いに係る規律を整備した上で、組織的、人的、物理的及び技術的な安全管理措置を講じなければならない。

（再委託）

第8条　乙は、委託業務のうち個人データの取扱いを含む業務については、甲の事前の書面による承諾なしに第三者に委託してはならない。

2　乙は、本件業務を第三者に再委託する場合、再委託先の情報（名称、本店所在地及び事業内容）、再委託する業務内容、再委託先の個人データの取扱方法、再委託先を選定した理由について、甲に対して通知し、甲の事前の書面による承諾を得なければならない。

3　乙は前項に基づく再委託を行う場合、再委託先との間で、本契約と同等の内容の再委託契約を締結し、かつ、再委託先に対する必要かつ適切な監督を行わなければならない。当該再委託契約の中において、再委託先がさらに委託業務の全部又は一部を再委託する場合には、甲及び乙の事前の書面による承諾を得なければならないとする規定を置かなければならない。

（報告、監査等）

第9条　乙は、甲に対して、本件業務に係る個人データの取扱状況について、年1回程度の頻度で、報告を行わなければならない。

2　甲は、乙に対して、乙の本契約の遵守状況を確認するために必要な限度において、いつでも乙及び再委託先の個人データの取扱状況の報告及び資料の提出を求めることができる。

3　前項の報告又は資料提出から本契約の遵守状況を確認できない場合、甲は、乙に対して、乙の本契約の遵守状況を確認するために必要な限度で、乙の業務に支障を生じさせない範囲内において、乙の施設への立入り、必要な書類の閲覧・複写、乙の役員・従業員への事情聴取などの監査を実施することができる。乙は、合理的理由のある場合を除き、甲の監査に協力しなければならない。

4　甲は、前3項に基づく報告、資料提出又は監査の結果、本件業務に係る個人データの安全管理体制の改善が必要と判断した場合、乙に対して安全管理体制の改善を求めることができる。

（漏えい等の対応）

第10条　乙は、個人データの漏えい等の事案の発生又は兆候を把握した場合、直ちに甲に報告しなければならない。この場合、甲及び乙は、必要な調査を実施した上で、被害の拡大又は再発を防止するための合理的措置を講じなければならない。

（個人データの廃棄、返還等）

第11条　乙は、甲の求めがあるとき又は本契約が終了したとき、直ちに本件業務に係る個人データを返還しなければならない。ただし、甲の指示があるときは、その指示内容に従い廃棄その他の処分をする。

285

第6章　情報関連書式

（解除、損害賠償）
第12条　乙が本契約の定めに違反した場合、甲は何らの催告手続を要することなく、本契約及び原契約を解除することができる。
2　乙が本契約に違反したことにより甲が損害を被った場合、乙は甲が被ったすべての損害を賠償しなければならない。

（管轄裁判所）
第13条　本契約に関する甲乙間の紛争については、○○地方裁判所を第一審の専属的合意管轄裁判所とする。

（存続）
第14条　本契約の有効期間は、本契約締結の日から本件業務の終了時までとする。
2　前項に規定にかかわらず、第5条、第6条、第10条、第11条、第12条及び第13条は引き続き効力を有するものとする。

　　以上、本契約締結の証として正本2通を作成し、甲乙記名捺印のうえ各1通を保有する。
　　　　年　　　月　　　日

　　　　　　　　　　　　甲

　　　　　　　　　　　　乙

＊　個人データを取り扱う業務を委託する際に、原契約に加えて締結するものを想定している。

(5)　個人データの第三者提供（個情法23条）

(A)　同意に基づく提供

　個人情報取扱事業者は、一定の場合を除き、本人の同意を得なければ、「個人データ」を第三者に提供することができません（個情法23条1項）。本人の同意の方法としては、①本人からの同意する旨の口頭による意思表示、②本人からの同意する旨の書面（電磁的記録を含む。）の受領、③本人からの同意する旨のメールの受信、④本人による同意する旨の確認欄へのチェック、⑤本人による同意する旨のホームページ上のボタンのクリック、⑥本人による同意する旨の音声入力、タッチパネルへのタッチ、ボタンやスイッチ等による入力などがあり得ます（通則編2-12）。

(B)　オプトアウトの方法による第三者提供

　個人情報取扱事業者は、個人データ（要配慮個人情報を除く）について、本人の求めに応じて当該本人が識別される個人データの第三者への提供を停

止することとしている場合であって、一定の事項について、あらかじめ、本人に通知し、または本人が容易に知り得る状態におくとともに、個人情報保護委員会に届け出たときは、本人の同意なくして当該個人データを第三者に提供することができます（オプトアプト方式）。

　寺院の業務でオプトアウト方式による第三者提供を行うことはあまりないと思われますが、もしオプトアウト方式を用いる場合には、個人情報保護委員会への届出書の準備が必要になります。この個人情報保護委員会の届出書の書式は個人情報保護委員会ウェブサイト「オプトアウトによる第三者提供の届出」〈https://www.ppc.go.jp/personal/legal/optout/〉からダウンロードが可能であり、届出書の記入要領も丁寧に説明されていますので、本書では割愛します。

(C)　確認・記録義務

　個人情報取扱事業者が第三者に個人データを提供する場合または第三者から個人データの提供を受ける場合には、当該第三者の氏名等の記録を作成・保存しなければならない（個情法25条、26条）、とされています。そのため、記録書式（提供者側につき【書式6-4】、受領者側につき【書式6-5】）が必要になることがあります。確認・記録義務の詳細に関しては、個人情報保護委員会「個人情報の保護に関する法律についてのガイドライン（第三者提供時の確認・記録義務編）」（平成28年11月。以下、「確認・記録義務編」といいます）を参照する必要がありますが、通常の寺院の業務の中で確認・記録義務を果たさなければいけない場面は極めて限定されています。そもそも、確認・記録義務が適用されるのは単なる「個人情報」ではなく、個人情報データベース等（特定の個人情報を検索できるように体系的に構成したもの）を構成する「個人データ」（同法2条6項・4項）に限定されています。たとえば、体系的に整理されていない名刺単体は「個人データ」ではありませんので、これを第三者提供する場合には確認・記録義務は適用されません。

　「個人データ」の提供を考えている場合には、個人情報保護委員会が整理している次のフローチャートを参考にして確認・記録義務を確認してください。

第6章　情報関連書式

〈図6-2〉　個人データに関する確認・記録義務

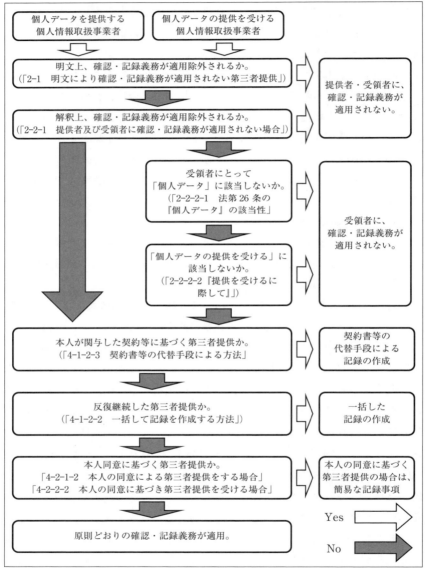

※　個人情報保護委員会「個人情報の保護に関する法律ついてガイドライン（第三者提供時の確認・記録義務編）」31頁より引用

I　個人情報保護法に関する書式

【書式6-4】　記録書例（個人データ提供者側）──同意に基づく場合

1　提供データの標目	（例）檀信徒名簿
2　本人の同意の有無	（例）○○○○年9月1日に電話で本人の同意を確認 　＊同意書の添付でも可
3　提供する相手方の氏名・名称等	（例）株式会社○○○○（東京都新宿区新宿○─○─○）
4　本人の氏名	（例）情報太郎
5　提供する個人データの項目	☑氏名 ☑住所 □年齢 □電話番号 □メールアドレス □その他

＊　本書式は本人の同意を得て個人データを第三者提供する場合の書式である（個人情報取扱規程9条3項。法25条1項、個人情報の保護に関する法律施行規則13条1項2号参照）。オプトアウトの方法による個人データの第三者提供をする場合には、記載内容が異なる（法25条1項、個人情報の保護に関する法律施行規則13条1項1号参照）。

【書式6-5】　記録書例（個人データ受領者側）

1　提供データの標目	（例）○○町内会名簿
2　提供者の氏名・名称及び住所 （法人又は団体の場合、代表者・管理者の氏名も記載）	（例）○○町内会（東京都新宿区新宿○○○─○─○）　代表者　新宿次郎
3　提供者による当該個人データの取得の経緯	（例）○○町内会は本人の同意を得て個人データを取得した。
4　本人の氏名	（例）情報太郎
5　提供する個人データの項目	☑氏名 ☑住所 □年齢

第 6 章　情報関連書式

	□電話番号 □メールアドレス □その他
6 □オプトアウト方式（法第23条第 2項）により提供を受ける場合	(1)　個人データの提供を受けた年月日 　　○○○○年○月○日 (2)　個人情報保護委員会ウェブサイトにおけるオプトアウトの公表の有無 　　公表有り
□本人の同意に基づき提供を受ける場合	(例)　○○○○年 9 月 1 日に電話で本人の同意を確認 　＊同意書の添付でも可
□個人情報取扱事業者に該当しない者から提供を受ける場合	記載不要

＊　個人情報取扱規程10条 5 項 1 号～ 3 号に相当する書式である（法26条 3 項、施行規則17条 1 項 1 号～ 3 号参照）。

(6)　保有個人データの開示・訂正等・利用停止等（個情法28条以下）

「保有個人データ」に関しては、本人による開示（法28条）、訂正等（法29条）、利用停止等（法30条）の請求がなされることがあります。開示請求書、訂正等請求書、利用停止等請求書を備えておくことが考えられます（【書式6 - 6 】）。

【書式 6 - 6 】　保有個人データの開示等請求書例

保有個人データの開示等請求書

　　　　　　　　　　　　　　　　　　　請求日：　　　　年　　　月　　　日

宗教法人○○　個人情報相談窓口　行

　私は、個人情報取扱規程第11条第 3 項、第12条第 1 項、第13条第 1 項、第14条第 1項、同条第 2 項に基づき、貴法人に対して、次のとおり請求します。

I 個人情報保護法に関する書式

1 開示請求者様の情報

ご本人の情報	フリガナ 氏　　　名	㊞
	住　　　所	〒　　　―
	電　話 番　号	
	本　　　人 確　　　認 書　　　類	□運転免許証の写し　□健康保険証の写し □パスポートの写し　□住民票の写し □その他（　　　　　　　　　　　　　）
代理人の情報（代理人による請求の場合のみ記入）	フリガナ 氏　　　名	㊞
	住　　　所	〒　　　―
	電　話 番　号	
	権　　　限 証　　　明 書　　　類	(1)　権限を証明する書類 □委任状（必須） (2)　代理人の本人確認書類 □運転免許証の写し　□健康保険証の写し □パスポートの写し　□住民票の写し □その他（　　　　　　　　　　　　　）

2 請求対象となる個人データの特定

＊対象となる個人データについて情報の内容、取得時期等を可能な限り具体的にご記載ください。

291

第6章　情報関連書式

3　請求内容及び請求理由

請求内容	□①利用目的の通知（個人情報取扱規程第11条第3項の請求） □②開示（同規程第12条第1項の請求） □③訂正（変更・追加・削除）（同規程第13条第1項の請求） □④利用停止・消去（同規程第14条第1項の請求） □⑤第三者提供の停止（同規程第14条第2項の請求）
請求理由（請求内容①又は②の場合、記載不要です）	③訂正（変更・追加・削除）の場合 現在の内容： 正しい内容： ④利用停止・消去の場合 □利用目的外で取り扱われた □保有個人データが不正に取得された □その他（　　　　　　　　　　　　　　　　　　　） ⑤第三者提供の停止の場合 □本人の同意なく第三者へ保有個人データが提供された □その他（　　　　　　　　　　　　　　　　　　　）

本請求書と1記載の本人確認書類・権限証明書類の提出をお願いいたします。

Ⅱ　マイナンバーに関する書式

1　個人番号と法人番号

　通称マイナンバー法の正式名称は「行政手続における特定の個人を識別するための番号の利用等に関する法律」（以下、「番号法」といいます）といいます。マイナンバーの法律上の名称は「個人番号」（番号法2条5項）といい、これを含む個人情報を「特定個人情報」（同条8項）といいます。日本国内の住民には12桁のマイナンバーが割り振られています。通知カード、マイナンバーカード（個人番号カード）を発行している場合にはマイナンバーカードまたはマイナンバー記載の住民票の写しにより、自分のマイナンバーを知ることができます。

　また、宗教法人を含む法人に対して、13桁の「法人番号」が割り振られています（番号法39条1項）。個人番号と異なり、法人番号は誰でも自由に利用

292

することができます。法人番号は、インターネット上の国税庁法人番号公表サイトで公表されています。

個人情報保護法と異なり、番号法では宗教法人は適用除外とされていないので、注意が必要です。

2 個人番号の利用分野

個人番号の利用範囲は限定されており、現段階では社会保障、税および災害対策の分野に限られています（番号法9条。別表第1）。寺院運営で主に個人番号が必要となる場面は、社会保障および税の場面となります。

具体的には、社会保障分野では健康保険、雇用保険、国民年金等に関する提出書類、税分野では扶養控除申告書、源泉徴収票、支払調書などに個人番号を記載する必要が出てきます。

3 取得・利用・提供のルール

番号法では特定個人情報を収集できる場面が厳格に制限されており（番号法15条、20条）、個人番号の提供を受ける際には厳格な本人確認の措置（同法16条）を実施する必要があります。また、利用目的の通知・公表・明示義務（個情法18条1項・2項）を果たす必要もあります。そのため、利用目的や必要な本人確認書類を明記した依頼文（【書式6-7】）を書式としてあらかじめ用意しておいて利用するとよいでしょう。

事業者が個人番号を利用できるのは、個人番号関係事務（社会保障手続および税務手続）に限られ（番号法9条）、また、特定個人番号を提供できる相手は、法律上限定されています（同法19条）。

4 保管・廃棄のルール

特定個人情報は、番号法で限定的に列挙された事務（番号法20条、19条各号）を処理するために収集または保管されるものであり、これに必要な限度で保管できます。しかし、その必要がなくなった場合には、廃棄または削除する必要があります。特定個人情報の削除・廃棄については記録を残しておく必要がありますが、中小規模事業者の場合には特定個人情報等を削除・廃

第6章　情報関連書式

棄したことを、責任ある立場の者が確認すれば足ります（個人情報保護委員会「特定個人情報の適正な取扱いに関するガイドライン（事業者編）」（平成26年12月11日、平成29年5月30日最終改正）56頁）。ここで「中小規模事業者」とは、原則として事業者のうち従業員の数が100人以下の事業者をいいますので、通常の寺院の事業では削除・廃棄記録を残しておくことまでは必須ではないでしょう。

5　委託のルール

個人番号利用事務等の全部または一部の委託をする者は、当該委託を受けた者に対する「必要かつ適切な監督」を行わなければならない、とされています（番号法11条、個情法22条）。「必要かつ適切な監督」には、①委託先の適切な選定、②委託先に安全管理措置を遵守させるために必要な契約の締結、③委託先における特定個人情報の取扱状況の把握が含まれますので、委任契約書の締結が必要になります（こうした取扱いの指針として【書式6-8】）。もっとも、寺院が税理士に対して税に関する業務を委託する場合には、税理士側で委任契約書の雛形を準備しているものと思われます（日本税理士会連合会規制改革対策特別委員会「税理士のためのマイナンバー対応ガイドブック」（平成29年5月）様式3-3　特定個人情報の取扱いに関する覚書（ひな型）」参照）。その他、税理士の場合には、同ガイドブックにさまざまなマイナンバー関連の書式が掲載されているで、参考になります。

なお、委託者の許諾を得た場合に限り、再委託をすることはできますが（番号法10条1項）、元の委託者が再委託先に対しても監督義務を負います（番号法11条）。

4　「中小規模事業者」とは、事業者のうち従業員の数が100人以下の事業者をいう。ただし、①個人番号利用事務実施者、②委託に基づいて個人番号関係事務または個人番号利用事務を業務として行う事業者、③金融分野（個人情報保護委員会・金融庁作成の「金融分野における個人情報保護に関するガイドライン」第1条第1項に定義される金融分野）の事業者、③その事業の用に供する個人情報データベース等を構成する個人情報によって識別される特定の個人の数の合計が過去6月以内のいずれかの日において5000を超える事業者を除く。安全管理措置の内容については個人情報保護委員会「特定個人情報の適正な取扱いに関するガイドライン（事業者編）」（平成26年12月11日。平成30年9月28日最終改正）50頁。

6 安全管理措置のルール

個人番号利用事務等実施者は、個人番号の漏えい、滅失または毀損の防止その他の個人番号の適切な管理のために必要な措置を講じなければならない、とされています（番号法12条）。もっとも、「中小規模事業者」に関しては、安全管理措置の緩和措置がとられており、小規模な寺院の行う業務では、多くの場合、緩和された安全管理措置で足りるでしょう。安全管理措置の内容については特定個人情報の適正な取扱いに関するガイドライン（事業者編）の「（別添）特定個人情報に関する安全管理措置（事業者編）」を参照ください。

ここで安全管理措置の一環として、基本方針や取扱規程の作成義務はあるかが問題となりますが、「中小規模事業者」に該当する場合には作成義務まではありません。もっとも、安全管理措置を確実に実施するために特定個人情報の適正な取扱いに関する基本方針（【書式6-8】）を策定することは重要です。また、特定個人情報等取扱規程まで作成すべきかは悩ましいところですが、代表役員・住職1名と数名の従業員の規模の寺院の場合に複雑な特定個人情報等取扱規程を策定してもなかなか実行するのは難しいのではないかと思われます。そこで、ここでは特定個人情報等取扱規程に代わるシンプルな特定個人情報等取扱業務マニュアル（【書式6-9】）を示すこととします。

7 書 式

以上を前提として、以下ではマイナンバー（個人番号）提供依頼書（【書式6-7】）、特定個人情報の適正な取扱いに関する基本方針（【書式6-8】）および特定個人情報等取扱業務マニュアル（【書式6-9】）を紹介します。

第6章　情報関連書式

【書式6-7】 マイナンバー（個人番号）提供依頼書例

マイナンバー（個人番号）提供依頼書

○○○○　殿

宗教法人　○○○○

　「行政手続における特定の個人を識別するための番号の利用等に関する法律」（以下、「マイナンバー法」といいます。）に基づき、以下の事務手続を行うため、○○○○年○月○日までに、マイナンバー（個人番号）の提出をお願いいたします。

1　利用目的
　給与所得の源泉徴収票作成事務

　　＊利用目的を個別に列挙してください。退職所得の源泉徴収票作成事務、雇用保険届出事務などを列挙することもありえます。

2　提出書類
　以下の①又は②のいずれかをご提出ください。扶養家族がいる場合には③も併せてご提出ください。
①　従業員本人の「個人番号カード」（両面）のコピー
②　従業員本人の「通知カード」のコピー及び本人確認書類

　　＊本人確認書類としては以下のいずれかをご提出ください。
　　・写真付身分証（運転免許証、パスポート等）の場合、いずれか1点
　　・写真付身分証がない場合、健康保険証、住民票の写し等のいずれか2点

③　扶養家族がいる場合、扶養家族の分の「通知カード」のコピー又は「個人番号カード」（両面）のコピー

以上

296

II　マイナンバーに関する書式

【書式6-8】　特定個人情報の適正な取扱いに関する基本方針例

特定個人情報の適正な取扱いに関する基本方針

宗教法人　○○寺

　当寺は、「行政手続における特定の個人を識別するための番号の利用等に関する法律」（以下、「マイナンバー法」といいます。）に基づく個人番号及び特定個人情報（以下、「特定個人情報等」といいます。）の適正な取扱いの確保について組織として取り組むため、以下のとおり基本方針を定めます。

1　関係法令・ガイドライン等の遵守
　　当寺は、マイナンバー法、「個人情報の保護に関する法律」及び「特定個人情報の適正な取扱いに関するガイドライン（事業者編）」その他のガイドラインを遵守して、特定個人情報の適正な取扱いを行います。

2　安全管理措置に関する事項
　　当寺は、特定個人情報等の安全管理措置に関して、別途「特定個人情報等取扱業務マニュアル」を定めています。

3　ご質問等の窓口
　　当寺における特定個人情報等の取扱いに関するご質問やご苦情に関しては下記の窓口にご連絡ください。
【窓口】
　　〒○○○―○○○○　　○県○市○○　○―○―○
　　宗教法人　○○寺　個人情報相談窓口　TEL　○○○―○○○―○○○○

【書式6-9】　特定個人情報等取扱業務マニュアル例

特定個人情報等取扱業務マニュアル（チェックリスト）

記入日：　　年　　月　　日
＊年1回程度チェックして保存する。

必要とされる対応事項	寺院における対応
A　基本方針の策定	□特定個人情報の適正な取扱いに関

297

第6章　情報関連書式

	する基本方針が策定されている。
B　取扱規程等の策定 　○　特定個人情報等の取扱い等を明確化する。	□特定個人情報の適正な取扱いに関する基本方針及び本マニュアルにより特定個人情報等の取扱い等を明確化している。
○　事務取扱担当者が変更となった場合、確実な引継ぎを行い、責任ある立場の者が確認する。	□事務取扱担当者の変更はない。 or □事務取扱担当者の変更はあったが、確実な引継ぎがなされた。
C　組織的安全管理措置 　a　組織体制の整備 　○　事務取扱担当者が複数いる場合、責任者と事務取扱担当者を区分することが望ましい。	□事務取扱担当者全員の氏名を記入 （責任者：　　　　　　　　　） （その他：　　　　　　　　　）
b　取扱規程等に基づく運用 　c　取扱状況を確認する手段の整備 　○　特定個人情報等の取扱状況のわかる記録を保存する。	□取扱規程に相当する本マニュアルを記録として保存している。
d　情報漏えい等事案に対応する体制の整備 　○　マイナンバーの漏えい、滅失又は毀損（情報漏えい等）の事案の発生等に備え、従業者から責任ある立場の者に対する報告連絡体制等をあらかじめ確認しておく。	□情報漏えい等の事案が発生した場合に報告すべき責任者の氏名を記入 （　　　　　　　　　　　）
e　取扱状況の把握及び安全管理措置の見直し 　○　責任ある立場の者が、特定個人情報等の取扱状況について、定期的に点検を行う。	□代表役員が本マニュアルに基づき点検を行っている。
D　人的安全管理措置 　a　事務取扱担当者の監督 　b　事務取扱担当者の教育	□マイナンバーの、①取得・利用・提供、②保管・廃棄、③委託、④安全管理措置に関するルールについて、従業員の監督・教育を行っている。 ＊たとえば、本書のマイナンバー法の解説部分を用いた教育を行っているか。
E　物理的安全管理措置 　a　特定個人情報等を取り扱う区域の管理特定	□管理区域・取扱区域は寺務所の （　　　　　　　　）に限定されてい

298

Ⅱ　マイナンバーに関する書式

個人情報等の情報漏えい等を防止するために、特定個人情報ファイルを取り扱う情報システムを管理する区域（以下、「管理区域」という。）及び特定個人情報等を取り扱う事務を実施する区域（以下、「取扱区域」という。）を明確にし、物理的な安全管理措置を講ずる。	る。
b　機器及び電子媒体等の盗難等の防止　管理区域及び取扱区域における特定個人情報等を取り扱う機器、電子媒体及び書類等の盗難又は紛失等を防止するために、物理的な安全管理措置を講ずる。	□特定個人情報等を取り扱う機器、電子媒体及び書類等は施錠された場所に保管されている。
c　電子媒体等を持ち出す場合の漏えい等の防止　○　特定個人情報等が記録された電子媒体又は書類等を持ち出す場合、パスワードの設定、封筒に封入し鞄に入れて搬送する等、紛失・盗難等を防ぐための安全な方策を講ずる。	□特定個人情報等の記録された電子媒体又は書類等を持ち出したことはない。 □特定個人情報等の記録された電子媒体又は書類等を持ち出したことはあるが、パスワード設定や封筒封入をして持ち出した。
d　個人番号の削除、機器及び電子媒体等の廃棄　○　特定個人情報等を削除・廃棄したことを、責任ある立場の者が確認する。	□特定個人情報等を削除・廃棄する際、代表役員が確認をしている。
F　技術的安全管理措置	□紙で特定個人情報等を保管している場合、施錠された場所での保管がなされていることを確認した。 ＊機器や電子媒体で利用・保管している場合には以下のチェックリストを確認する。
a　アクセス制御 b　アクセス者の識別と認証　○　特定個人情報等を取り扱う機器を特定し、その機器を取り扱う事務取扱担当者を限定することが望ましい。	□特定個人情報等を取り扱う機器は （　　　　　　　　　　　　　） である。 □当該機器を用いる事務取扱担当者は （　　　　　　　　　　　　　） である。

299

第6章　情報関連書式

○　機器に標準装備されているユーザー制御機能（ユーザーアカウント制御）により、情報システムを取り扱う事務取扱担当者を限定することが望ましい。	□特定個人情報等を利用するパソコンはユーザーアカウント制御によるパスワードがかけられている。
c　外部からの不正アクセス等の防止 　　情報システムを外部からの不正アクセス又は不正ソフトウェアから保護する仕組みを導入し、適切に運用する。	□ウイルス対策ソフトウェアが導入されている。 □ OS その他のソフトウェアは最新の状態に保たれている。
d　情報漏えい等の防止 　　特定個人情報等をインターネット等により外部に送信する場合、通信経路における情報漏えい等を防止するための措置を講ずる。	□インターネットにつながっているパソコンで特定個人情報等を取り扱った。 □インターネットにつながっているパソコンで特定個人情報等を取り扱った際、データの暗号化やパスワードの保護を行った。

※　「特定個人情報の適正な取扱いに関するガイドライン（事業者編）」の（別添）特定個人情報に関する安全管理措置（事業者編）および個人情報保護委員会事務局「中小企業向け　はじめてのマイナンバーガイドライン（平成29年5月版）」6～8頁を基礎に作成した業務マニュアルです。小規模な寺院を想定したものとなります。年1回等の頻度で定期的にチェックして、チェックリストを保存しておく対応が考えられます。

Ⅲ　情報公開法に関する書式

1　情報公開法制の概要

　行政機関・独立行政法人等の保有する情報の公開を実現するため、国の制度として行政機関の保有する情報の公開に関する法律（以下、「行政機関情報公開法」といいます）および独立行政法人等の保有する情報の公開に関する法律（以下、「独立行政法人等情報公開法」といいます）の2つの法律が定められています。また、地方自治体の情報公開を実現するために、現在ではほぼすべての地方自治体において情報公開条例が定められています。独立行政法人等情報公開法は行政機関情報公開法とほぼ同じ内容であり、各地方自治体の情報公開条例は地方自治体ごとに異なる部分もありますが、行政機関情報公開法と同様の構造になっていることが多いようです。そこで、ここでは行政機関情報公開法を主な対象として取り上げます。

300

寺院は、①国等の保有する文書を請求して関係資料や証拠を取得する場面、②国等の保有する自身の寺院に関する情報の流出を防止するために争う場面において、情報公開法制とかかわることになります。

2　国等の保有文書の開示

(1)　行政機関情報公開法の概説

行政機関情報公開法では、「何人も、この法律の定めるところにより、行政機関の長（前条第1項第4号及び第5号の政令で定める機関にあっては、その機関ごとに政令で定める者をいう。以下同じ。）に対し、当該行政機関の保有する行政文書の開示を請求することができる」と定められています（同法3条）。「何人も」という文言には法人も含まれますので、宗教法人でも請求権者となることができます。

行政機関情報公開法で開示対象となる「行政文書」とは、行政機関の職員が職務上作成し、または取得した文書、図画および電磁的記録（電子的方式、磁気的方式その他人の知覚によっては認識することができない方式でつくられた記録をいう。以下同じ）であって、当該行政機関の職員が組織的に用いるものとして、当該行政機関が保有しているもの、と定義されています（同法2条2項柱書）。

行政文書の開示請求がなされた場合には、行政機関情報公開法5条各号に定められた、①個人に関する情報、②法人等に関する情報、③国の安全等に関する情報、④公共の安全等に関する情報、⑤審議、検討等情報、⑥事務または事業に関する情報の6つの不開示事由に該当しない限り、原則として開示されます（同法5条）。もっとも、あまり実例は多くありませんが、不開示情報が記録されている場合であっても、公益上特に必要があると認めるときは、開示請求者に対し、当該行政文書を開示することができます（同法7条）。

なお、行政文書の存否を答えるだけで、不開示情報を開示することとなるときは、当該文書の存否を明らかにしないで、開示請求を拒否することができます（同法8条）。たとえば、特定の宗教法人が行政指導を受けた場合における指導内容を記した行政文書が存在する場合、当該文書の存否を明らか

301

にするだけで不開示事由である特定の宗教法人の法人情報（同法5条2号イ）が開示されてしまうのと同様の結果になってしまいますので、このような場合には開示請求が拒否されます。

開示請求の基本的な流れは以下のとおりです。

〈図6-3〉 開示請求の流れ

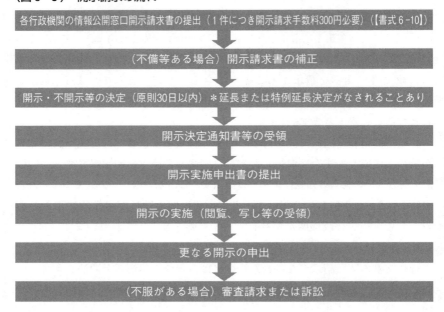

3 開示請求の際に用いる書式

開示請求を行う際によく用いる書式として、ここでは情報公開窓口に提出する際の行政文書開示請求書（【書式6-10】）を掲載します。各行政機関のウェブサイトに各行政機関用の書式が掲載されていますので、実際に開示請求をされる際には各行政機関にウェブサイトから書式を入手してください。

Ⅲ　情報公開法に関する書式

【書式6-10】　行政文書開示請求書例

行政文書開示請求書

年　　月　　日

文部科学大臣　殿

氏名又は名称：（法人その他の団体にあってはその名称及び代表者の氏名）

_____

住所又は居所：（法人その他の団体にあっては主たる事務所の所在地）
〒

_____

TEL　　　（　　　）

連絡先：（連絡先が上記の本人以外の場合は、連絡担当者の住所・氏名・電話番号）

　行政機関の保有する情報の公開に関する法律第4条第1項の規定に基づき、下記のとおり行政文書の開示を請求します。

記

1．請求する行政文書の名称等

（請求する行政文書が特定できるよう、行政文書の名称、請求する文書の内容等をできるだけ具体的に記載してください。）

2．求める開示の実施の方法等（本欄の記載は任意です。）
　　ア又はイに○印を付してください。アを選択された場合は、その具体的な方法等を選択又は記載してください。

ア　事務所における開示の実施を希望する。
　〈実施の方法〉①閲覧　②写しの交付　③その他
（　　　　　　　　）

303

第6章　情報関連書式

〈実施希望日〉		
イ　写しの送付を希望する。		

開示請求手数料 （1件300円）	ここに収入印紙を貼ってください。	（受付印）

※この欄は記入しないでください

担当課	
備　考	

※　文部科学省ホームページ→「申請・手続き等」→「情報公開・個人情報保護」→「請
　求書様式・記載例」よりダウンロードできます。

4　情報公開制度を通じた寺院情報の流出阻止

⑴　宗教法人の備付書類

　第2章において宗教法人の備付書類について解説をしているとおり、宗教
法人は常に、次の6つの書類（原則として最新のもの）を備え付けておかな
ければならないものとされています（宗教法人法25条2項）。

① 　規則および認証書

② 　役員名簿

③ 　財産目録、収支計算書（作成している場合にはこれらに加えて貸借対照
　　表）

④ 　境内建物（財産目録に記載されているものを除く）に関する書類

⑤ 　責任役員その他規則で定める機関の議事に関する書類および事務処理
　　簿

⑥ 　公益事業その他の事業を行う場合、その事業に関する書類

　宗教法人は、毎会計年度終了後4カ月以内に、前記の備付書類のうち②③
④⑥を所轄庁に提出する義務があります（宗法25条4項）。

　このように一定の備付書類の提出義務が課されている趣旨は、所轄庁が宗
教団体の実態を把握するためです。宗教法人の所轄庁は原則として当該法人

304

の所在地の都道府県知事であり、他の都道府県に境内建物を備える宗教法人、当該宗教法人を包括する宗教法人、または他の都道府県にある宗教法人を包括する宗教法人の所轄庁は文部科学大臣とされています（宗法4条）。

そのため、これらの所轄庁は前記②③④⑥の文書を保有しており、これらの書類は第三者による行政文書開示請求の対象となる可能性があります。

(2) 備付書類の情報公開制度による開示を防止するための手続

前述のとおり、所轄庁の保管する備付書類は、第三者による行政機関情報公開法または情報公開条例に基づく行政文書開示請求の対象となる可能性があります。もっとも、備付書類がみだりに第三者に開示されると信教の自由が害されるおそれがあります。たとえば、役員名簿が開示されれば特定の方の信仰内容が明らかになってしまう、などの弊害があります。

そこで、みだりに寺院の備付書類が情報公開法または情報公開条例を通じて第三者に開示されることを防止する手続をとる必要がある場合があります。寺院の備付書類の場合、都道府県に書類が保存されていることが多いと思われるので、以下では東京都情報公開条例を例にして解説をします（なお行政機関情報公開法でもおおむね同様の構造になっています）。

第1に、第三者から備付書類の開示請求があった場合、開示決定等に先立ち、当該備付書類に係る宗教法人に対して第三者保護手続として意見書の提出機会が付与されることがあります（東京都情報公開条例15条）。対象文書に東京都以外の第三者の情報が含まれている場合、任意的に意見陳述の機会が付与されることがあり（同条1項）、また一定の場合には必要的に意見陳述の機会が付与されます（同条2項）。たとえば、宗教法人の備付書類の場合、法人等に関する情報であって、公にすることにより、当該法人等の競争上または事業運営上の地位その他社会的な地位が損なわれると認められるものという不開示事由に該当するものと考えられますが（同条例7条3号本文）、それにもかかわらず生命・健康保護等の特別な理由によって開示する場合（同号ただし書）、必要的に意見陳述の機会が与えられます。

第2に、前記の第三者保護手続で反対意見を提出した場合において、実施機関が開示決定をするときは開示決定の日と開示をする日との間に少なくとも2週間をおかなければならないとされ、当該第三者に対して開示決定をし

第6章　情報関連書式

た旨およびその理由並びに開示をする日を書面により通知しなければならない、とされています（同条例15条3項）。これは反対意見を提出した第三者に争訟の機会を与える趣旨であり、不当な開示を阻止したい当該第三者としては、この2週間の間に行政不服審査法に基づく審査請求（行政不服審査法2条）や開示決定の取消訴訟（行政事件訴訟法3条2項）の手続をとることになります。審査請求または取消訴訟にあわせて開示を阻止するために、執行停止（行政不服審査法25条2項、行政事件訴訟法25条1項）の手続もとる必要があります。

　【書式6-11】では東京都の場合における第三者保護手続における反対意見書の雛形を示しておきます。もっとも、第三者保護手続、審査請求および訴訟において主張すべき法律上の主張は事案に応じてまちまちですので、主張内容をここで一律に示すことはできません。これらの手続をとる際は、弁護士に依頼したほうがよいでしょう。[5]

【書式6-11】　意見書

開示決定等に係る意見書

年　　月　　日

東京都水道局長　　　　　殿

住所
氏名
法人その他の団体にあっては、その名称、事務所又は事業所の所在地及び代表者の氏名

＿＿＿＿年＿＿＿＿月＿＿＿＿日付＿＿＿＿号で照会のあった件について、次のとおり回答します。

1　公文書の件名

5　想定される争点と関連判例・裁判例に関しては横浜関内法律事務所編『寺院法務の実務と書式』（民事法研究会、2018年）292頁〜294頁が詳しい。

Ⅲ　情報公開法に関する書式

2　開示決定に対する反対意思の有無　　　　　有　　　　　無

3　意見（開示決定に反対する理由）

第7章　税法に関する書式

　ここではすべての寺院にとって関係のある源泉徴収事務にまつわる書式についてみていきます。

I　税制と書式

　税制は、社会情勢や政治状況の変化によって変更され、頻繁に改正されます。税制改正に伴って、税務署に提出する書類の書式も変更されます。「過去に税務署から書類の書き方などについて指導を受けたことがあるので、毎年、そのとおりにしておけばだいじょうぶ」とお考えの方もいるかもしれませんが、その指導内容は過去のもので、現行の税制ではあてはまらない（間違っている）ことがよくありますので、必ず最新の税制に触れるようにしてください。

II　源泉徴収制度

　収益事業を行わない限り、寺院が税金にかかわることはない、とお考えの方は多くいらっしゃるのではないでしょうか。しかし、日本では給与などを支払う者が、その支払いをする際に所得税額（源泉所得税額）を計算し、支払金額からその源泉所得税額を差し引いて国に納付をする「源泉徴収制度」が採用されています。寺院は、法人格を有するかどうかにかかわらず（宗教法人か人格のない社団であるかにかかわらず）、「源泉徴収義務者」として、源泉徴収に係る所得税や復興特別所得税を徴収して国に納付する義務があります。

　源泉徴収の対象となる支払いのうち、代表的なものは給与の支払いです。寺院が住職、副住職、山務員、寺務員などに給与の支払いをするときには源泉徴収を忘れずに行わなければなりません。このほか、寺院が弁護士、司法書士、税理士など専門職にある個人に報酬の支払いをするときにも源泉徴収の必要がありますし、行事などで芸能人などの個人に講演や演芸を依頼して報酬の支払いをした場合にも源泉徴収を行わなければなりません。

源泉徴収制度は、個人の所得（財産の増加）に注目して課される所得税について設けられたものですので、上記のような個人に対する給与や報酬の支払いをしたときには、「源泉徴収をしなければならないのではないか‼」と疑ってかかることが、適切に源泉徴収義務を果たすためのポイントになります。なお、上記の支払いをするときであっても、支払いの相手先が弁護士法人や税理士法人、株式会社など法人化している芸能事務所である場合には、個人に対して支払うものではないので、源泉徴収は不要です。

Ⅲ　源泉徴収制度の意味

源泉徴収制度とは、平たく述べると、従業員の代わりに所得税の計算をし、個人で事業を行う者の代わりに所得税を前払いしてあげること、ということができるでしょう。

本来、所得税は、納税者自身がその年の所得金額と納税額を自ら計算し、これらを自主的に申告して納付する「申告納税制度」をとっているのですが、ある納税者の収入が1カ所の勤務先からの給与しかない場合には、その勤務先はその納税者の収入のすべてを把握していることになりますから、その勤務先がその納税者に代わって所得金額や納税額を計算することができるはずです。このように、勤務先が納税者である従業員に代わって所得金額や納税額を計算することを「年末調整」といいます。所得税の所得金額は収入金額だけわかれば算出できるものではなく、扶養している配偶者や家族の状況、負担している社会保険料（国民年金・厚生年金や健康保険・介護保険など）や生命保険等の支払保険料の有無によって、収入から差し引くことができる金額が定められています。これを「所得控除」と呼びます。12月から1月にかけて「年末調整」が行われますが、その際に勤務先は従業員から扶養している配偶者や家族の状況、保険料などの支払い状況を聞き取ります。これは、勤務先が所得控除の金額を把握するために必要な作業なのです。

弁護士など個人で事業を行っている者は、その年（1月1日から12月31日まで）の収入と経費を集計して所得金額と納税額を計算し、その翌年の3月15日までに申告納税をしなければなりません。このとき、もし「源泉徴収制度」がなかったならば、個人で事業を行っている者は、十分な納税資金を確

309

第 7 章　税法に関する書式

保しておくことを考えて期中を過ごさなければなりません。しかし「源泉徴収制度」によって、報酬を受け取るときにすでに所得税を前払いしていますから、確定申告によって支払う納税額を少なくすることができ、納税を平準化することができます。たいてい、源泉徴収される金額は実際の納税額より多くなりますので、確定申告を行うことで還付金（源泉徴収された税額（前払いした所得税額）から実際の納税額を差し引いた残額）を得られることもあります。「源泉徴収制度」は、個人で事業を行う者に確定申告を促す効果があるともいえます。

Ⅳ　期中の源泉徴収事務

1　はじめて給与を支給することとなったとき

　宗教法人を設立した場合や人格のない社団である宗教団体を結成した場合において、その設立・結成と同時に住職などに給与を支給することとしているときには、その設立・結成の日から1カ月以内に所轄の税務署長に【書式7-1】「4 給与支払事務所等の開設・移転・廃止届出書」を提出します。なお、給与の支給人員が10人未満である場合には、あわせて「源泉所得税の納期の特例の承認に関する申請書」も提出しておくとよいでしょう。この詳細は、後記3をご覧ください。

　以下、【書式7-1】「給与支払事務所等の開設・移転・廃止届出書」を記入いただくにあたっての留意点を説明いたします。

310

Ⅳ　期中の源泉徴収事務

【書式7-1】　給与支払事務所等の開設・移転・廃止届出書

※整理番号 _____

給与支払事務所等の開設・移転・廃止届出書　②

事務所開設者	住所又は本店所在地	〒 電話（　　　）　　　－
	（フリガナ）	
	氏名又は名称	
	個人番号又は法人番号	↓個人番号の記載に当たっては、左端を空欄とし、ここから記載してください。
	（フリガナ）	
	代表者氏名	㊞

①

平成　　年　　月　　日

税務署長殿

所得税法第230条の規定により次のとおり届け出ます。

③

（注）「住所又は本店所在地」欄については、個人の方については申告所得税の納税地、法人については本店所在地（外国法人の場合には国外の本店所在地）を記載してください。

開設・移転・廃止年月日	平成　　年　　月　　日	給与支払を開始する年月日	平成　　年　　月　　日

○届出の内容及び理由
（該当する事項のチェック欄□に✓印を付してください。）

「給与支払事務所等について」欄の記載事項

	開設・異動前	異動後

| 開設 | ☑ 開業又は法人の設立 |
| | □ 上記以外
※本店所在地等とは別の所在地に支店等を開設した場合 |

→ 開設した支店等の所在地

| 移転 | □ 所在地の移転 |
| | □ 既存の給与支払事務所等への引継ぎ
（理由）□ 法人の合併　□ 法人の分割　□ 支店等の閉鎖
　　　　□ その他
（　　　　　　　　　　　　） |

→ 移転前の所在地 / 移転後の所在地

→ 引継ぎをする前の給与支払事務所等 / 引継先の給与支払事務所等

| 廃止 | □ 廃業又は清算結了　□ 休業 |

その他（　　　　　　　　　　　　　）

→ 異動前の事項 / 異動後の事項

○給与支払事務所等について

	開設・異動前	異動後
（フリガナ）		
氏名又は名称		
住所又は所在地	〒　電話（　　　）　　　－	〒　電話（　　　）　　　－
（フリガナ）		
④責任者氏名		

従事員数	役員　　　人	従業員　　　人	（　）　　人	（　）　　人	（　）　　人	計　　　人

（その他参考事項）

税理士署名押印	㊞

※税務署処理欄	部門	決算期	業種番号	入力	名簿等	用紙交付	通信日付印	年月日	確認印
	番号確認　身元確認 □ 済 □ 未済	確認書類 個人番号カード／通知カード・運転免許証 その他（　　　　　　　　）							

（規格A4）

29.04 改正

311

①には、提出年月日と所轄の税務署の名称を記入します。①の上部に「税務署受付印」と書かれた箇所があります。所轄の税務署に提出するときに、提出用と納税者控用の計2部を用意して提出すると、納税者控用に受付印が押印されて返却されます。税務署に届出書を提出し、たしかに受領されたことを明らかにすることができますから、ぜひ2部用意して提出するようにしてください。なお、郵送で提出する場合には、納税者側が返信用封筒（郵便料金相当の切手が貼付済みのもの）を同封しておかないと納税者控が返送されませんので、ご注意ください。

②には、その宗教法人・宗教団体の住所、名称、法人番号、代表役員（たいていの場合には住職）の氏名を記入し、代表役員の認め印を押印します。法人番号は、国税庁が法人に対して指定する番号で、税務署に申告書や届出書を提出した日から1カ月程度で法人番号指定通知書が発送されますので、その通知書で法人番号を知ることができます。また、法人番号はインターネット上のホームページ「国税庁　法人番号公表サイト」で公表されていますので、そちらからも確認することができます。

③には、「開設年月日」にその宗教法人の設立や宗教団体の結成の日を、「給与支払を開始する年月日」に最初の給与を支給する日を記載し、「○届出の内容及び理由」には、「開設」にある「開業又は法人の設立」の横の□（チェック欄）にチェックマークを付します。

④には、従業員数を記入します。住職は代表役員になるため、役員としてカウントします。

2　毎月の源泉所得税額の算出

住職など寺院から給与等の支払いを受ける者は、その年最初に給与等の支払いを受ける日の前日までに【書式7-2】「給与所得者の扶養控除等（異動）申告書」（以下、「扶養控除等申告書」という）を寺院に提出しなければなりません。ただし、その寺院以外の勤務先からも給与の支払いを受けていて、その勤務先の給与の方が主であるときには、寺院に「扶養控除等申告書」を提出する必要はありません。「扶養控除等申告書」は1箇所の勤務先にしか提出できないこととされています。同時に複数の勤務先から給与の支

IV 期中の源泉徴収事務

払いを受けているときには、そのうち主となる勤務先を1つに定めて、そこに「扶養控除等申告書」を提出します。ある勤務先を退職した後に、別の勤務先から給与の支払いを受けることになった場合には、同時に複数の勤務先から給与の支払いを受けていることにならないので、新たな勤務先にも「扶養控除等申告書」を提出することができます。

なお、寺院が報酬等の支払いをする弁護士等の個人で事業を行っている者については、「扶養控除等申告書」の提出を求める必要ありません。その代わり、年末調整の一環で、所定の金額を超える報酬を支払った場合には、支払調書を所轄の税務署に提出しなければならないのですが、その支払調書に弁護士等のマイナンバーを記す必要がありますので、弁護士等からマイナンバーの提供を受けることを忘れずに行ってください。

「扶養控除等申告書」の提出がない場合には、毎月の給与から源泉徴収される所得税の金額が多くなり、手取りの金額が減少することになります。手取りの金額が少なくなることに不満をもたれるかもしれませんが、その分、将来に支払うことになる所得税を多く前払いしたことになりますので、その年分の所得税の金額を計算するにあたり、前払いした源泉所得税を差し引いて納税額を計算しますから、その納税額を少なくできるという点でメリットがあるといえます。

制度上、「扶養控除等申告書」は寺院を経由して所轄税務署に提出されることとされていますが、実務では寺院が保管するだけで提出されることはなく、税務調査の際に確認されます。

毎月の源泉徴収税額は、①その月の給与等の額、②その月に給与受給者が負担する社会保険（健康保険・介護保険、厚生年金）の保険料額、③その給与受給者が扶養している配偶者や親族の人数、その親族等が障害者等に該当するかどうか、の情報をもとに、税務署が配布する「源泉徴収税額表」をみて算出します。「扶養控除等申告書」は③の情報を収集するために用います。

以下、【書式7-2】「給与所得者の扶養控除等（異動）申告書」を記入いただくにあたっての留意点です。

313

【書式7-2】 給与所得者の扶養控除等（異動）申告書

平成30年分 給与所得者の扶養控除等（異動）申告書

扶

○この申告書は、あなたの給与について扶養控除、障害者控除などの控除を受けるために提出するものです。
○この申告書は、源泉控除対象配偶者、障害者に該当する同一生計配偶者及び扶養親族に該当する人がいない人も提出する必要があります。
○この申告書の記載にあたっては、裏面の「申告についてのご注意」等をお読みください。
○2か所以上から給与の支払を受けている場合には、そのいずれか一の給与の支払者に提出してください。

所轄税務署長等

税務署長

給与の支払者の名称（氏名）

給与の支払者の法人（個人）番号

給与の支払者の所在地（住所）

市区町村長

あなたの氏名

あなたの個人番号

あなたの住所又は居所

配偶者の有無　有・無

あなたに源泉控除対象配偶者、障害者に該当する同一生計配偶者及び扶養親族がなく、かつ、あなた自身が障害者、寡婦、寡夫又は勤労学生のいずれにも該当しない場合には、以下の各欄に記入する必要はありません。

区分等	氏名（フリガナ）	個人番号	あなたとの続柄	生年月日	住所又は居所

A 源泉控除対象配偶者（注1）

B 控除対象扶養親族（16歳以上）（平30.1.1以前生）

C 障害者、寡婦、寡夫又は勤労学生

D 他の所得者が控除を受ける扶養親族

16歳未満の扶養親族（平15.1.2以後生）

○住民税に関する事項

16歳未満の扶養親族（平15.1.2以後生）については、地方税法第45条の3の2及び第317条の3の2に基づき、扶養親族の記載欄を兼ねています。

Ⅳ　期中の源泉徴収事務

　①は、給与等の支払いを受ける者には必ず記載いただくことになります。「所轄税務署長等」の「税務署長」と給与の支払者に関する欄は寺院で記入しておきます。「税務署長」には、寺院の所轄税務署の名称を書きます。その他の部分は、給与等の支払いを受ける者が記入・捺印することになります。「世帯主の氏名」には住民票上の世帯主の名前、「あなたとの続柄」にはこの「扶養控除等申告書」を記入する者からみた場合の世帯主との関係を記入します。たとえば、世帯主が夫である場合には、「夫」と記載します。世帯主が長男である場合には、以前は「長男」と記載していましたが、現在ではプライバシー保護等の観点から「子」と書くのが通常です。「所轄税務署長等」の「市区町村長」には、この「扶養控除等申告書」を記入する者の住所地の市区町村の名称を書きます。

　②は、源泉控除対象配偶者がいる場合に記入します。源泉控除対象配偶者とは、平成30年分から新たに設けられた概念で、「扶養控除等申告書」を記入する者のその年分の合計所得金額が見積額で900万円以下になる場合で、生計を一にする配偶者のその年分の合計所得金額が見積額で85万円以下であるときのその配偶者（青色事業専従者として給与の支払いを受ける者等は除かれます）をいいます。

　生計を一にするとは、日常生活において生活費などを負担している関係をいいます。通常は同居している場合には生計を一にするとされますが、同居していない場合であっても生活費等を送金しているときや、通勤・通学の関係で家族と離れて単身で生活していても、週末や余暇には家族とともに過ごしているときにも生計を一にするものとされます。

　合計所得金額とは、給与所得のほか、不動産所得、譲渡所得、雑所得や事業所得などを合計したものをいいます。よって、給与収入だけではなく、不動産賃貸収入や不動産の売却による収入、個人で事業を行っている場合にはその収入とこれらに係る経費を見積もりして、それぞれに所得を計算して合算しなければなりません。ただし、合計所得金額に含めない所得もあり、たとえば、特定口座の源泉徴収選択口座内の株式等の譲渡による所得で、確定申告をしないことを選択したものはそれにあたります。

　なお、「扶養控除等申告書」を記入する者とその配偶者がともに給与収入

315

第7章　税法に関する書式

しかない場合には、「扶養控除等申告書」を記入する者の給与の額が1120万円以下、その配偶者の給与の額が150万円以下となるときには、その配偶者は源泉控除対象配偶者となります。

源泉控除対象配偶者がいる場合には、毎月の源泉所得税が少なくなり、毎月の給与の手取額が増えます。

③は、扶養親族がいる場合に記入します。扶養親族とは、「扶養控除等申告書」を記入する者と生計を一にする親族（配偶者や青色事業専従者として給与の支払いを受ける者は除かれます）で、その年分の合計所得金額の見積額が38万円以下である者をいいます。

児童手当（導入当時は子ども手当という名称でした）制度が開始されるにあたり、その財源を確保する目的から児童手当の受給対象である16歳未満の扶養親族は、所得税と住民税の計算上、扶養控除の対象とならないこととされましたが、住民税の非課税の対象となるかどうかの計算にあたり、16歳未満の扶養親族の人数が必要となることから、「扶養控除等申告書」の下部にある「○住民税に関する事項」に必要事項を記入することとされました。

扶養親族が国外に居住している場合には、16歳以上のときは「非居住者である親族」、16歳未満のときは「控除対象外国外扶養親族」にそれぞれ○印を記入します。国外に居住する親族を扶養控除の対象とする場合には、親族関係書類と送金関係書類を用意しておかなければなりません。「生計を一にする事実」には、その年分に国外に居住する親族に送金した金額を記します。

16歳以上の扶養親族（「控除対象扶養親族」）がいる場合には、毎月の源泉所得税が少なくなり、毎月の給与の手取額が増えます。

④は、「扶養控除等申告書」を記入する者、同一生計配偶者（「扶養控除等申告書」を記入する者と生計を一にする配偶者で、その年分の所得の見積額が38万円以下の者。給与収入のみの場合は103万円以下の者が該当）、扶養親族のうちに、障害者や配偶者と死別等した者（寡婦・寡夫）などがいた場合にチェックマークを付すようになっています。障害者等に該当するかどうかは所得税法にて要件が定められていますので、「扶養控除等申告書」の裏面をご参照ください。

316

障害者等に該当する場合には、毎月の源泉所得税が少なくなり、毎月の給与の手取額が増えます。

3　源泉所得税の納付時期

原則として、源泉徴収した所得税等は、給与などを実際に支払った月の翌月10日までに国に納付しなければなりません。

源泉所得税額を納付するためには、税務署で用意されている「所得税徴収高計算書」(「納付書」と呼ばれることもあります)に納税額など必要事項を記載して、金融機関の窓口か所轄の税務署の窓口まで足を運ばなくてはなりません。「所得税徴収高計算書」は、日本銀行での事務処理(記載事項をコンピュータで読み取るなどの処理が行われます)の都合上、紙質や用紙サイズ、厚さなどが規定されており、特定の字体で印字されているなど、特別な仕様で作られています。そのため、源泉所得税の納付にあたっては、税務署で用意される「所得税徴収高計算書」を使うしかありません。通常、「所得税徴収高計算書」は毎年、必要な枚数が税務署から郵送されるので、それを使用すればよいのですが、手元にないときには、税務署まで取りにいかなければなりません。

このように、源泉所得税の納付は事務負担が重いため、給与の支給人員が常時10人未満の源泉徴収義務者は、半年分をまとめて納付することができる特例が用意されています。

この特例を受けている場合には、その年の1月から6月までに源泉徴収した所得税等は7月10日、7月から12月までに源泉徴収した所得税等は翌年1月20日が、それぞれ納付期限となります。

この特例を受けるためには、所轄の税務署に【書式7-3】「源泉所得税の納期の特例の承認に関する申請書」を提出しなければなりません。この申請は、税務署長から却下の通知がない場合には、この申請書を提出した月の翌月末日に承認があったものとみなされます。この特例は、承認を受けた月から適用となりますので、申請書を提出した月は特例の適用がありません。そのため、申請書を提出した月については、原則どおりに翌月10日までに源泉所得税を納付しなければなりませんので注意が必要です。

317

第 7 章　税法に関する書式

　なお、この特例の対象は、給与や退職金から源泉徴収した所得税等と、弁護士・税理士・司法書士などの一定の報酬から源泉徴収した所得税等に限られます。講演や演芸に対する報酬に係る源泉所得税等は、原則どおりに翌月10日までに納付しなければなりません。講演・演芸等に関する「所得税徴収高計算書」は、給与や弁護士等への報酬に関する「所得税徴収高計算書」と異なる書式となりますので、ご注意ください。

Ⅳ　期中の源泉徴収事務

【書式7-3】　源泉所得税の納期の特例の承認に関する申請書

源泉所得税の納期の特例の承認に関する申請書

		※整理番号	
税務署受付印	住所又は本店の所在地	〒　　　　電話　　－　　－	
平成　年　月　日	（フリガナ）氏名又は名称		
	法人番号	※個人の方は個人番号の記載は不要です。	
税務署長殿	（フリガナ）代表者氏名		㊞

　次の給与支払事務所等につき、所得税法第216条の規定による源泉所得税の納期の特例についての承認を申請します。

<table>
<tr><td rowspan="10">給
与
支
払
事
務
所
等
に
関
す
る
事
項</td><td colspan="4">給与支払事務所等の所在地
※　申請者の住所（居所）又は本店（主たる事務所）の所在地と給与支払事務所等の所在地とが異なる場合に記載してください。
〒
　　　　電話　　－　　－</td></tr>
<tr><td colspan="2" rowspan="2">申請の日前6か月間の各月末の給与の支払を受ける者の人員及び各月の支払金額
〔外書は、臨時雇用者に係るもの〕</td><td>月　区　分</td><td>支　給　人　員</td><td>支　給　額</td></tr>
<tr><td>年　月</td><td>外
　　　　　人</td><td>外
　　　　　円</td></tr>
<tr><td></td><td></td><td>年　月</td><td>外
　　　　　人</td><td>外
　　　　　円</td></tr>
<tr><td></td><td></td><td>年　月</td><td>外
　　　　　人</td><td>外
　　　　　円</td></tr>
<tr><td></td><td></td><td>年　月</td><td>外
　　　　　人</td><td>外
　　　　　円</td></tr>
<tr><td></td><td></td><td>年　月</td><td>外
　　　　　人</td><td>外
　　　　　円</td></tr>
<tr><td></td><td></td><td>年　月</td><td>外
　　　　　人</td><td>外
　　　　　円</td></tr>
<tr><td colspan="2">1　現に国税の滞納があり又は最近において著しい納付遅延の事実がある場合で、それがやむを得ない理由によるものであるときは、その理由の詳細</td><td colspan="3"></td></tr>
<tr><td colspan="2">2　申請の日前1年以内に納期の特例の承認を取り消されたことがある場合には、その年月日</td><td colspan="3"></td></tr>
</table>

税　理　士　署　名　押　印		㊞

※税務署 処理欄	部門	決算 期	業種 番号	番号	入力	名簿	通信 日付印	年月日	確認 印

29.06 改正

319

第 7 章　税法に関する書式

V　年末調整

1　年末調整を始める前に

　「年末調整」とは、その年分の給与総額が確定する12月に勤務先が納税者である住職や山務員などの従業員に代わって所得金額や納税額を計算することをいいます。勤務先がその計算を行うために、①給与所得者の扶養控除等（異動）申告書（「扶養控除等申告書」）、②給与所得者の配偶者控除等申告書（配偶者控除等申告書）、③給与所得者の保険料控除申告書（保険料控除申告書）、④給与所得者の（特定増改築等）住宅借入金等特別控除申告書、の各申告書を従業員に提出してもらう必要があります。

　住職や山務員などの従業員が、他の勤務先から主となる給与の支払いを受けている場合で、「扶養控除等申告書」をその主となる勤務先に提出している場合には、主ではない勤務先である寺院（「扶養控除等申告書」の提出を受けていない寺院）では、年末調整を行いませんので、上記の各申告書の提出を求める必要はありません。

　①の給与所得者の扶養控除等（異動）申告書は、その年分の最初の給与の支給の日の前日までに従業員から提出いただいていたものです（上記Ⅳ 2 参照）。年末調整を始める前に、記載されている内容に変更がないかどうかを従業員に確認します。

　従業員が民間の保険会社と生命保険契約や地震保険などの契約をしていて、その保険会社から保険料などの支払いについての証明書類を受け取っている場合には、その証明書類を③の給与所得者の保険料控除申告書に添えて提出してもらいます。

　従業員が前年以前に住宅借入金等特別控除の適用を受けていた場合には、年末調整を行う年分の④の給与所得者の（特定増改築等）住宅借入金等特別控除申告書のほか、その従業員の住所地の税務署長が発行した「年末調整のための（特定増改築等）住宅借入金等特別控除証明書」と借入等を行った金融機関等が発行した「住宅取得資金に係る借入金の年末残高等証明書」を提出してもらい、これらの書類を寺院で保管します。

320

2 配偶者控除等申告書

平成30年分から配偶者控除制度の見直しが行われました。それに伴い、従前の「給与所得者の保険料控除申告書　兼　給与所得者の配偶者特別控除申告書」は廃止となり、「給与所得者の配偶者控除等申告書」と「給与所得者の保険料控除申告書」の2種類の申告書に分かれました。

平成29年分までは、「扶養控除等申告書」に配偶者の記載をしておくことで配偶者控除の適用を受けることができましたが、平成30年分からは「扶養控除等申告書」に配偶者の記載があっても配偶者控除または配偶者特別控除（以下、「配偶者控除等」といいます）の適用は許されず、「配偶者控除等申告書」の提出がなければその適用を受けることができません。

「配偶者控除等申告書」という書類が新設されたように、配偶者控除等の適用を受けるための要件が若干、複雑になりました。従来は、生計を一にする配偶者の合計所得金額に注目すればよかったのですが、平成30年分以降から、その納税者本人の合計所得金額が1000万円を超える場合には、適用を受けることができなくなり、合計所得金額が900万円を超え、1000万円以下である場合には、その控除額が逓減されることになりました。一方で、配偶者控除等の適用について、従来よりもその対象となる者が拡大し、配偶者の合計所得金額が123万円以下であれば適用を受けることができることとされました。納税者本人とその配偶者がともに給与収入しかない場合には、納税者本人の給与収入額が1220万円以下で、その配偶者の給与収入額が2,015,999円以下であるとき、その納税者は配偶者控除等の適用を受けることができます。

以下、【書式7-4】「給与所得者の配偶者控除等申告書」を記入いただくにあたっての留意点です。

第7章　税法に関する書式

【書式7-4】　給与所得者の配偶者控除等申告書

平成30年分　給与所得者の配偶者控除等申告書

配偶者控除額又は配偶者特別控除の額

V　年末調整

①は、寺院で記入しておきます。

②は、住職など給与等の支払いを受ける者が記入し捺印します。

③は、給与等の支払いを受ける者とその配偶者の合計所得金額の見積額を「配偶者控除等申告書」の裏面を参考にして記入します。この見積額は、この「配偶者控除等申告書」を提出する日の現況により判定します。この提出をした後に見積額に変更があり、配偶者控除等の額に増減が生じた場合には、翌年1月に「給与所得の源泉徴収票」を交付する時までに年末調整を再計算することで調整することが認められています。なお、年末調整の再計算によらず、その給与の支払いを受ける者が自ら確定申告を行うことによっても、税額の納付・還付を受けることもできます。

④は、配偶者の氏名等を記入します。「非居住者である配偶者」「生計を一にする事実」は、配偶者が1年以上国内に居住していない場合に記入します。配偶者の合計所得金額が38万円以下で、その年の12月31日時点での年齢が70歳以上である場合には、その配偶者は「老人控除対象配偶者」とされ、これに該当する場合には、所得控除の金額が増加しますので、〇印を記入します。これらのほか、③で計算した結果を④の所定の箇所に転記して、「区分Ⅰ」「区分Ⅱ」にそれぞれ記入をします。

⑤は、「区分Ⅰ」「区分Ⅱ」に記入した結果を申告書下部の「控除額の計算」の表にあてはめて、配偶者控除等の金額を算出します。「区分Ⅱ」が①から②に該当する場合にのみ「配偶者控除」の適用があり、それ以外の場合には「配偶者特別控除」の適用があります。「配偶者特別控除」の場合には、その配偶者の合計所得金額によって控除額が逓減するしくみとなっています。

3　「源泉徴収簿」での年末調整計算

上記1と2で計算した結果を【書式7-5】「給与所得・退職所得に対する源泉徴収簿」（以下、「源泉徴収簿」といいます）で集計して、住職や山務員などの従業員がその年分に負担すべき所得税額（以下、「年調年税額」といいます）を算出します。「年調年税額」から毎月、源泉徴収している所得税額（毎月、前払いしてきた源泉所得税）の合計額を差し引いて、残額が生じる場

323

第7章　税法に関する書式

合には追加して徴収、差し引くことができない場合には、その差し引くことができなかった金額（つまり、前払いし過ぎてしまった源泉所得税）を還付します。

　以下、【書式7-5】「給与所得・退職所得に対する源泉徴収簿」を記入いただくにあたっての留意点です。

　①は、従業員の住所・名前等を記し、毎月の源泉徴収事務の結果を転記していきます。「総支給金額」に源泉所得税などが差し引かれる以前の給与等の額を記します。「算出税額」に源泉所得税の金額を記します。

　②は、「扶養控除等申告書」に記載されている内容を転記します。

　③は、「配偶者控除等申告書」「保険料控除申告書」の記載内容などを転記します。

324

【書式7－5】 給与所得・退職所得に対する源泉徴収簿

①

甲欄
乙欄

平成30年分 給与所得・退職所得に対する源泉徴収簿

所属		職名		住所	(郵便番号 －)	氏名	(フリガナ) (生年月日 明・大・昭・平 年 月 日)	整理番号	

区分	月区分	支給月日	総支給金額	社会保険料等の控除額	社会保険料等控除後の給与等の金額	扶養親族等の数	算出税額	年末調整による過不足税額	差引徴収税額
給料・手当等	1		円	円	円	人	円	円	円
	2								
	3								
	4								
	5								
	6								
	7								
	8								
	9								
	10								
	11								
	12								
	計		①	②			③		
賞与等							(税率 %)		
							(税率 %)		
							(税率 %)		
							(税率 %)		
	計		④	⑤			⑥		

前年の年末調整に基づき繰り越した過不足税額 円

同上の税額につき還付又は徴収した月区分	月別	還付又は徴収した税額	差引残高	月別	還付又は徴収した税額	差引残高
	月	円	円	月	円	円

②

扶養控除等の申告	申告の有無	源泉控除対象配偶者	一般の控除対象扶養親族	特定扶養親族	老人扶養親族 同居老親等	老人扶養親族 その他	障害者等	障害者等（該当するものを○で囲んでください。）	従たる給与から控除する源泉控除対象配偶者と控除対象扶養親族の合計数	配偶者の有無
	有・無	当初 有・無	当初 人	当初 人	当初 人	当初 人	当初 人	・一般の障害者 本人・配・扶（ 人） ・特別障害者 本人・配・扶（ 人） ・同居特別障害者 配・扶（ 人） ・寡婦・特別の寡婦 ・寡夫 ・勤労学生	当初 人	有・無
		月 日 有・無	月 日 人	月 日 人	月 日 人	月 日 人	月 日 人		月 日 人	
		月 日 有・無	月 日 人	月 日 人	月 日 人	月 日 人	月 日 人			

③

	区分	金額	税額
年末調整	給料・手当等	① 円	③ 円
	賞与等	④	⑥
	計	⑦	⑧
	給与所得控除後の給与等の金額	⑨	配偶者の合計所得金額 （ 円）
	社会保険料等控除額 給与等からの控除分(②＋⑤)	⑩	旧長期損害保険料支払額 （ 円）
	社会保険料等控除額 申告による社会保険料の控除分	⑪	
	社会保険料等控除額 申告による小規模企業共済等掛金の控除分	⑫	⑩のうち小規模企業共済等掛金の金額 （ 円）
	生命保険料の控除額	⑬	
	地震保険料の控除額	⑭	⑪のうち国民年金保険料等の金額 （ 円）
	配偶者（特別）控除額	⑮	
	扶養控除額、基礎控除額及び障害者等の控除額の合計額	⑯	
	所得控除額の合計額 (⑩＋⑪＋⑫＋⑬＋⑭＋⑮＋⑯)	⑰	
	差引課税給与所得金額(⑨－⑰)及び算出所得税額	⑱ (1,000円未満切捨て)	⑲
	（特定増改築等）住宅借入金等特別控除額		⑳
	年調所得税額（⑲－⑳、マイナスの場合は0）		㉑
	年調年税額（㉑×102.1％）		㉒ (100円未満切捨て)
	差引超過額又は不足額（㉒－⑧）		㉓
	超過額の精算 本年最後の給与から徴収する税額に充当する金額		㉔
	超過額の精算 未払給与に係る未徴収の税額に充当する金額		㉕
	超過額の精算 差引還付する金額（㉓－㉔－㉕）		㉖
	超過額の精算 同上のうち 本年中に還付する金額		㉗
	超過額の精算 同上のうち 翌年において還付する金額		㉘
	不足額の精算 本年最後の給与から徴収する金額		㉙
	不足額の精算 翌年に繰り越して徴収する金額		㉚

第7章　税法に関する書式

4　法定調書の作成

　法定調書とは、所得税法などの法律の規定によって税務署に提出が義務づけられている資料をいいます。年末調整の結果として作成する「給与所得の源泉徴収票」や、弁護士等への報酬の支払いについて記載する「報酬、料金、契約金及び賞金の支払調書」も法定調書にあたり、所定の金額を超えるなどの要件を満たすときには、その作成と税務署への提出が求められます。なお、「給与所得の源泉徴収票」は、給与等を支払ったすべての方について作成し交付することとされています。

　これらのほか、土地などを購入した場合や不動産の使用料等を支払った場合、これらの不動産取引について斡旋手数料を支払った場合にもそれぞれ、所定の金額を超えるなどの要件を満たすときには、支払調書の作成と提出が求められています。

　これらの源泉徴収票や支払調書の作成枚数やその金額等を集計したものを「法定調書合計表」といい、源泉徴収票などと合わせて税務署に提出します。

　これらの法定調書は、その支払いの確定した日の属する年の翌年1月31日（平たくいうと、年末調整を行った直後の1月末）までにその寺院の所轄税務署に提出しなければなりません。

　「給与所得の源泉徴収票」と合わせて「給与支払報告書」も作成します。「給与支払報告書」は税務署に提出するものではありません。これは、各従業員の住民税の税額をその従業員の居住する市区町村が計算するための資料として、その市区町村に提出するものです。寺院から給与の支払いを受けている者が全員、庫裡にお住まいであれば、すべての「給与支払報告書」をその庫裡が所在する1つの市区町村に提出するのみですむのですが、従業員がさまざまな市区町村に居住しているときには、その市区町村ごとに提出をする必要があるので、「給与支払報告書」の発送事務が煩雑になることがあります。この場合、電子申告（地方税は eLTAX、国税は e-TAX）を利用すると、瞬時に各市区町村に提出が完了しますので、事務負担は大幅に軽減できます。

326

Ⅵ　源泉所得税の納付

　上記Ⅴ1から3まで行うことによって、従業員ごとの「年調年税額」と「追加して徴収する税額または還付税額」が判明します。「年調年税額」を国に納付するにあたっては、従業員ごとに納税するのではなく、その寺院内で集計して得た合計額をまとめて納税する方法をとります。このことは、毎月に源泉徴収した所得税を納税するときも同様です。納税にあたっては、上記Ⅳ3のとおり、【書式7-6】「給与所得・退職所得等の所得税徴収高計算書」を使用します。

　以下、【書式7-6】「給与所得・退職所得等の所得税徴収高計算書」を記入いただくにあたっての留意点です。

第 7 章　税法に関する書式

【書式 7-6】　給与所得・退職所得等の所得税徴収高計算書
納付書の記載のしかた
（給与所得・退職所得等の所得税徴収高計算書）

> ○　この納付書は、居住者に対して支払う給与、退職手当、税理士・弁護士・司法書士などの報酬について源泉徴収をした所得税及び復興特別所得税を納付するときに使用してください。
> ○　納期の特例の適用を受けている場合と受けていない場合とでは様式が異なっていますので注意してください。
> ○　「年度」（会計年度（平成30年4月1日から平成31年3月31日までの間に納付する場合には、「30」）を記載します。）、「税務署名」（「税務署番号」欄の記載は不要です。）、「整理番号」、「納期等の区分」及び「合計額」の各欄の記載漏れのないよう注意してください。
> ○　納税の告知により納付する税金については、この用紙を使用しないでください。

《 給与所得・退職所得等の所得税徴収高計算書（一般分）》

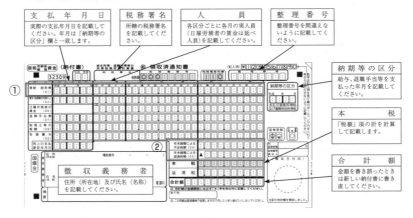

《 給与所得・退職所得等の所得税徴収高計算書（納期特例分）》

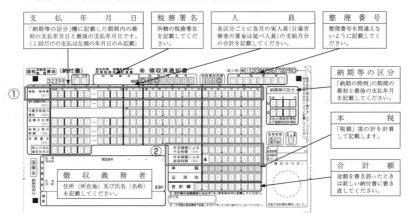

Ⅵ　源泉所得税の納付

　上記Ⅳ 3 に記載した納期の特例を受けている場合には（納期特例分）を、受けていない場合には（一般分）を参照ください。

　給与等の支給額は「俸給・給料等（01）」の行（①）に記載します。「支給額」には、従業員ごとに支給した給与の合計額（支払い年月日の期間中に寺院が支給した給与の合計額で、社会保険料などを差し引く前の金額）を記載します。「税額」には、従業員ごとに源泉徴収した所得税額の合計額を記載します。

　年末調整により、追加して徴収した税額や還付した税額があるときには、②に記載します。

　「税額」欄に記載した金額を合計して「本税」に記入し、その「本税」に記入した金額をそのまま「合計額」に記入します。「合計額」に記入した金額の頭部には「¥」印を付すようにしてください。

　納期の特例を受けていない場合などによく生じるのですが、その月に源泉徴収した所得税額のみでは、各従業員に還付する所得税額を支払いきれないことがあります。この場合には、還付することのできなかった金額を翌月以降の源泉徴収の計算に繰り越すことが認められています。なお、還付することとなった日の翌月から 2 カ月を経過しても還付しきれないと見込まれる場合等には、「源泉所得税及び復興特別所得税の年末調整過納額還付請求書兼残存過納額明細書」を作成し、給与の支払者の所轄税務署長に必要書類を添付して提出することで、税務署から還付を受けることができます。

329

●執筆者一覧●

第1章担当

本間　久雄（弁護士）

粟津　大慧（弁護士）

第2章、第3章担当

橋本　哲三（行政書士）

第4章担当

秋山　経生（弁護士）

第5章担当

飯田　統一（社会保険労務士）

須田　信孝（社会保険労務士）

第6章担当

大島　義則（弁護士）

第7章担当

松近　英彦（税理士）

宗教法人実務書式集

2019年5月24日　第1刷発行

定価　本体4,000円＋税

編　　者　宗教法人実務研究会
発　　行　株式会社　民事法研究会
印　　刷　文唱堂印刷株式会社

発行所　株式会社　民事法研究会
〒150-0013　東京都渋谷区恵比寿3-7-16
TEL 03(5798)7257　FAX 03(5798)7258（営業）
TEL 03(5798)7277　FAX 03(5798)7278（編集）
http://www.minjiho.com/　info@minjiho.com

落丁・乱丁はおとりかえします。　ISBN 978-4-86556-294-1 C2032 ¥4000E
表紙デザイン：袴田峯男

■寺院法務のすべてを容易に理解できる実践的手引書！

寺院法務の実務と書式
―基本知識から運営・管理・税務まで―

横浜関内法律事務所　編
庄司道弘・本間久雄・粟津大慧　著

Ａ５判・480頁・定価　本体4,500円＋税

▷▷▷▷▷▷▷▷▷▷▷▷▷▷▷▷ **本書の特色と狙い** ◁◁◁◁◁◁◁◁◁◁◁◁◁◁◁◁

▶寺院を運営・管理していくために必要となる多様な知識やノウハウを網羅し、50の関連書式と一体として、法律に疎い一般の方でも理解できるように懇切・丁寧にわかりやすく解説した関係者待望の体系書がついに完成！
▶書式には具体的な記載例と作成上の留意点を示しているので極めて至便！
▶著者は日頃、僧侶として職務を遂行しているだけに内容は極めて具体的かつ実践的であり、檀信徒、寺院関係者にとっては必備の書！
▶寺院関係者間のトラブル、あるいは地域住民、行政や税務当局などのトラブルについても裁判例や具体例を示してその対応策や未然防止策についても実践的に教示！
▶弁護士、司法書士、税理士、行政書士をはじめ、寺院と関わりをもつ法律実務家や寺院法務に関心をもつ研究者にとっても必携の書！

本書の主要目次

第１章　序　説
第２章　寺院とガバナンス
第３章　寺院と墓地法
第４章　寺院と民事法
第５章　寺院と情報法
第６章　寺院と税法
第７章　寺院と労働法
第８章　寺院と紛争解決

発行　民事法研究会

〒150-0013　東京都渋谷区恵比寿3-7-16
（営業）TEL. 03-5798-7257　FAX. 03-5798-7258
http://www.minjiho.com/　info@minjiho.com

■オウム真理教、統一教会の現在等、最新の情報を折り込み詳解！

Q&A 宗教トラブル110番 〔第3版〕

山口　広・滝本太郎・紀藤正樹　著

Ａ５判・294頁・定価　本体2700円＋税

　宗教・カルトによる精神的被害、財産的被害や家族関係の崩壊などの被害にどう対応すべきか、専門の弁護士がその手口と被害の実態、被害にあった場合の対応策をわかりやすく解説！

目次

第1章　こんなときどうしたら？
　精神的被害を受けたら(10問)
　経済的被害を受けたら(13問)
　家族が崩壊しそうになったら(6問)
第2章　マインド・コントロールとカルト
　マインド・コントロールのテクニック(16問)
　元信者の被害回復のためには(5問)
　カルトから脱けるには(13問)

第3章　宗教と社会(19問)
[参考資料]
　宗教トラブルを考える資料
　宗教トラブルに関する窓口

■最新の実例に基づいた問題を、法的観点からＱ＆Ａ形式で解説！

葬儀・墓地のトラブル相談Q&A

長谷川正浩・石川美明・村千鶴子　編

Ａ５判・333頁・定価　本体2900円＋税

　葬儀や墓地に関するさまざまな問題を「樹木葬」「散骨」「略式葬」も含めた96の事例をもとに、法律面から解説！　トラブル相談を受ける消費生活センター関係者、自治体担当者のほか、法律実務家等必携！

目次

第1章　葬儀・墓地をめぐるトラブルの背景
　1　超高齢社会と死後の事務
　2　簡略化する葬儀
　3　多様化する墓・葬法
第2章　死亡および死亡直後に発生するトラブルと対策
　1　死の判定と届出・手続に関するトラブル
　2　死後すぐに発生することに関するトラブル
　3　本人の生前意思に関するトラブル
第3章　葬儀をめぐるトラブルと対策
　1　葬儀の生前予約・生前契約に関するトラブル
　2　葬儀の契約・解約に関するトラブル
　3　葬儀の価格・料金・品質に関するトラブル
　4　販売方法に関するトラブル
　5　遺族間のトラブル
第4章　墓地をめぐるトラブルと対策
　1　購入・契約に関するトラブル
　2　納骨(遺骨の埋蔵・収蔵)の際のトラブル
　3　改葬・分骨に関するトラブル
　4　承継に関するトラブル
　5　墓地経営、散骨等に関するトラブル

発行　民事法研究会

〒150-0013　東京都渋谷区恵比寿 3-7-16
(営業) TEL. 03-5798-7257　FAX. 03-5798-7258
http://www.minjiho.com/　info@minjiho.com

最新実務に役立つ実践的手引書

民法（債権法）・民事執行法・商法等の改正を収録するとともに、船舶関連の法改正にも対応！

書式　不動産執行の実務〔全訂11版〕
──申立てから配当までの書式と理論──

園部　厚　著　　　　　　　　　　　　　　（Ａ５判・689頁・定価　本体6100円＋税）

実務の留意点を具体事例に即して解説し、簡裁代理および書類作成による本人訴訟支援の執務指針を示す！

再考　司法書士の訴訟実務

日本司法書士会連合会　編　　　　　　　　（Ａ５判・303頁・定価　本体3500円＋税）

遺産承継業務、法定相続情報証明制度、改正相続法を含めた実務全般に関する必須知識をＱ＆Ａ形式で解説！

相続実務必携

静岡県司法書士会あかし運営委員会　編　　（Ａ５判・326頁・定価　本体3500円＋税）

適格消費者団体における実務経験を有する研究者が、実務上問題となりうる論点を中心に詳説！

詳解　消費者裁判手続特例法

町村泰貴　著　　　　　　　　　　　　（Ａ５判上製・278頁・定価　本体3200円＋税）

改正地方自治法により成立した首長等の損害賠償責任の一部免除制度を収録して改訂した待望の最新版！

住民訴訟の上手な活用法〔第２版〕
──監査請求から訴訟までの理論と実務Ｑ＆Ａ──

井上　元　著　　　　　　　　　　　　　　（Ａ５判・513頁・定価　本体5200円＋税）

「保育施設」「介護施設」「スポーツ団体」「事業再編の当事会社」などの類型を追録し改訂増補！

判例にみる損害賠償額算定の実務〔第３版〕

升田　純　著　　　　　　　　　　　　　　（Ａ５判・598頁・定価　本体5400円＋税）

発行　民事法研究会
〒150-0013　東京都渋谷区恵比寿3-7-16
（営業）TEL 03-5798-7257　FAX 03-5798-7258
http://www.minjiho.com/　　info@minjiho.com